—上外文库—

本书获中央高校基本科研业务费专项资助

上外文库

会语言·通国家·精领域
外语教育与区域国别学探考

姜　锋　著

图书在版编目（CIP）数据

会语言·通国家·精领域：外语教育与区域国别学探考 / 姜锋著 . — 北京：商务印书馆，2024. — （上外文库）. — ISBN 978 - 7 - 100 - 24542 - 5

Ⅰ . H09

中国国家版本馆 CIP 数据核字第 2024K02849 号

权利保留，侵权必究。

会语言·通国家·精领域
外语教育与区域国别学探考

姜　锋　著

商 务 印 书 馆 出 版
（北京王府井大街36号　邮政编码 100710）
商 务 印 书 馆 发 行
北京盛通印刷股份有限公司印刷
ISBN 978 - 7 - 100 - 24542 - 5

2024年11月第1版　　　开本 670×970　1/16
2024年11月第1次印刷　印张 24¾

定价：128.00元

总　序
献礼上海外国语大学75周年校庆

光阴荏苒，岁月积淀，栉风沐雨，历久弥坚。在中华人民共和国75周年华诞之际，与共和国同成长的上海外国语大学迎来了75周年校庆。值此佳际，上外隆重推出"上外文库"系列丛书，将众多优秀上外学人的思想瑰宝精心编撰、结集成册，力求呈现一批原创性、系统性、标志性的研究成果，深耕学术之壤，凝聚智慧之光。

参天之木，必有其根；怀山之水，必有其源。回望校史，上海外国语大学首任校长姜椿芳先生，以其"为党育人、为国育才"的教育理念，为新中国外语教育事业铸就了一座不朽的丰碑。在上海俄文专科学校（上海外国语大学前身）开学典礼上，他深情嘱托学子："我们的学校不是一般的学校，而是一所革命学校。为什么叫'革命学校'？因为这所学校的学习目的非常明确，那就是满足国家的当前建设需要，让我们国家的人民能过上更加美好的生活。"为此，"语文工作队"响应国家号召，奔赴朝鲜战场；"翻译国家队"领受党中央使命，远赴北京翻译马列著作；"参军毕业生"听从祖国召唤，紧急驰援中印边境……一代又一代上外人秉承报国理念，肩负时代使命，前赴后继，勇往直前。这些红色基因持续照亮着上外人前行的道路，激励着上外人不懈奋斗，再续新篇。

播火传薪，夙兴外学；多科并进，协调发展。历经75载风雨洗礼，上外不仅积淀了深厚的学术底蕴，更见证了新中国外语教育事业的崛起与腾飞。初创之际，上外以俄语教育为主轴，为国家培养了众多急需的外语人才，成为新中国外交事业的坚实后盾。至20世纪50年代中期，上外逐渐羽翼丰满，由单一的俄语教育发展为多语种并存的外语学院。英语、法语、德语等多个专业语种的开设，不仅丰富了学校的学科体系，更为国家输送了大批精通多国语言的外交和经贸人才。乘着改革开放的春风，上外审时度势，率先转型为多科性外国语大学，以外国语言文学为龙头，文、教、经、管、法等多学科协调发展，一举打造成为培养国家急需外语人才的新高地。新世纪伊始，上外再次扬帆起航，以"高水平国际化多科性外国语大学"为目标，锐意进取，开拓创新，在学术研究、国际交流与合作等方面取得了显著成果，逐渐发展成为国别区域全球知识领域特色鲜明的世界一流外国语大学。

格高志远，学贯中外；笃学尚行，创新领航。习近平总书记在党的二十大报告中强调："着力造就拔尖创新人才，聚天下英才而用之。"新时代新征程，高校必须想国家之所想、急国家之所急、应国家之所需，更好把为党育人、为国育才落到实处。上外以实际行动探索出了一系列特色鲜明的外国语大学人才培养方案。"多语种+"卓越国际化人才培养目标，"课程育人、田野育人、智库育人"的三三制、三结合区域国别人才强化培养模式，"三进"思政育人体系，"高校+媒体"协同育人合作新模式等，都是上外在积极探索培养国际化、专业化人才道路上的重要举措，更是给党和国家交上了一份新时代外语人才培养的"上外答卷"。"上外文库"系列丛书为上外的学术道统建设、"双一流"建设提供了新思路，也为上外统一思想、凝心聚力注入了强大动力。

浦江碧水，化育文脉；七五春秋，弦歌不辍。"上外文库"系列丛书的问世，将更加有力记录上外学人辉煌的学术成就，也将激励着全体上外人锐意进取，勇攀学术高峰，为推动构建具有深厚中国底蕴、独特中国视角、鲜明时代特色的哲学社会科学大厦，持续注入更为雄厚的智识与动能！

目录

上篇 语言、知识、话语及区域国别学

第一章 语言与知识：对语言的认识 …… 3
语言研究和语言教育二三事 / 5
外语是国家大事 / 9
用语言打开"心灵之锁" / 11
人工智能时代的外语教育 / 13

第二章 语言与话语：从语言到话语的转换 …… 17
全球话语能力的重要意义 / 19
着眼于世界意义和时代意义的全球话语能力 / 24
用世界语言讲述中国故事 / 29
翻译与国际传播 / 32
发挥高校特色优势，为国际传播事业做贡献 / 38

第三章 语言与人才培养：会语言、通国家、精领域 …… 45
新时期应有的外语人才观 / 47
培养"多语种+"的国际化人才 / 52

"会语言""通国家""精领域" / 54

外语类高校需创新人才培养模式 / 57

"立德树人"目标下外语教育的新定位与全球治理人才
培养模式创新 / 60

聚焦服务国家重大发展战略需求,培养高层次应用型翻译
领军人才 / 67

第四章 语言与学科建设:国别区域全球知识构建 ······ 75

关于新时代外语学科发展的一些思考 / 77

全球治理与外语学科发展 / 84

外语学科的红利 / 89

大学要关注全球知识体系 / 97

区域国别学的内核与学科边界 / 104

浅谈区域国别人才培养和学科建设中的两个能力与三个
基础 / 119

世界持续和平与发展需要人类文明新形态 / 127

浅论区域国别学的功能与建设路径 / 133

下 篇 高等外语教育管理

第五章 高等教育管理 ······ 143

以党建引领发展 培养"多语种+"卓越人才 / 145

对接国家战略、推进人文交流:努力提升高校国际化
办学能力和水平 / 149

高校国际化评价指标 / 153

从世界看世界、从世界看中国 / 156

从"国际化"到"化国际" / 173

为世界提供学习的机会 / 178

第六章　高等外语教育的历史与现实 ························· 183

坚守与创新 / 185

感念几位学术前辈 / 189

我与中国改革开放后外语教育的 40 年不解之缘 / 191

外语院校何去何从 / 216

我们的外语教育模式亟须改变 / 223

办好新时代的高等外语教育 / 232

建党百年与中国外语教育新使命 / 235

中国高等外语教育当勇担新使命 / 245

着眼于培育时代新人的高等外语教育 / 248

教育强国建设与外语教育的时代责任 / 256

第七章　他山之石 ························· 265

简论德国大学校长的权限 / 267

中德高等教育交流 30 年 / 275

德国高等教育改革与发展漫谈 / 284

走出象牙塔，接受挑战 / 289

匈牙利的高教改革和高教立法 / 295

德国的大学生服务中心 / 299

德国以法管理私立学校简论 / 302

应用技术大学在德国是工程师摇篮 / 310

德国高等教育标志性要素被新模式扬弃 / 314

中德教育合作 50 年对话 / 322

中德教育发展与人才培养合作 / 330

第八章 寄语同学 ... 335

成就大才从身边的小事做起 / 337

母校在乎你、牵挂你 / 342

少一些"追星族" 多一些"追梦者" / 345

从关注自我到关注世界 / 348

大学生涯与世界眼光 / 352

"为国担当""天下己任""人文情怀",既是说的,更是做的 / 359

用制度设计的确定性对冲世界格局的不确定性 / 362

大学时代书写对国家和世界的意义 / 371

时代新人,志在四方 / 374

教育塑造人的社会存在 / 377

— 上 篇 —
语言、知识、话语及区域国别学

第一章

语言与知识：对语言的认识

语言研究和语言教育二三事

何为语言？人和动物的区别在于语言。语言由概念组成，语言是我们认识世界的工具和方法。由语言构成的知识体系是我们对世界的认知体系。

语言学知识是人类知识体系中最丰富、最基础也是最为神奇的一部分，是我们所处之万物互联、智能互通时代的灵魂部分。随着人工智能的兴起以及数字技术的变革，一个语言学兴盛的时代正在到来。

2014年1月来到上海外国语大学工作之前，我在德国柏林工作6年，其间经历过几件与语言研究和语言教育相关的事，给我留下深刻印象。

第一件事是，2013年参观柏林自由大学孔子学院举办的德国汉语教学历史展。自由大学罗梅君教授（Dr. Mechthild Leutner）和余德美女士（Dagmar Yu-Dembski，1943—2023）带领孔院团队对德国汉语研究与教学300多年的历史做了系统梳理，展览很成功。其间，德国东方学家米勒（Andreas Müller，1630—1694）声称发明汉语速成方法"中文钥匙"（Clavis Sinica）并待价而沽的神奇故事深深地吸引了观众。17世纪的欧洲经历了文艺复兴的洗礼，语言从基督教意义上神谕的载体变为人认识自己和自然的工具。英国哲学家洛克（John Locke，1632—1704）认为：解释不清语言，就解释不清人何以能认知世界，就无从谈论知识。德国哲学家莱布尼兹（Gottfried Wilhelm

Leibniz，1646—1716）相信，数字和字母的组合可以构成人类思想的"通用字母"，一种"普遍语言"将让人类各民族间的交际不再有语言的障碍。此时汉语被介绍到了欧洲，给寻求普遍语言的热情增添了活力，莱布尼兹和洛克等人都试图在汉语和汉字中找到启发，借助"普遍语言"或"元语言"实现人类普遍交流和普遍认知，回归到"前巴别塔"时代的神性境界。这就可以解释，为什么莱布尼兹要向米勒请教快速有效学习汉语的方法。不过，史学家认为，莱布尼兹在学习汉语方面并未获得他希望得到的帮助，米勒最终也没能像他宣扬的那样公布汉语速成的方法。虽然米勒的汉语速学法被认为是商业炒作，但我们仍然能够从欧洲人17世纪热衷普遍语言探索的举动中感受到语言知识被赋予的崇高地位。当时的人们认为，语言是人回到神性世界的钥匙。

第二件事是，柏林各大学术研究机构每年夏天都要联合举办"科学长夜"活动，向市民公开展示各自的研究成果等等。向社会开放，是学术和文化机构的社会责任；而时间放在晚上，是为了方便白天工作的市民。洪堡大学地处城市中心，每至"科学长夜"，校园里熙熙攘攘，各类学术活动丰富多彩。该校亚非所也经常组织展示活动，有些年份还邀请来自亚非国家的专家介绍各自的语言和文化。因为内容陌生或是活动的形式单调，亚非所的展示不像其他"学术摊位"那么热闹，来此体验的人不多；而我差不多每次都去看看，一是有兴趣，二是这里相对安静。有一年的"长夜"上，亚非所展出了一些声音资料供参观者体验，是很多年前非洲人的录音，尽管听不懂，但从声音档案可以想象出说话人可能的遭遇，感受到殖民统治年代压迫者的傲慢和被压迫者的悲惨。俾斯麦时期（19世纪下半叶），德意志帝国进入了殖民扩张的行列，但帝国缺乏与殖民地区相关的语言能力和知识储备，也因此更缺乏能够经营和管理"殖民事业"的人才。这促使俾斯麦在1887年设立了"东方语学院"（Seminar für Orientalische

Sprachen，简称 SOS）。学院挂靠在柏林大学（现称洪堡大学），但在联邦政府（外交部提供经费）支持下独立运作，主要目的是为各领域培养会目标地区语言、懂目标地区社会文化情状、能够从各方面参与殖民事务的人才。这样一项对帝国十分迫切的任务，是当时学科划分日益细化的传统大学难以完成的，它需要学科间的交叉协同和行政资源的协作整合，学院挂靠在柏林大学又独立运作的原因大抵如此。德国人的做法引起了英国人的警觉。英国人认为，德国建立东方语学院是在与英国竞争殖民实力；他们甚至把德国每设立一个东方语新教席比喻成新造了一艘军舰，并宣称英国人不应输掉这场由德国人挑起的"东方学竞争"。这段历史催生了后来的伦敦大学亚非学院。从德国东方语学院的建立、发展及由此激起的英德东方学竞争的历史看，19世纪欧洲外语教育机构的建立与欧洲的殖民扩张政策相伴而行，语言能力是国家实力政策的一部分，外语是实行殖民扩张政策的工具。

第三件事是一种印象，即历史上对语言研究的热衷给柏林这座城市留下了格外显著的印记。1753 年，法国第戎科学院发起"人与人之间不平等的起因是什么？这种现象是否为自然法所容许？"的征文。卢梭（Jean-Jacques Rousseau，1712—1778）写下了《论人类不平等的起源和基础》这一不朽名著，而德国人此时似乎更关心语言问题。10 多年后的 1769 年，普鲁士皇家科学院面向欧洲设奖，征集对语言起源问题的文章。赫尔德（Johann Gottfried Herder，1744—1803）的《论语言的起源》，在与当时多位不同专业、很有影响的大家的作品竞争中脱颖而出，成为语言学史上的经典。该书反对语言神授说，主张语言是人的本质所在；人之为人，皆因其有语言，悟性是人类内在属性，而语言则是外在标志。法德两个科学院关注议题的差异，也许为我们今天观察两个民族的异同提供了一些启发：法国人很关心社会问题，而德国人更关注人本身，关注人类所独有的"悟性"与语言的关系。从某种程度上说，语言特征有助于了解不同民族的特性。

沿着赫尔德关于悟性与语言的关系的思路继续探索，就会发现：语言与人们对世界的感知、理解和表述之间存在相互限制、相互影响的作用。对此，天命之年卸去官场劳顿在柏林北郊专注于语言研究的威廉·冯·洪堡特（亦译洪堡，后文多译洪堡，Wilhelm von Humboldt，1767—1835）认为：人的"语言观"（Sprachansicht）如果不能超越自身民族语言的局限，就会束缚人的知识和思维，影响人的"世界观"（Weltansicht），因此，人若要挣脱母语的藩篱，就要进入另外一种语言，"学会一种外语就意味着在业已形成的世界观的领域里赢得一个新的立足点"①。由此观之，学习外语对洪堡特而言，不仅仅是出于人与人交流的需要，更关乎人的世界观，关乎人的自我认知和自我完善，通过丰富多样的语言表达形式，人在精神上可以达到趋于完美的境界。这就可以理解在洪堡特的教育思想和由他拟定的教育政策中语言学习为何具有重要的位置。

关注语言就是关怀人类，就是关心我们自身，让语言成为打开各国各民族人民理解之门的钥匙，为我们每个人的完善与发展，为世界的和平与发展奠定坚实的人文基础。

（本文摘自笔者为上海外语教育出版社"外教社世界语言小史系列"丛书撰写的序言。）

---

① 威廉·冯·洪堡特：《论人类语言结构的差异及其对人类精神发展的影响》，姚小平译，商务印书馆 2010 年版，第 72 页。

外语是国家大事

实施"一带一路"战略,意味着要把战略视野放宽到更多非欧美国家,要深入到以往关注不多、了解不深的国度和区域,需要我们"入其俗,行其令",要"入境问禁,入乡问俗,入门问讳",去深入地了解那里的历史渊源、社会制度和人文现状,实现"民心相通"。历史的智慧告诉我们,持续的经贸关系依赖心灵的交通,政治上的友谊更是如此。友善的人文交流,应该是一个优先于经济贸易合作的战略性和基础性命题。

人文交流旨在心灵沟通,这方面的工作还相当艰巨,从经贸关系和经济战略角度看也是如此。在"一带一路"建设中,越来越多的中国企业"走出去",参与国际合作和竞争,进行海外投资,这都需要人与人的交流作为基础支撑。根据对我国海外直接投资风险的权威评估,文化沟通类风险属于各类风险之首,覆盖率高达71.3%,高于主权类风险(46.9%)。可以说,实现"一带一路"战略,我们缺的不是政治智慧,不是钱,不是物,目前缺的是语言技术性沟通。深层次看,缺的是心灵"相通",是与"一带一路"战略沿线各民族、国家之间和人与人的心灵"相通"。这是需要迫切关注和解决的,应该是实施"一带一路"战略的首要内容之一。

心灵沟通的核心问题则是语言,"言为心声"。语言不仅仅是说话、传话的工具,语言本身就在传递知识信息,表达和交流感情,是心灵的使者。习近平主席在2014年3月会见德国汉学家、孔子学院教师代表和学习汉语的学生代表时指出，沟通交流的重要工具就是语言。掌握一种语言就是掌握了通往一国文化的钥匙。没有语言这把钥匙，人际、民族之间、国家之间的"心灵之锁"就难以打开，"一带一路"战略的大门就难以真正开启。从这个意义上讲，语言是实现"一带一路"战略的首要基础，外语教育具有战略意义。"一带一路"战略是新时期的重大战略布局，前所未有，要求我们从更高的角度去全面规划推进外语能力建设。

语言是了解对象国的基础工具，也是一面了解他者、了解自己的镜子，具有知己知彼的深层意义；对外传播本族语言，即推进汉语对外传播，则是主动沟通、获得共识和认同、建立情感互动的主干通道；大数据时代，语言是获得和积累信息数据的核心载体，语言和知识数据密不可分。一个国家掌握他族、他国语言的力量和对外传播本族语言的能力，构成整体的、广义的外语实力，这是一个国家综合国力的晴雨表，是国家的战略资源。我国外语教育家王季愚曾提出"外语水平是一个国家、一个民族文化水平的标志之一"，著名外语教育家许国璋教授也一再强调，外语是"事关国家利益的大事"。

当前，我们仍主要从学科和专业角度规划外语教育，这已不足以涵盖国家外语能力建设的全部战略意义，外语教育在数量和质量上还有很大改进空间。应从国家对内、对外整体战略的角度，紧密结合区域、国别的特殊意义和要求来规划布局外语教育，密切配合国家"一带一路"战略，着眼于外语本体知识与相关知识体系的关联，改变外语是单一学科的片面理念，统筹外语资源布局和外语智力的开发、积累形式，完善外语人才的培养目标和培养方式，提高外语教育整体和战略效益。

（本文曾发表在《神州学人》2016年第1期。）

用语言打开"心灵之锁"

友善的人文交流,应该是一个优先于经济贸易合作的战略性和基础性命题。这句话在当前国家实施"一带一路"战略的大背景下,有着深刻而重要的含义。

人文交流旨在心灵沟通,这方面的工作还相当艰巨。实现"一带一路"战略,我们缺的不是政治智慧,不是钱,不是物,目前缺的是心灵"相通",是与"一带一路"战略沿线各民族、国家之间和人与人的心灵"相通"。

"言为心声",心灵沟通的核心问题则是语言。语言不仅仅是说话、传话的工具,其本身就在传递知识信息,表达和交流感情。语言是心灵的使者。习近平总书记在2014年3月会见德国孔子学院师生代表时强调,语言不仅仅是工具,它还是打开心灵之门的钥匙。没有语言这把钥匙,人际、民族之间、国家之间的"心灵之锁"就难以打开,"一带一路"战略的大门就难以真正开启。

一个国家掌握他族、他国语言的力量和对外传播本族语言的能力构成整体的、广义的外语实力,这是一个国家综合国力的晴雨表,是国家的战略资源。掌握对象国的语言是了解对象国的基础工具,也是一面了解他者、反观自己的镜子,具有知己知彼的深层意义;对外传播本族语言,则是主动沟通、获得共识和认同、建立情感互动的主干通道;大数据时代,语言更是获得和积累信息数据的核心载体,语言和知识数据密不可分。据悉，国家正在制定非通用语种人才培养战略，相关的对外汉语教育工作也在规划之中，这都是加强人文交流、储备国家语言战略资源的扎实步骤。

建议政府部门加大国家外语能力建设战略规划的力度，制订《国家外语能力发展计划》等政策文件和扶持措施，从根本上改变外语教育缺乏整体性和战略性规划、各领域和部门缺乏协调、投入大、效益低的局面。"一带一路"战略是新时期的重大战略布局，前所未有，要求我们从更高的角度去全面规划推进外语能力建设。当前，我们还主要是从学科和专业角度规划外语教育，这已不足以涵盖外语能力的全部战略意义。应从国家战略的角度去规划布局，如密切配合国家"一带一路"战略，着眼于外语本体知识与相关知识体系的关联，改变外语是单一学科的片面理念，统筹外语资源布局和外语智力的开发、积累形式，完善外语人才的培养目标和培养方式，提高外语教育整体和战略效益。

（本文曾发表在《人民日报》2015年8月13日，与上篇形成姊妹篇。）

人工智能时代的外语教育

当代语言学关注三个核心问题,即语言(学)是什么?语言是如何获得的?如何应用语言?随着人工智能时代的到来,外语教育如何识变、应变、求变?

马斯克说,未来人工智能将取代翻译,除了通用语英语,人类将无须学习外语。果真如此吗?这还要从语言是什么说起。亚里士多德说,人在本质上是个语言存在物。语言的诞生无疑为人类提供了交际、沟通的工具,但交际功能并非语言的本质。事实上,其他动物在同类之间亦可进行交流;此外,人类如果仅仅是进行交际并非一定要借助语言。语言作为人与动物区分开来的标志之一就在于语言是知识的工具。人类借助语言能够认识世界并改造世界。也是在这个意义上,人类要学习不同的语言,如维特根斯坦说,语言的边界就是世界的边界。一个人的语言能力关系到他对世界的认识水平。

在人工智能时代,随着机器翻译越来越精准,我们还需要学习不同的语言吗?还需要外语教育吗?答案是肯定的。就如同在互联网时代,对任何问题我们几乎都可以通过网络搜索获得答案,但是我们从未质疑人为什么还要读书和学习。问题的关键是我们要理清外语教育的理念,回归语言作为知识工具的本质,从这一本质出发去开展外语教育。

语言是如何获得的?人工智能时代,当机器能够获得语言时,我们如何进行外语教育？回顾我国 150 多年的现代外语教育史，外语教学一直备受重视，特别是中华人民共和国成立之后的 70 年，外语教学的语种、目标、内容、方法、手段的变化周期越来越短，变化节奏越来越快，这得益于时代的发展和技术的进步。

改革开放后，曾有一段时间，外（英）语学习的全民热与费时低效的学习效果之间形成了强烈的反差，对外语教学的反思和对外语教学方法的改进一直在进行。进入 21 世纪后，随着互联网技术的飞速发展，外语学习的方式和路径有了质的飞跃，学习效果也有了大幅提升。相比之下，传统的学院式外语学科教学方式反倒相对滞后了。人工智能时代的到来，为外语教学升级为二语习得提供了实践的可能。

我们如何应用语言？人工智能时代，我们能否借助机器越来越精准的翻译彻底解决语言不同带来的困扰？对这一问题的回答我们不能仅从外语教育本身去思考。

世界历史发展造成的一个客观现实是，语言教育和语言学习特别是外语教育和外语学习在不同国家和地区的目的、宗旨是不同的，这种不同与语言本身并无直接关系，更多的是政治、经济、外交等因素导致的结果。曾有学者计算，如果欧盟各国统一语言，每年可以节省大量开支，但欧洲一体化过程中始终没有统一语言这一议程，反而刻意保持语言的多样性从而保证文化的多元不同。欧盟有 24 种官方语言，所有的文件都有不同的语言版本。母语与外语，第一语言与第二语言，作为第二语言的不同语种之间，这三组关系从来不仅仅只是语言教育层面的问题，而更多关系到国家统一、民族认同等深层次的问题。

人工智能推进了外语教学的升级，把人从费时低效的外语学习模式中解放出来，但是外语教育的问题更加突出了。如何改革外语教育的人才培养模式？如何适应人工智能的发展，重新设置外语教育的课程体系？如何通过外语教育切实提高中国的话语能力？如何根据语言作为知识工具的本质，突出外语教育的跨学科属性？南开大学、山东大学等综合性大学提出"+多语种"人才培养模式，上海外国语大学等则提出"多语种+"人才培养模式；无论是传统工科大学，还是文科高校，不少高校都在促进计算科学、神经科学、数据科学与语言科学的紧密结合。虽然侧重点不同，但是大家都在积极探索，主动求变。

人工智能为外语教育带来前所未有的发展机遇，诺贝尔奖的物理、化学、生理学（或医学）三个领域主攻的分别是物质的产生、有机物的产生、生命的产生，而语言学与人工智能的结合主攻的则是智慧的产生，那可能将是诺贝尔奖的一个新奖项。

（本文曾发表在《光明日报》2019年3月16日，原题为《回归语言作为知识工具的本质》。）

第二章

语言与话语:从语言到话语的转换

全球话语能力的重要意义

思考中国未来的发展以及大学在其中的使命，需要着眼于两个大局：一是，中国在实现了全面建成小康社会的第一个百年奋斗目标之后，已开启全面建成社会主义现代化强国的新征程，实现中华民族的伟大复兴是当今中国发展的战略全局。二是，中国发展的外部世界处在百年未有之大变局中，特别是欧美国家经历600多年的扩张，借助资本驱动的工业化主导世界历史进程和全球治理的现状正发生结构性变化，中国以其经济社会发展成就和制度贡献成为这一大变局中的主要变量。全球新冠肺炎疫情大流行冲击之下，中国治理优势与欧美相比进一步显现，受到很多国家的欢迎和借鉴，同时，这也越来越使以美国为代表的传统强国焦虑，甚至谋求联合阻遏抗衡。

中国当前和未来的发展将在上述两个大局的密切互动中，沿着为人民谋幸福、为民族谋复兴、为世界谋大同的既定目标前进。中国共产党十九届四中全会《决定》指出："推动党和国家事业发展需要和平国际环境和良好外部条件。"这意味着，和平的国际环境和良好的外部条件是中国实现伟大复兴的重要变量。这也是中国大学谋划新时代新发展的出发点，即要思考世界变局中发展与安全、科技与人文、智能与智慧的关系以及大学在其中的使命与责任。

（一）践行人类命运共同体理念，培养有全球视野和世界眼光的人才

习近平主席 2014 年在联合国教科文组织总部演讲时指出："人们希望通过文明交流、平等教育、普及科学，消除隔阂、偏见、仇视，播撒和平理念的种子……要通过跨国界、跨时空、跨文明的教育、科技、文化活动，让和平理念的种子在世界人民心中生根发芽……"促进世界和平与发展、推动构建人类命运共同体应该成为大学的重要责任之一。联合国教科文组织总部大楼前的石碑上，用多种语言镌刻着一句话："战争起源于人之思想，故务需于人之思想中筑起保卫和平之屏障。"可见，和平之于教育、和平之于思想都有密切联系，大学不仅要在推动科技进步等方面做出贡献，也要通过跨国界、跨时空、跨文明的教育活动在世界人民心中播撒和平理念的种子。

人类命运共同体的理念就是各国人民共商、共建、共享的世界和平理念，它不同于欧美传统强国零和博弈、弱肉强食的丛林法则。大学要高举人类命运共同体精神的旗帜，培养具有和平理想、全球视野和世界眼光的卓越人才。

习近平总书记指出，参与全球治理需要一大批熟悉党和国家方针政策、了解我国国情、具有全球视野、熟练运用外语、通晓国际规则、精通国际谈判的专业人才。要加强全球治理人才队伍建设，为我国参与全球治理提供有力人才支撑。2020 年教育部等八部门也要求加快和扩大新时代教育对外开放，指出要把培养具有全球竞争力的人才摆在重要位置，加快培养具有全球视野的高层次国际化人才。实现新时代新发展急切需要一大批扎根中华大地、具有全球视野和世界眼光、能参与各领域全球事务的专业人才。

另一方面，不管出于何种目的，世界越来越多的人想听中国故

事，不管从事何种职业和来自哪类学科，每个中国人都面临国际上越来越多关于中国怎么样、怎么看、怎么办的询问，在此背景下，每个中国人都是中国故事的讲述者。

全球视野和世界眼光越来越是基本素养，它包括四个维度：一是从中国看中国，熟悉本国传统、现实、未来；二是从中国看世界，批判地学习世界优秀文明成果；三是从世界看中国，在国际比较中认识中国特色；四是从世界看世界，把握世界大势和时代潮流。

（二）全球话语能力是具有全球视野和世界眼光的卓越人才的核心能力

具有全球视野和世界眼光的卓越人才需要具备全球话语能力这一核心能力。全球话语能力包括全球理解力、全球表达力和跨文化沟通力。

一是全球理解力（听得懂）。要听得懂别人说的是什么，怎么说。全球理解力就是要能够理解不同国家和民族的文化、习俗、思维方式、行为习惯与表达形式等，同时能找到自己与交往对象共同关注的议题，并在交流中找到对同一议题理解的共通点的能力。

拥有这样的能力，关于对象的系统知识不可或缺。比如面对当前来势汹汹的"中国制度威胁论"，要从历史传统、社会经济以及文化心理上弄清其世界观根源，从学理角度深入解构"威胁论"的思想基础，看清欧美历史多战乱，起因就是"人与人是狼""唯我独尊"的博弈思想，而中国历史和多战少，绵延五千年，皆因其自古及今"求同存异"的和平共生思想。简言之，要知彼知己。

二是全球表达力（说得清）。不仅要听得懂别人在说什么，是什么；还要说得清自己是谁，我们要做什么，中国怎么样。全球表达力包括国际交际中外语、母语之间自如切换的能力，与同行就专业领域的话题进行深入探讨的能力，理解并洞察对方的看法同时能让对方听懂并理解进而接受自己所表达的观点和内容的能力。

说得清自己是谁、中国怎么样，讲清楚中国故事，就需要有扎根中国大地的经验和知识，不仅脑中有中国历史、文化和时政的文本，而且"纸上得来终觉浅，绝知此事要躬行"。有知识事例和有数据研究的讲述才能令人折服敬佩，只有观点的表达往往会各说各话，文不达意，在交流中对中国的事说不清道不明。这样的尴尬经验，不少出国留学交流的人都遇到过。

三是跨文化沟通力（沟通得了）。听得懂了、说得清了，跨文化之间相互的沟通才能达成。跨文化沟通力是全球话语能力的核心。了解处于异文化环境中的沟通对象感知世界的方式以及据此采取相应的方式有效互动理解越来越是沟通力的关键要素。

有效的对话是互补的沟通。单方面的自我展示宣扬，或是居高临下的教训，抑或是谦卑恭敬的唯唯诺诺都很难达成有效的沟通。近来一些欧美人士声称和中国的对话失败，因为中国没有按照他们希望的那样改变制度，成为西方大家庭的一员，于是就把中国视为制度威胁，要千方百计地"脱钩"抗衡。这样的对话就是目的不纯，搞顺我者昌逆我者亡，对此，就需要有理有据地说明，以理服人。

当然，有效的跨文化对话需要相应的外语能力，这是新格局新发展阶段全球话语能力的基础，是机器翻译技术可预见的未来所替代不了的。概要地说，全球话语能力由外语能力和相关知识与场景经验有机生成，不是词与词的机械堆砌。可以说，全球话语能力是新时代人才素养的一项关键能力。语言能力是基础，话语能力则在语言能力和（交叉）学科能力融合的基础上形成。

当今世界正面临百年未有之大变局，全球化深刻改变了传统的时空观。明天的事和今天的事重叠在一起，明天的未知被挤压进今天的生活形成焦虑。一国一地的危机在全球传播，焦虑和不确定性瞬间蔓延全球,剧烈地影响着人们的感受和行为以及国家关系和世界秩序,成为能否实现人类社会和平发展的重要因素。在此意义上,全球理解力、全球表达力与跨文化沟通力构成的全球话语能力是新时代大学能力培养的重要组成部分,提升全球话语能力是大学践行和平理念的核心要义,是大学为实现中华民族伟大复兴,为促进世界和平与发展、推动构建人类命运共同体的应尽之责。

着眼于世界意义和时代意义的全球话语能力

当今中国正面临中华民族伟大复兴之战略全局和世界百年未有之大变局。习近平总书记指出:"在新的时代条件下,我们要进行伟大斗争、建设伟大工程、推进伟大事业、实现伟大梦想……"其中伟大斗争就包括了话语斗争。目前,全球话语领域的斗争格外激烈,我们急需提升全球话语能力。只有着眼于世界意义和时代意义的全球话语能力才能引领中国国际话语体系通达世界。

(一)话语的世界意义和时代意义

话语的世界意义在于,如何从世界的角度来把握世界。"百年未有之大变局"是当今世界尤为突出的标志。中美关系、中欧关系等国际关系以及中东、非洲等地区形势异常复杂,大国竞合和博弈越发激烈。冷战之后谋求协同与合作的国际关系主基调已演变成对抗和冲突模式,将世界拖向不确定和不稳定之中;地区冲突升级,意识形态对抗持续,世界近乎到了失控的边缘。如何在这样的世界局势下实现中华民族伟大复兴的战略全局,除了在"两个一百年"奋斗目标的互动中把握全局之外,要突出人类命运共同体的价值和内涵,在全球话语能力建设方面,突出其世界意义。

话语的时代意义在于,如何认清我们所处的话语斗争时代。在习近平总书记提出的"四个伟大"中,"伟大斗争"排第一位,足见形势的严峻性和斗争的紧迫性。未来斗争意识一定要加强,要敢于斗争,善于斗争。斗争不仅指坚船利炮,舆论、话语以及认知领域的软斗争,作为一种无形的斗争,不亚于有形斗争的破坏力。中国人过去受压迫,现在靠勤劳勇敢和自强不息实现了国家从站起来、富起来到强起来的伟大飞跃。然而,在国际舆论和话语领域,中国始终遭受欧美全方面打压。包括谣言在内的话语由西方所创造,甚至捏造。西方媒体不惜违背新闻的客观性,抓住一切可能的机会臆造抹黑中国的报道,导致中国的国际形象受损。有些西方话语猛一听似乎在表扬中国,但听着听着,就会发现背后的陷阱处处可见。例如,一位德国学者在他的关于中国的著作中,讲述中国如何强大,中国的优势如何明显,大家都觉得好,但其实这只是作者整个话语体系的前半部分,后半部分的意思是要防范中国、警惕中国,甚至是要想方设法遏制中国。

(二)话语权和话语能力

客观上说,中国凭借自身的政治实力和经济实力拥有强大的话语权。作为联合国安理会常任理事国,中国在国际事务中的话语权很大。不符合中国根本利益的,不符合世界利益的,中国就可以投反对票。但是我们的话语能力还跟不上话语权。我们说出来的话,人家要不装睡,要不听不懂、听不进去;当别人曲解我们的时候,我们也说不出来,即使说出来又缺乏穿透力。举例说,我们常说中国是新兴大国。翻译成英文时,我们习惯用"power",但是"power"一词实际上是"强国""强权"的意思,带有一定的殖民色彩。德文用"Macht"一词,听起来就让人觉得很难受,产生"被压迫"的感觉。

（三）全球话语能力建设的要素

第一，全球话语能力建设要突出中国人的世界观。正如习近平总书记所说，"世界好，中国才能好；中国好，世界才更好"，"为人民谋幸福，为民族谋复兴，为世界谋大同"，这都体现了中国人的世界观，将国内国际融通、协同的思想包含在内。中国人主张求同存异，提倡共商、共建、共享。中国人的发展理念不是我们一定要比谁好、比谁强，更不是为了战胜谁。而西方人热衷于寻异排异、零和博弈，西方的发展理念就是要把谁打倒，谁也不要当老二。有一种说法是，当一个国家的经济总量接近美国的60%的时候，美国就要对其下手。

第二，全球话语能力建设要和实践密切相关。我们有很多好的制度、好的模式、好的故事，有待总结，有待讲出来。我们要善于总结，不仅要用中文，还要用外文表述出来。中国在过去数十年中创造了很多奇迹。经济长期增长、社会长期稳定在人类发展历史进程中都是十分罕见的奇迹。改革开放40余年来，中国实现了7亿人脱离贫困，可以估计2020年我国农村人口已整体脱贫。判断一个政府执政是否有效，首先看其能否改善人民生活，让老百姓过上幸福的生活。中国所取得的成就和联合国的发展愿景是一致的。我们做到的事情，是世界上还有很多国家也想做到但还没有做到的。联合国《2030年可持续发展议程》设定了17个可持续发展目标和169个相关具体目标，第一个目标就是在全世界消除一切形式的贫困。这就表明，中国所做的事情，也是人类共同的梦想。中国故事因此而具有世界意义。这样的故事还有很多，我们要在实践中善于发现这些故事。善于挖掘身边的故事，将其变成全球话语的资源和内容，是提升话语能力的基本要求。我经常到虹口多伦路那里去散步，有时也会陪国外作家去参观"左联"旧址。"左联"的历史告诉我们，中国共产党从其建立的时候起就非常国际化、非常开放，从其诞生的时候起就具有国际视野。以习近平同志为核心的党中央坚持捍卫多边主义的国际秩序，坚持中国进一步开放，是有其道理的，不是机会主义的，而是一脉相承的，这就是为世界谋大同。松江佘山有一座圣殿教堂，还有清真寺，这些实实在在地诠释着我们的宗教政策。然而，国际上对我们的宗教政策有这样那样的误解和曲解。

第三，全球话语能力建设要考虑话语对象的感受。在讲故事的时候，不要老把这件事当自己的事情来讲，而是要当作人家的事情来讲。不能只从我们自己的角度讲，而是要考虑话语对象的感受。例如，我们和俄罗斯人搞联欢的时候，只要唱歌，《莫斯科郊外的晚上》是必唱曲目。有一次，我听到一位俄罗斯人说，他听了这首歌，心里挺难受。在他看来，这是苏联时期的哀歌，如今传唱，类似于给那个时代唱挽歌。他的观点有些偏颇，但是提醒我们，话语总是和人的感受联系在一起。我们还不仅仅和俄罗斯人一起唱这首歌，还和乌兹别克斯坦、哈萨克斯坦这些中亚国家的人一起唱这首歌。大家都还以为这些国家的民众大多还讲俄语，但人家更愿意用自己国家的语言。我们就没有想到这些国家的人的感受，他们心里是相当抵触的，很反感咱们对他们唱苏联的老歌。所以，我们要站在话语对象的角度去建构话语。

第四，全球话语能力建设要考虑话语的方式和方法。**话语和语言不是一回事。学习语言的目的之一是最终形成自己特色鲜明的话语**。语言可以很复杂，但话语在我看来越简单越好。言简意赅，更利于传播。在全球话语中，我主张 small words、short sentences、clear issues，不要动不动就是"修昔底德陷阱"这些宏大的专业词汇。在全球话语中，要善于用小词，句子要短，定语从句不能太多，议题必须非常清楚。例如，国外对党管高校非常感兴趣，那我们必须有能力对外讲清楚党是如何管理高校的，大学的党委书记是怎么选举出来的、是怎么任命的，党委书记每天都干什么，谁来监督大党委书记等等；

同样，国外对中国共产党的治国理政也兴趣浓厚，他们迫切想了解中国共产党如何领导中国，中国的制度优势具体是什么。外界对我们非常好奇，我们必须敢于对外讲，并且有能力讲清楚。

第五，全球话语能力建设要善于利用互联网和社交媒体，促进话语的国际传播效率和效应。政府机构和学界的外文网页，一半以上长期不更新，俗称僵尸网页，有互动的更是不到3%。社交媒体已成为塑造舆论的主场地，学界应成为话语的建构者、舆论的塑造者和学说的创立者。西方的很多观点和做法，对之我们学者表示反对，但我们仅反对人家不行，我们自己要立，要有自己的话语，要及时表达出来，一破一立。

（四）全球话语能力建设与全球责任

学界一般认为，第一次全球化由英国人引领，第二次全球化由美国人引领。"一带一路"倡议的提出以及构建人类命运共同体的理念则标志着中国也将逐步成长为全球治理的引领者。中国在全球化过程中发展了自己，也有责任继续推进全球化进程。全球化是一个不可逆转的进程，不以少数国家的意志为转移。我们的理想是构建人类命运共同体，一个相互关联的世界共同体，我们也有责任建构一个具有中国理念和全球视角的全球话语体系。

（本文系笔者2021年1月2日在中共上海市委组织部培训班上的讲课文稿，略有修改。）

用世界语言讲述中国故事

伴随着民族复兴的铿锵步伐，和着经济全球化的节奏，我国正在走近世界舞台的中央。这就需要更多的了解国情、通晓世界的高端复合型人才，外语类高校无疑在其中承担着重要职责。

上海外国语大学在总结创校60多年的历史经验、适应新时期中国对外开放新要求的基础上，把办学使命凝练为"服务国家发展、服务人的全面成长、服务社会进步、服务中外人文交流"，这是我们的立校之基。我们立足学校学科特色和专业优势、展望全球高等教育发展新趋势，把上外的办学理念确立为"诠释世界、成就未来"，这是我们的强校之本。根据国家战略发展新需求、落实中国高等教育发展新部署，把学校的办学愿景定为"建设成在国别区域全球知识领域特色鲜明的世界一流外国语大学"，这是我们的奋斗目标。

学校提出了着力培养"思想素质过硬、中外人文底蕴深厚、跨文化沟通和专业能力突出、创新创业能力强"的"多语种+"卓越国际化人才。我们推进人才培养模式改革，突出"会语言、通国家、精领域"，加强全球治理人才培养；成立了卓越学院，实行完全学分制，开设战略语言专业和选修课程。本科生年度出国留学交流人数超过40%，首届全英文"中国学"研究生项目学生毕业。开设的多语种复合型人才特色班，已经或即将为国家外交、外事、外经贸机构和国际组织输送一批优秀毕业生。以多语种国际新闻班为例，所培养的学生在进行全球报道时，充分展示了中国大学生的文化自信和国际视野，引起外媒和公众的关注，受到政府和新闻外宣及媒体机构的充分肯定和欢迎。

学校始终抓住"立德树人"的根本任务，通过开设多语种"中外时文选读"等课程、举办多语种中华传统文化系列讲座、组织学生参加"多语种青年志愿者活动"，力求把思政教育与教学科研中心工作有机结合。学校推出了28个语种的外文门户网站群，着力打造"办网""育人"和文化传播融为一体的多语种特色平台。由师生撰写的大量多语种文章，不仅具有中华文化的显著特质，而且符合语言目标对象国社会公众的阅读习惯。学校开设的"跨文化交际"英语课程在英国上线，170个国家的1.5万多名学员在此平台上进行交流。

我们聚焦区域国别研究，注重为全球话语能力的提升、全球知识体系的构建做贡献；学校拥有中东研究所等近30个特色研究中心和区域国别基地，获批多个省部级以上重点研究基地和研究立项。学校新型特色智库建设"资政、咨商、启民、育人"并进，"中东研究智库""中国外语战略研究智库"和"中国国际舆情研究智库"入选首批中国智库索引。多语种中国国际舆情研究中心启动两年来，在全国直报点中舆情报送总分排名第一。我们用中国话语讲述世界故事，用世界语言讲述中国故事，成立孔子学院"高翻基地"，开设了9所海外孔子学院，首个全国青联文化研究与传播基地落户上外。目前已经开设了13个"一带一路"所覆盖国家的语种专业。

学校的综合改革方案提出，坚持一流大学建设与特色发展相统一，重点突出三"特"：大力突出中国特色，坚持社会主义办学方向不动摇，坚持扎根中国大地，立足中华优秀传统文化；大力突出外语特长，不断丰富外国语大学的办学使命，充分发挥语言文学学科特色和优势，多学科协调发展；大力突出创新特质，不断推动教育教学改革，推动人才培养模式的创新，推动学术研究创新。

在履行教学、科研、服务、文化创新、国际合作交流等各种职责中，我们完善中国特色现代大学制度，遵循"权力为学校发展运行，资源为师生发展投入"的原则，积极推进"院系自主办学、学者自主治学、学生自主学习"的治理环境。

通过院系自主办学，理清学校和院系权责关系，强化院系办学的主体地位，管理重心下移，赋予院系办学规划权、人事考评权、资金使用权等，建立责、权、利三位一体的管理机制。通过学者自主治学，打破学科壁垒，鼓励跨学科，倡导学科交叉，以问题为导向，改革现有科研组织形式，大力加强平台与基地建设，建立学校和院系两级的超学科研究平台。以国际化和跨学科为导向，整合优质资源，加强共享互补，推进协同创新。学生自主学习，就是推进"以学生为中心"的人才培养模式改革，推进完全学分制和弹性学制，允许学生跨专业跨院系修读课程。建设通识教育、专业教育、分类教育课程体系，完善双专业/双学位制度，为学生成长成才提供多样化的服务。

学校积极推进"多语种+"办学规划，积极落实高峰学科建设方案，学校在有影响力的全球大学排行榜上排名继续上升，生源质量和就业质量稳居全国前列。新的学年，我们信心满怀，继续探索前行。

（本文曾发表在《人民日报》2017年2月9日，略有修改。）

翻译与国际传播

我一开始走上工作岗位的时候就和翻译有关系的。我1984年大学毕业后被分配到教育部工作，我清楚地记得，上班没有几天，就要给外事局领导做翻译。领导是北方人，讲话风格热烈，语气词多。这一天是会见德国驻华大使馆新上任的文化参赞，领导一见到就说："刚来中国，怎么样啊……"他停顿了一下，我连忙翻译"Sie sind neu in China angekommen, wie geht's Ihnen"，把"怎么样啊"译成了"您好"。没想到，领导接下来说"都好吗？"我不假思索地脱口而出"Wie geht's Ihnen"，刚出口，就反应了过来，我把"怎么样啊"和"都好吗"全翻译成"Wie geht's Ihnen"，等于冲着客人说了两遍"您好""您好"。更大的挑战是，领导接下来说"新官上任三把火，我希望你把中德文化教育交流的火烧得旺旺的"，这一下就把我弄懵了，慌慌张张地翻译成类似"加强中德交流"了事，没有把讲话人的特色和风格翻译出来，只有干巴巴的意思了。事后想到了德语的成语表达"Neue Besen kehren gut"，直译成汉语就是"新刷子刷得好"，可以更好地表达"新官上任三把火"之意。职业生涯中的第一次做翻译的"遭遇"，给我留下了难忘的印象。但，翻译不仅仅是语言转换的技术问题，翻译对认识和实现人类文明交流具有多层面的意义。

一是翻译的时代性。我们这个时代有鲜明的特点，这是一个世界巨变的时代，中华民族加速实现民族复兴的时刻，这是我们翻译的时代性。当前即便是在激烈的抗疫期间，也许正是因为这种抗疫的激烈，我们翻译界的同行一定能够更强烈地感受到翻译的重要意义。关于疫情的变化，抗疫政策的争辩，都与翻译相关联。不管哪个国家，俄乌冲突和疫情都是大家必谈的，战争和疫情就是我们目前所处的这个世界的最大的变量，是此时此刻世界政治舞台上正在上演的剧情，这是现实的政治，现实的国际政治。我看到德国语言文学科学院一年前的数据：一年前发过一篇小文章，指出疫情给德语带来了很大的变化，短短的一年多中就给德语增添了 2 000 多个新词，而且这些新词还在不断的变化当中。比方说社交距离，最早的德语里面用的是自己的词，叫 Kontaktverbot, Kontaktbeschränkung，中文就是"禁止接触"。德语出现"禁止"这样的词是比较多的，这个就有它的历史和文化的背景。德国人本身也感觉到这一点，一个语言里面出现"禁止"这样的词大概不是特别温暖，那么他们就借用了英语的词叫 social distance，这就变成保持社交距离了，就不再是禁止了，所以听上去就很温和。不光是德国这样，在上海，我们每天也可能和一些新词打交道。比方说我要在学校里面组织抗疫，每天都要等待一个新的手势。一开始我都搞不懂：什么叫手势？后来就是做什么事情，都习惯用手势了。今天的手势是什么？今天上午是什么手势？中午是什么样的手势？晚上又是什么样的手势？明天会是什么样的手势？"手势"这个词现在非常流行，在上海不知道手势，你几乎就不了解上海。单位里面抗疫，我们一定要避免一线人员团灭。我相信外地的同行现在可能还不知道"团灭"是啥意思。就是为了保证我们在一线的人员不至于因一个病例全部趴倒、全部停摆，这就要我们的同事分班，根据不同的工种、不同的空间、不同的流动性，分批分区域来工作。当一个区域有疫情的时候，第二个区域的人还可以跟上，不至于我们的团体整体丧失组织能力或者行动力。还有一个跟大家分享的：就比方说，硬通货。大家想的肯定是黄金、货币。你要知道，现在在上海，你要是有可乐,你就有了一项硬通货。可口可乐在大学里面,特别是女同学中,你要是有零食,你也有了硬通货,是吧?一个简单的、平常的食品,到这个时候已经成为一个非常重要的符号了,具有一种意义。我列举这样一些词,大家就能够深刻地体会到,语言具有时代的活力,还体现了我们在这个时代的共同成长,它集中表达了我们对事物的认识和对事物的把握。但是我想指出来的是,在这个过程中,大家看一看:它有没有外语母语之分?没有人在乎可口可乐是从哪儿来的。这个词没有人在乎,你很难再说它是个母语或者外来语。

二是**翻译的社会性**。我们不能把翻译当作从外语翻译成母语的过程或者从母语翻译成外语的过程。翻译不是一个字和字、词和词的对等转移,**更多的是一种社会活动**。**翻译是一种跨文化活动**。我们这个社会在很大程度上是由广义的翻译而形成。这是我想分享的第二点。我们一定要从这个方面去理解,翻译的时候,它不仅仅是翻译的语言问题,它还是一个社会问题。我感觉到它也是主题性非常强的问题:谁做翻译?谁需要翻译?翻译的内容是什么?为什么要翻译?翻译的效果是什么?在这样的一个过程中,我也感觉到——我们大家也都知道的:为什么翻译?谁来翻译?在翻译的历史上,在整个人类文明的历史上,有几位翻译大家。在欧洲的话,有一位叫西塞罗。在德国,他们会认为这是一个翻译行当的保护神,教皇就把他宣布为圣人。这个故事在德国翻译界的同行中经常会被提起,他们德国也有马丁·路德。马丁·路德的历史贡献是人文的贡献,在很大程度上是因为他翻译了圣经,把圣经翻译成德语,由此引导出德意志文化。实际上,没有马丁·路德的翻译,就没有德意志的文化,就没有德意志的今天这样一个状态。在我们中国的话,玄奘、严复这些都是被我们翻译同行们认为大家的。他们都是对社会产生重大影响的翻译大家。

三是**翻译的主体性**。翻译并不是一个语言问题,林纾这些翻译家在一开始甚至不懂外文。他不懂外文,怎么就能够成为一个非常著名的翻译家，我觉得这件事情是值得我们去考虑的。从翻译的主体性角度讲，不光有翻译者的这个主体性，还有语言本身的主体性。我刚才在想，像罗塞达石碑由三种文字组成，有平民用的，有宫廷用的，有古希腊文字组成的。在那个时候，母语和非母语都会被提出来。我也想到了我的家乡，山东济宁，它可以说是中国伊斯兰教的圣地。四五百年以前，那个地方的传教是有阿拉伯语和波斯语的。现存最古老的波斯语的语法，据说就是在济宁得以保留。因为那个地方有个藏经阁？几百年前他们那一代人是可以用波斯语在那里传教的。我们现在听到这些，都能感觉到，**翻译若仅仅从语言的角度来说，是比较狭隘的**。几百年前就存在着多语种的环境。法国传教士在济南甚至还创造了一种新的语言。我们现在再用这个语言来读的话，非要懂山东话才能读得出来。这些词你光会普通话都不行，你都听不懂。像这样的话只能是山东话，和法语结合在一起。所以我觉得，从主体性角度来看，我们的专业不应把母语和外语分得太清楚。

母语当然重要，它有它的政治意义。我在想，也是在上海，中国共产党第一次全国代表大会就在这里召开。大家知道，我们党的第一次全国代表大会上，重要的文件、纲领性的文件，并不是用汉语写成的，但是它没有影响到内容的传播。不把外语和母语相区别，要作为一个翻译人最核心的任务，要思考怎么样用母语去更好地表达外语所表达的东西。我们的翻译远远比技术性活动价值要高得更多。我们处在各种不同的社会当中、各种不同的文化当中，翻译要作为不同文化的沟通者。我觉得这一点是非常有意义的，值得我们去思考。

四是翻译的政治性。政治性是我们每一个时代必须面对的，就是每一次翻译都不是纯学术的内容。中国外文局原副局长黄友义先生也几次谈到了，比方说"韬光养晦"这样的成语，被美国人翻译来翻译去好像就是搞阴谋的，说我们中国人要搞阴谋，把自己的实力藏起来，等着机会的到来。

类似这样的事情很多。在俄乌冲突、疫情这两个现在很重要的变量议题当中，我们就能够感受到翻译有它强烈的政治特点。而且在当代社会，不了解中国政治制度现状，我们怎么把它给介绍出去？在我们所处的时代，怎么样能够把中国故事传达出去，这个任务很艰巨。我现在感觉非常之艰巨，如果我们仅仅聚焦在语言这一点上，我们很难去完成这个任务。翻译绝不仅仅是个语言问题，翻译者本身是身在其中的，我们本身就是整个时代的参与者、塑造者，这一点也非常重要。而且如果我们真要讲好中国故事，如果我们真要把中国的情况向世界介绍出去，要能够说得出去，要能够让人接受得了，要能够传得开，那么我们翻译者所面临的就不仅仅是一个语言问题，我们面临的是一个世界性的、社会的、文化的整体，我们要身在其中，我觉得这一点也非常值得大家去思考。我比较担心的是这样：我看到每天有大量的文章来写如何建立我们中国的话语权，但是很少看得到有话语力量的内容能到国际上去传播。这里面有多个方面的原因。有客观原因，国外的媒体或者国外的政治力量对我们围追堵截。但主观上我们还是要看我们翻译界，翻译理念还要进一步地扩展：翻译不仅仅是一个语言的问题，不仅仅是一个外语的问题，不仅仅是两种语言——母语和外语的沟通这样一个问题。我觉得这是一个非常非常重要，期待我们翻译界的同仁去进一步地分析、去进一步地研究，共同来提高的过程。**翻译一旦从语言进入话语**，又进入整个社会生活的体验，把我们自己置身于时代过程当中的时候，我们的事业会进一步地开阔。我们的视野开拓了，然后去教育、培养我们的学生，这样，才能在我们国家实现民族复兴的过程中，让世界更好地了解中国——这是一个爱好和平的民族，我们的发展不是给世界带来威胁，我们的发展是对世界的贡献。这一切都需要我们在培养学生的过程当中，强调我们自己要身处这个世界之中。翻译不仅仅是一个语言问题，我们要了解这个世界。没有天下情怀，没有世界眼光，我们很难去完成时代交给我们的翻译任务。而翻译与传播密切结合，传播不仅仅是个翻译的问题，更是一个话语的问题。

在上海外国语大学，我们做这样的一种尝试，就是让我们的学生能够置身于我们这个时代，让我们的学生能够有世界的眼光，有国家、民族的情怀，让他们感受到他们有一项强烈的主体责任。我们是中国人，我们是人类当中的人，我们要为这个世界做贡献，我们一定要把我们国家的事情做好。要把国家的事情做好的话，我们自己一定是有道德品质的人。这是政治定力。但一个人光有政治定力，他是空的，他一定要在实践上有他充分的专业能力，在大学里面的专业能力。这就包括每个专业相应的系统知识。这一点是非常重要的。系统的知识和扎实的能力配合上我们外语专业的语言能力，才能够使我们把中国故事比较好地表达出去。因为我们了解国外的情况，借助语言，我们就有一种所谓的能够听得懂别人讲什么话、能够说得清自己要说什么的能力，这样才能够沟通得起来。这样的翻译人才，缺口很大，就我个人的经验而言是我们看到的还不多，我们还需要非常多这样的人才。

（本文系笔者 2022 年 5 月 15 日在中华学术外译与国际传播高端论坛上的讲话。）

发挥高校特色优势，为国际传播事业做贡献

我主要是着眼于三点，扼要谈谈对国际传播战略意义的认识，以及结合上外实践，简介高校能够做的工作。

一是，国际传播事关国家安全利益，具有重要战略意义。

国际传播工作事关国家安全利益、中外合作交流和文明互鉴，关乎人类命运共同体的构建，是一项具有全局性、长期性、整体性、战略性的重要工作。

近年来，以美国为首的一些国家从战略上妖魔化中国，竭尽全力建构"中国制度威胁论"，不再是像以往那样限于局部的媒体炒作和个别的政客反华言论，而是由国家和国家集团主导，全方位地把涉华负面认知战略化、系统化、社会化和大众化。比如，美国掌控的军事集团北约在去年出台的《北约2030》战略文件中宣称中国是其系统威胁，还在文件制订过程中广泛、密切地与社会各界互动，竭力影响欧美社会民众，给北约制造的涉华舆论一副"民意"面孔，使之成为社会各界的普遍话语。所谓"系统威胁"，简而言之，你的存在就是对我的威胁，非我族类其心必异。也因此，遏制你，不择手段，不计成本。这一波对中国的战略妖魔化比以往各版本的"中国威胁论"更具有战略危害性。这是一次持续而艰巨的斗争，仅从应对这场斗争的角度看，有针对性地做好国际传播具有特别重要的战略意义。

**二是，做好国际传播需要有效发挥政府、学界、媒体、社会和个

人等多方智慧与力量。

从国际传播接受效果研究看，受众对不同传播主体有不同的期待：政府发声时重在表述，要表明立场；学界和智库主要是论述，说明道理，提供学理；媒体作为平台能够讲述生动有趣的故事，提供信息和观点。

受众期待学界学者对传播的议题有学理上的贡献，不要仅仅在政府话语框架内做修辞和句法反复。诸如，一场学界有关国际传播议题的讨论会，除了邀请相关主管部门代表讲话指导外，学界人士要有基于学科研究的学理和话语贡献。常看到有些学界研讨活动的总结简报，主要报告请了哪些领导讲了话，但很少介绍学理、学术成果。实际上，各界非常期待学界在国际传播方面多做出理论贡献。在此也与学界同仁相互学习、共勉。

媒体的功能则很综合，其中既要传播政府宣示的立场，也要传播学者讲述的道理。无论什么内容，作为"信息和观点消费产品"去直接面对受众时，媒体要对产品进行"故事化"处理。在英文中，"新闻"一词，"news"，与"故事"，"story"，密不可分，二者组成"新闻故事"，"news story"；在德语中，"公众观点"一词，"öffentliche Meinung"，被认为是"发布出来的观点"（veröffentlichte Meinung），这些均表明，新闻和观点的产生与接受有个媒体建构的过程。研究还表明，人们通过大众传媒建立起自己关于世界和历史的认知。从这一角度看，传播塑造着世界观、人生观和价值观；媒体和教育一样，都是讲故事的第一人，持续影响着人和社会。古希腊的柏拉图把讲故事看作培养国家人才最重要的课程之一。因此讲故事的人应该是有权力的人。如今的世界已处于人人互联的时代，很难再分"主流媒体"和"自媒体"、国内媒体和国外媒体，人人都是麦克风，处处都有讲故事的人，时时都产生国际传播，而且，常常是被塑造的国际传播。

三是，高校是国际传播"共同体"中的重要成员，能够在国际传播实践和理论建设中发挥重要作用。

首先是人才培养。国际传播需要专业人才，这是高校的职责，新闻传播和语言类学科尤其如此。此处我重点谈语言，因为语言是传播最核心、最基础的媒介。洪堡认为，语言是思想的建筑材料；马克思曾说，外语是人生斗争的一种武器。外语事关国际传播的效果。研究表明，国际信息流中，英文占60%左右，高居首位，非英语的语种比重呈上升趋势。这说明，外语在国际传播中的重要性十分明显，而且不仅仅是英语，其他语种的比重也在上升。这意味着在加强英语作为载体的国际传播的同时，还要重视通过英语以外的语种开展国际传播，即多语种传播。

目前，我国3 000多所高校均开设外语课（包括专业外语和公共外语），但主要教学内容还比较传统，注重听说读写译，也就是注重语言形态本身的教学，还未有意识地将语言的功能和传播的目标结合在一起；语言还主要是一般交际工具，没有上升到传播的工具。我非常赞同外文局推动翻译专业和国际传播密切结合的举措。在高校专业目录中，外国语言文学学科下面有100多个专业，是所有专业门类中最多的，可以说，在培养国际传播能力方面，外国语言文学专业的潜力巨大。

上外发挥学校的多语种优势，在上级部门和媒体机构的支持下开设了国际传播硕士班；与新华社、中国日报社和上海市委宣传部共建多语种国际新闻传播硕士研究生项目，实行业界-学界双导师制，毕业生具备基于多语种能力的新闻传播能力；高级翻译学院则在课程体系中加入国际传播内容，将高端翻译和国际传播融合起来。"多语种+传播""翻译+传播"的办学理念在课程实践中不断深入，从根本上提升学生的国际传播能力。

其次是实践与理论密切结合的学术研究。学科要为国际传播实践提供理论积累，要对传播实践当中的经验教训进行观察、分析、总结、归纳，形成规律性认识，使之成为理论指导。习近平总书记也多次提到理论的重要性，强调"学、思、用贯通，知、信、行统一"。国际传播既有实践又有理论，有着丰富学科资源的高校在理论结合实践双向创新方面大有可为。研究国际传播的过程也应是实践的过程。

上外学者在研究和实践中感到，国际传播有些方面需要加强，如：

（1）**需要加强底层传播供给**。国际传播主体是多元立体的，政府层面传播量很大，但基层供给显得不足，造成上下之间的落差。基于此，上外与上海市松江区合作创办、运营了"上海松江"英文融媒体应用平台，该平台成为全国首个区县级融媒体英文频道，是全国地方党媒融合创新发展项目。这是至今全国为数不多的区县级国际传播平台。

（2）**需要增加专业传播供给**。政府信息是多元、分众的，传播也应丰富多元，但在实际传播中，宣传部门供给丰富，专业部门相对薄弱。2017年上外主动请缨，承担中国教育对外传播工作，在教育部的领导和支持下，协助教育部编辑运营教育部政府门户网站多语种网站，特别是英文网站，得到国际教育政策界、国际教育研究界和计划来华留学人员等机构和人士的广泛关注。

（3）**需要国别区域全球知识体系支撑**。国际传播很难千篇一律，需要分众化、区域化、国别化，为此需要系统了解对象国或对象区域的历史、民族性格和发展前景，需要有国别、族别、群别、语别、区域和全球的知识体系支撑。2018年，我们在教育部和上海市政府的支持下，成立了上海全球治理与区域国别研究院，作为一个跨学校、跨学科、跨语种的平台，深入推进区域国别研究和国际田野调查，着力构建中国自主的国别区域全球知识体系，支撑我们开展国际传播。2020年以来，我校师生每年在国际媒体上发表的评论文章有100篇左右。今年5月，胡春春副教授在欧洲发表关于俄乌冲突的评论文章和学术文章，受到多国关注，已经有意大利文、德文、英文、阿拉伯文、土耳其文、丹麦文等多个语种的版本在多国媒体和学术平台上发布，引起了广泛评论，还有国外学者专门著文评论。这一实践案例也证明，契合国别、语别场景的国际传播更能"说得出，传得开"，对有效传播中国声音十分重要；而且还表明，讲中国故事也包括中国学者以中国的视角讲述其他国家和区域的事件，国际传播需要贴近国际关注。

（4）需要加强中国学界以人类命运共同体为目标的国际传播理论建构。上外学者已走出去开展理论传播，以国际杂志为平台，构建国际学者、国际表述、国际共识的学术共同体，在理念上实践国际传播（可由例如 *Online Media and Global Communication* 杂志的转载率、转引率来证明）。

讲中国故事的核心和关键是讲好中国共产党的故事。建党百年之际，我校7个语种近40名专家的工作团队完成了中共一大纪念馆近40万字的展陈文本翻译任务。与此同时，学者们在上海市委市政府的大力支持下开展红色文化传播理论与实践的课题研究，提升翻译能力，丰富理论认知；凭借学理和学术的支撑将语言转换上升到话语转换，合力向国际社会讲好中国共产党创建的故事，让外国受众真正感受到中国共产党的故事是多么精彩，助力塑造中国共产党可信、可爱、可敬的国际形象。

国际传播需要战略把握和谋划，又需要精细推进、具体实践，细节很关键，需要在实践和理论的相互促进中不断探索提升，更好实现"说得出，传得开"的目标。高校基于其学科、学术和人才资源可以也应该在主管和专责部门的指导和支持下与媒体和社会各界密切互动合作，使后者丰富的实践经验在高校的专业和学科体系中得以升华，成为理论，为国际传播的理论与实践做出贡献；同时高校也在其中获得学科和学术能力的提升，更好地培养国际传播专业人才。

（本文系笔者2022年9月5日在江西南昌首届战略传播论坛上的讲话。）

第三章

语言与人才培养：会语言、通国家、精领域

新时期应有的外语人才观

2014年3月,国家主席习近平访问欧洲期间发表了5次演讲和4篇署名文章,生动地向世界讲述了中国故事,展示了巨大魅力,这种魅力源于对中西两个文明的熟稔和跨文化沟通技巧的娴熟运用。高等外语教育承担着为国家"走出去"战略培养人才的重任,应该进一步树立科学的办学观和外语人才观,积极思考如何培养符合时代需求的高端外语人才。

(一)思想政治教育与外语专业教学相统一

新时期外语人才观首先强调对人才培养的思想政治教育和外语专业教学同等重要,二者应该相互统一,构建有外语院校特色的思想政治教育体系。

教育的根本任务是"立德树人",培养"德智体美劳全面发展的社会主义建设者和接班人",**既强调人才的"全面发展",又把"德"(即思想政治素质)放在第一位,外语人才更是如此**。新中国外语教育事业的奠基者和开拓者、上海外国语大学老校长王季愚(时称上海外国语学院,担任院长)早在新中国成立初期的高等外语教育办学过程中就强调世界观、人生观是"方向盘",要像重视外语专业教学一样重视思想政治教育。

高等外语教育中对学生需要修满的学分规定是固定的，学时总数是有限的，如何在实际教学中正确处理好思想政治理论课与外语专业课之间的学分、课时分配？外语类院校可以尝试打破思想政治理论课与外语专业课之间的壁垒，用外语讲授思想政治理论课。比如，外语类院校的形势政策课直接学习党的十八大报告外文版等。新中国成立初期的高等外语教育就已做出过探索，当时《论人民民主专政》《中苏友好同盟条约》等重要时事文件的俄文文本刚一公布或发表就被作为思想政治理论课的教材进行教学，在学生总学时有限的情况下，这样既保证了把大部分学时（六分之五的时间）用来开展外语专业教学，同时又坚持把思想政治教育放在首位，一举兼得，有效克服了外语专业教学与思想政治教育机械割裂的教学方式，尤其值得今天借鉴和发扬。

（二）传播中华文化与借鉴先进经验相统一

新时期外语人才观更强调在对外交流中既能自信地向世界"阐释中国特色"，"讲清楚"中华优秀传统文化，又能在国际比较中掌握新知，"积极借鉴人类文明创造的有益成果"。

外语类院校培养的外语人才应该担当起这样的时代重任：**增强中国国际传播能力，建设中国话语体系，向世界讲好中国故事，传播好中国声音，增强中国在国际上的话语权。**

当前外语教学的工具化、功利化倾向应该摒弃。高等外语教育办学的改革方向是回归大学人文教育之道，因为语言文字不仅是表达和交际的工具，其精髓是所承载的历史与文化。正确处理语言类专业教学与非语言类专业教学之间的关系是当下高等外语教育改革的必由之路。对语言技能的学习、掌握和运用是外语学习的基本要求，但外语类院校不是职业技术培训机构，不是高等语言培训学校，对语言技能的教学只是最起码的要求。除了语言技能，较好的外语语言、文学知识，广博的知识涉猎，跨文化的沟通能力，自觉的创新意识，理性的批判性思维，良好的人文修养，这些才更是高等外语教育尤其是外语类院校办学的着力点。

（三）学术研究与专业教学相统一

新时期高等外语教育办学的基本路径是学术研究要围绕外语特色和优势，合理配置教研结构，教学、科研不分家，学术研究与语言能力相促进，教研相长。

外语类院校的学术研究有两种倾向需要引起我们的注意：一是外语类院校的专业教学与学术研究有割裂的倾向，越来越多的教师倾向于专职从事学术研究，甚至一线专业课的教师也越来越多地将精力投入学术研究；二是外语类院校的学术研究与其他高校、科研院所的学术研究出现了同质化倾向，无论是研究人员、研究领域还是研究方向都没有凸显外语的优势。

外语类院校的学术研究还是要回归到外语的特色和优势上来。一是围绕外语人才的培养开展学术研究。新中国成立初期高等外语教育的前辈们早就指出，外语类院校办学"必须从学术研究着手，单靠改进教学方法还不够，根本出路在于提高外语理论水平"。外语类院校要深入开展外语教学、研究工作，"把外语教学搞活""把外语教学作为一门科学来研究""研究和了解世界各国外语教学科学发展的新潮流"。二是立足中国，在国际比较中创新学术、服务国家建设和民族振兴。外语类院校要继续坚持依托具有出色语言能力和水平的师资，及时掌握第一手研究资料，追踪"世界上出现的新事物新情况"，深入研究"各国出现的新思想新观点新知识"，从而积极借鉴人类文明创造的新成果，繁荣创新学术，促进国家发展。

(四)课堂教学与生活实际相统一

新时期外语人才观的核心是对人才的培养突出"外语"特色,大力营造全方位的外语学习环境和校园氛围。

语言环境对外语学习很重要。关于语言教学法,理论有很多,包括浸入式、直接法、听说法、情景法、交际法、全身反应法、整体语言法、以任务为中心的方式等等,每一种教学法都有其合理之处,都有其不同的重点和着眼点,但它们有一个共同的特点是,在教学过程中,要以学生为中心,以学生的生活经验或生活实际为出发点,引导学生从语言知识的学习过渡到语言的实际使用。新中国成立初期的高等外语教育在这方面也有过成功的经验,通过聘用苏侨担任职员,让学生处于"只讲俄语"的环境中,俄语教学融入学生的日常生活,顺利完成10个月之内培养200名俄语翻译专家的艰巨任务。

语言学习有很强的实践性,要"接地气",培养出色的语言应用能力就要多接触外文原文,通过多听外文广播、多看外文电影、多用外文写作、丰富外语校园文化活动、参加外语社会实践等提高外语学习的效率和水平。

(五)尊重外语教学规律与突出中国特色相统一

当下,各式各样的评估排名和以社会服务形式出现的外来诱惑,越来越严峻地考验着我们对外语教学规律的坚守和尊重,考验着我们对创新进取的勇气和担当,考验着我们对国家责任和民族使命的肩负和承担。

对外语类院校办学来说,坚持尊重外语教学规律,做了什么很重要,但也有时候,不做什么同样重要,尤其在面对各种纷繁复杂的浮躁时,不做什么的坚守更能体现对外语教学规律的尊重。在这一方面，王季愚也曾给我们做出了榜样。1958年，受"大跃进"运动的影响，有的外语类院校提出"大改革"的方案，如"一学期掌握五千字单词"等等。王季愚顶住压力，坚持"不去学习"各种纷繁的"跃进方案"和"改革经验"，而是按外语教学规律教学，扎扎实实地提高教育质量。她在晚年直言不讳地指出，"把外语教学规律当作'外语特殊论'来批判，给外语教学带来了不堪设想的后果"。她告诫："我们要从中吸取教训，不能再重蹈覆辙。"

（本文曾发表在《光明日报》2014年5月6日。）

培养"多语种+"的国际化人才

习近平主席在"一带一路"国际合作高峰论坛圆桌峰会开幕式上的演讲梳理了以和平合作、开放包容、互学互鉴、互利共赢为核心的丝路精神，呼吁把"一带一路"建成和平、繁荣、开放、创新、文明之路。"一带一路"倡议是中国面对全球化危机提出的建设性方案，是全球治理的中国智慧。

全球化未来向何处去，这是我们思考这个时代的大背景，我们必须基于这一背景去思考问题。当然，这其中就包括大学办学所面对的所有问题，尤其是高水平大学在创建一流的过程中所面对的问题。全球化需要升级发展，需要超越时间与空间的限制，不能以一元单线的机械思维去思考，即从西方到东方，从传统到现代。"一带一路"倡议提出的"五通"和"三同"意在强调超越时间与空间的局限，就具有划时代的意义。

在这样一个大的背景下，我们发现，语言与文字所承载的沟通、交融的使命越发凸显。语言是认知世界最重要的工具，人是认知的主体，世界是认知的客体，正是因为人类具备了掌握语言的能力，因而才可能认知世界，文明才得以源源不断地进步。联合国去年举办了一个全球论文竞赛，主题是"多种语言，一个世界"。我们居住的是同一个地球，同时存在大约 6 000 种语言，每一种语言都建构了一种独特的文化。幸运的是，人类是伟大的，我们建立了不同的语言之间的联系，人类由此可以进行沟通和交流，文明得以从交锋、交汇走向交融。

面对全球化这一时代背景，我们应当超越时空，借助语言这一认识世界的工具，深入认识不同文明间的差异，促进不同文明之间的交流，从而构建全新的全球知识体系，而这正是当下外国语大学的使命。

外语类高校要特别注重提升学生的全球理解力。鉴于此，上海外国语大学提出以"诠释世界、成就未来"为办学理念，致力于建设"国别区域全球知识领域特色鲜明的世界一流外国语大学"，培养"会语言、通国家、精领域"的"多语种+"卓越国际化人才。

"多语种+"就是要打破专业、学科壁垒，以人文通识教育培养学生的价值观自觉，以社会科学方法论教学促进国别、区域研究意识，并始终以问题研究导向提升学生在某一领域的专精。"多语种"指的是至少精通两门以上第二语言，并且具有较好的跨文化沟通能力。"+"不是简单相加，而是强调融合，具体要实现两个目标：一是"通"，即通过开设大类课程、辅修专业、创新实践等贯通专业、学科；二是"化"，将多语言能力通过"比较""贯通"等"化"为领域优势。由此使我们的师生在教学相长中获得区域国别全球新知，成为有全球视野和人文素养的人类文明的实践者、全球理解的促进者、全球和平与合作的参与者。

同时，我们还要积极建设对区域国别研究和全球知识领域构建有重要意义的语言和语种，特别是"一带一路"沿线国家所涉及的语言和语种，以及在专业上除通用语种专业之外的其他语种专业。

为"一带一路"培养更多高水平人才，以"多语种+"促全球理解力，高水平外语类高校责无旁贷。

（本文曾发表在《人民日报》2017年6月8日。）

"会语言""通国家""精领域"

——《人民日报》专访

何为一流大学？一流人才是重要指标。

在创建一流的过程中，突出人才培养的核心地位，培养具有国家使命感和社会责任心，富有创新精神和实践能力的各类创新型、应用型、复合型的优秀人才，是各高校必须着力的方向。一所具有鲜明学科特色的院校，如何在一流人才培养过程中精准发力？记者专访上海外国语大学党委书记姜锋。

（一）

姜锋： 我们对于"双一流"的理解和诠释，要有两个要素。一个是"中国特色"，另一个是"世界一流"。"特色"是基础和前提，不同类型的高校和学科要"差别化发展"，无论是师资、人才培养、科学研究、文化传承创新还是国际交流合作，我们都要牢牢立足中国国情，凸显特色，不能一味地跟风模仿，被牵着鼻子走。

当然，坚持特色绝非故步自封。坚持特色的目的是追求"一流"，"一流"是目标和方向。所谓"一流"，不是说追求跟其他国家的"相同"，而是要获得全球影响力。因而，我们需要做的是"在特色发展中求一流"。

以我们学校的学科特色——外语为例。外语是国家大事。沟通交流的重要工具就是语言。掌握一种语言就是掌握了通往一国文化的钥匙。没有语言这把钥匙，人际、民族之间、国家之间的"心灵之锁"就难以打开，"一带一路"战略的大门就难以真正开启。从这个意义上讲，**语言是实现"一带一路"战略的首要基础，外语教育具有战略意义。**

记者：在推进"一带一路"战略和创建"双一流"的双重任务下，外语类高校面临怎样的新形势与新使命？

姜锋：推进"一带一路"倡议是国家新时期重大的战略布局，需要国家外语能力铺轨架桥，外语能力是国家参与全球事务的战略资源。深入开拓与各国社会间的关系，取得文化差异如此之大、国情民情如此不同、需求利益各有侧重的60多个国家对"一带一路"的认同，应该说，使命艰巨。

从高校在其中的作用来看，**我国高等外语教育传统上多注重通用语种、大语种，偏重学习西方发达国家的语言，对其他国家和地区的语言学习有"赤字"，**具体来说，对参与"一带一路"倡议如亚非拉、中东欧的国家和地区的非通用语或小语种关注还不够，"语言赤字"直接导致"认知赤字"。现在，我们要去了解这些国家和地区的国情、社情、民情，实现心灵沟通，核心和首要问题就是语言。为此，外语类高校应该围绕做强语言核心竞争力，不断丰富和拓展语言文学教学与研究的内涵和外延，有针对性地发展交叉学科，在国际化特色上狠下功夫；在人才培养目标上，要从**"会语言"**到**"通国家"**并**"精领域"**，造就能够参与全球事务的通才和通晓国别、区域与领域的专才；在科学研究上，**传承基础研究的特色，**发挥新型智库的作用，通过多语种、多国别的协同研究为健全国家的全球知识体系做出独特贡献；树立全球意识，进一步丰富全球化内涵，**拓展中国学生的国际视野与培养国际学生的中国视角同步推进，外国语言文学与汉语国际教育并重。**

（二）

当前，外语类高校面临着前所未有的机遇。中央提出加快培养拔尖创新人才、非通用语种人才、国际组织人才、国别和区域研究人才、来华杰出人才等五类人才。这就要求所有外语类高校一方面要立足服务于国家战略、服务于社会进步、服务于人才的全面发展和服务于中外人文交流，坚持问题导向，另一方面要意识到传统上外语单一学科的理念已不能适应新形势的要求，现有的学科和专业布局需要做出调整，要在教学与研究中加强外语本体知识与相关知识体系的交叉整合，创新学术研究的组织机制，打破学科壁垒和专业藩篱。

姜锋：在新形势下，我们提出"**诠释世界、成就未来**"的办学理念，实施"**多语种+**"战略，开展了一系列的综合改革。为培养全球化时代急需的国际化复合型人才，学校将人才培养目标明确定位为，培养具有人文情怀、全球视野、创新精神和实践能力，能畅达进行跨文化沟通的"区域、国别+领域"的"多语种+"卓越国际化人才。

"多语种"指的是至少精通两门以上第二语言，具有出众的跨文化沟通力；"+"指的是"**互通互联**"，即以基于多语言的跨文化沟通力为前提，打破专业、学科壁垒，以人文通识教育培养学生的价值观自觉，以社会科学方法论教学促进国别、区域研究意识，以问题研究导向提升学生在某一领域的专精。"+"不是简单相加，而是"融合"：一是"通"（融通），即通过开设大类课程、辅修专业、创新实践等贯通专业、学科；二是"化"，将多语言能力通过"比较""贯通"等"化"为"领域"优势。

外语类院校办学质量如何最终要看为国家和地区发展、为社会进步、为人才全面发展和为中外人文交流的贡献程度。这是我们办一流外国语大学的要义所在，也是时代赋予的责任。

（本文曾发表在《人民日报》2016年6月23日。）

外语类高校需创新人才培养模式

党的十九大报告指出:"没有高度的文化自信,没有文化的繁荣兴盛,就没有中华民族伟大复兴。"同时,要"加快一流大学和一流学科建设,实现高等教育内涵式发展"。对外语类高校而言,必须深刻思考新时代如何实现内涵式发展,转型升级。

语言的产生和文字的发明是人类文明诞生和发展的主要标志之一。从人类文明的演进过程来看,语言文字始终扮演着重要角色,让不同文明从冲突排斥、非彼即此走向和平合作、开放包容、互学互鉴、互利共赢。在推动构建人类命运共同体的过程中,语言文字必将发挥不可替代的重要作用。

语言文字不仅是交际沟通的工具,更是认识世界的工具。外国语言文学学科兼具人文科学、社会科学和自然科学等特征。从 20 世纪下半叶直到现在,外国语言文学学科除了具有地区研究这一明显的社会科学的特征之外,还开始与计算科学、神经科学、生物学、统计学、心理学以及大数据分析等进行跨学科的交叉研究并取得了重大进展。

而在这个过程中,外语类院校蓬勃发展。尤其是伴随"一带一路"倡议的提出,中国外语类高校迎来了前所未有的新一轮发展机遇。这一方面反映了我们了解世界、认识世界的开放心态,是国家改革开放政策不断深入的体现;另一方面,也反映出,中国深入参与全球治理对外语类高校的质量与内涵提升提出了新要求，对推动我国高等外语教育的结构性调整和转型升级提出了新的要求。

新时代，借助"双一流"建设，中国高等外语教育应进一步服务中外人文交流和中华文化走出去战略，在文化的"创造性转化、创新性发展"和区域国别研究、全球知识体系构建方面积极作为，站稳前沿，引领全球高等外语教育的发展，并实现内涵式发展。

首先，要坚定理想信念，牢牢抓住"培养什么人、如何培养人、为谁培养人""办什么样的大学、怎样办好大学"的根本性问题，抓好党建，坚持正确的办学方向，以适应新时代对高等外语教育发展的新要求，始终扎根中国大地，办好中国特色社会主义大学。

同时，要强化特色，坚持科学的办学目标，满足社会对高等外语教育发展的新期待。能否培养出担当民族复兴大任的时代新人是界定"双一流"的重要标准，新时代要教育引导学生正确认识和把握人类社会发展的历史必然性，正确认识和把握中国特色社会主义的历史必然性，正确认识时代责任和历史使命，正确认识远大抱负和脚踏实地，从而培养出一大批熟悉党和国家方针政策、了解我国国情、具有全球视野、熟练运用外语、通晓国际规则、精通国际谈判的专业人才，以适应中国参与全球治理的需要。

特别重要的是，要健全促进外语院校内涵式发展的体制机制。在这方面，上海外国语大学也做了多方面的探索，学校以一流学科建设为契机，以"多语种+"作为新时代办学战略，深化综合改革，提高现代大学治理能力，通过推进综合预算制改革和本科生、研究生、留学生两级管理，实现权力为学校发展运行、资源为师生成长配置。同时，着力探索专业特色型、多语复合型、战略拔尖型三大类人才培养模式，打破原来的单一化、标准化人才培养机制，以学生为中心，增加学生选择的自由度，提供个性化、自主化的培养方案，着力构建"听说读写译"五位一体外语院校特色思政体系，重新制定人才培养方案，改变传统的以听说读写译为主导的语言教学模式，充实课程设置，基于"多语种+"卓越国际化人才的培养目标重新构建学生的知识结构。

办好人民满意的新时代高等外语教育，中国外语类高等院校使命在肩，当有新作为。

（本文曾发表在《人民日报》2018年1月4日。）

"立德树人"目标下外语教育的新定位与全球治理人才培养模式创新

外语课程思政赋予外语教育以宏伟的政治内涵，决定了新时代中国外语教育的根本任务和目标是立德树人，培养担当中华民族复兴大任的时代新人，培养具备参与全球不同领域治理能力和领导能力的国际化人才。在民族-国家史逐渐演进为世界史、科技资源国际影响力逐渐增强的进程中，语言能力对民族-国家的重要性日益凸显，外语能力是其重要的组成部分。充分汲取隐含于不同语言中的知识资源是一个国家实现自身发展的必由之路。充分发挥新时代国际化高级外语人才的全球话语能力，恰当表述人类命运共同体的基本理念，是实现人类永久和平，共商、共建、共享人类未来的必要条件。基于此目标，外语教育的理论研究需要系统认识和重新确定外语教育在新时代的任务和定位，需要改变对传统外语教育观念的认识，需要革新外语教育的既有学科范式；外语教育的实践探索需要改革教学方法，创新人才培养模式，变革外语教育的组织管理形式。

（一）新时代外语教育变革的方向

外语教育的发展需要进一步明确三个定位：第一是要符合教育的国家战略，回答好"培养什么人"的问题；第二是要符合教育本身的普遍规律，回答好"怎么培养人"的问题；第三是外语教育要有自己的特点或规律，要确立外语教育的育人目标和方法。这三个定位或规律的首要基础，是学习者必须熟悉党和国家的政策，必须具备政治的素养、政治的定力，具备政治判断和价值判断能力；在此基础之上，还要具备社会道德素养，符合社会行为规范，了解中国国情，具有全球视野，以及基于语言能力和学科能力的联通国际的话语能力。这是外语教育的时代性，是因当前时代需求对外语教育的反照而促成的整体变革，是习近平总书记对外语人才培养提出的深刻要求。

1. 全球治理体系变革亟须人才队伍支撑

当前，中国正日益走近世界舞台中央，改革开放 40 余年来，中国的综合影响力、经济实力、政治实力和文化影响力等都有了迅速的、极大的提升。中国正处于近代以来最关键的发展时期，随着中国科技实力的增长和全球塑造力的增强，中国参与全球治理、推动全球治理体系更公正、更合理地发展的责任也变得现实而迫切。

习近平总书记 2016 年 9 月 27 日在十八届中共中央政治局第三十五次集体学习时指出，要提高我国参与全球治理的能力，强化自身能力建设；要加强全球治理人才队伍建设，突破人才瓶颈，着力增强规则制定能力、议程设置能力、舆论宣传能力、统筹协调能力。参与全球治理需要一大批熟悉党和国家方针政策、了解我国国情、具有全球视野、熟练运用外语、通晓国际规则、精通国际谈判的专业人才，为中国参与全球治理提供有力的人才支撑。关于参与全球治理，他提出了规则制定、议程设置、舆论宣传和统筹协调四个方面的能力要求；对参与全球治理的人才，他提出了六个必备的专业素养，即"熟悉党和国家方针政策、了解我国国情、具有全球视野、熟练运用外语、通晓国际规则、精通国际谈判"。新时代外语教育要在中华民族伟大复兴的战略全局和世界百年未有之大变局的两个维度中确定自身的发展方向，培养扎根中国大地，具备全球不同领域就业能力、治理能力和领导能力的人才。外语学科的学科规划、专业和课程设置，必须紧紧围绕这四个能力、六个素养来考虑。

2. 革新外语教育范式

习近平总书记关于全球治理人才培养的系统论述确立了外语教育的根本目标和改革方向。以往的外语学习更多地重视现象层面的学习，即主要围绕语言现象或形式来学习语言。而新时代外语学习需要进入本质层面，它是一种综合性的外语学习，是对外语现象所体现的相关内容的学习，在重视语言的交际工具意义和知识工具意义的同时，还要重视语言的价值内涵，学习的目标是让学习者能够批判性理解、掌握和吸收语言文化现象背后的思想和价值内涵。由此，外语学习的意义就超越了以往现象层面的学习的要求。

从现象层面的学习朝着本质层面的学习的过程转变，是外语教育的一个时代特点。从形式与现象到内容与本质，从教授语言知识到教授语言背后的思想文化内容，再到培养掌握这些语言所表达的知识、技能和思想文化内容的国际化人才，外语教育需要融合教育的普遍规律和外语学科的特殊规律，才能完成培养人才的目标。

比如，在培养全球治理人才方面，外语教育尤其需要密切结合国家需求，素养与能力并重，增加时政、中国和全球历史与地理、全球治理、跨文化交际等知识学习与素养积累方面的课程；要从课程设置、课堂教学设计、课堂教学实践等环节多维度设置内容与场景，系统地培养学习者的议程设置和遵守与制定规则的能力；要在外语教学中，培养学生敢于表达自己的语言自信力，以及善于描述和分析问题的方法与技巧，增强对全球舆论的把控能力。所以场景化学习训练的意义更加凸显出来：多样化的学习组织形式，诸如合作学习、项目学习、探究式学习，以及多类型模拟交际场所，诸如各种辩论课、演讲课、模拟联合国、模拟国际法庭、模拟谈判、模拟新闻发布会等，都应该尽可能应用到外语教育人才培养方案和课程设计当中。①

3. 构建外语教育大生态

外语教育是一项基于语言文化知识现象的综合性、系统性、人文性教育生态工程。从语言符号和语法规则的学习到语言所承载的知识体系和思想内涵的学习，再到系统掌握这些思想内容和接受其文化熏陶的德才兼备的高级人才的培养，是一个漫长而又复杂的育人过程，外语教育必须加强这一教育生态工程的质量建设。必须充分认识到完成立德树人目标和构建课程思政任务下的外语教育大生态的必要性和合理性，从组织管理上，建构一个新型的外语人才培育生态链。外语教育大生态关系到国家教育指导方针和学科专业划分、大学专业设置和人才培养方案、院系师资建设和招生培养计划与任务，关系到学生就业取舍、家长选择干预、社会用人需求、毕业生成长及其服务国家建设的贡献度等，最后又回归国家教育方针政策的制定修改，这是一个社会化人才培养大循环，也是一个容易发生"内卷"的自组织性教育生态系统。

当下的外语教育已经螺旋式上升到一个必须加强课程思政建设的新时期，任务和目标已经明确。**对外国语大学来讲，要完成这个重要使命，需要尽快探索完善一种科学的培养方案或体系，设计顶层方案，理顺管理机制，完善工作格局，构建起外语课程思政教育的统筹、领导、协调和评估体系，使专业教学与思政工作有机结合，使立德树人与办学治校同步推进。**

---

① 姜锋：《培养具有全球视野和世界眼光的高层次国际化人才》，《中国高等教育》2020年第21期。

（二）课程思政目标下人才培养模式的创新探索

根据对外语教育和"立德树人"新范式、新理念的理解，近年来，上海外国语大学努力立足"两个一百年"奋斗目标和"两个大局"来谋划新型外语人才教育培养的路径探索，全力推进教育部关于全员育人、全程育人、全方位育人的"三全育人"格局的综合改革工作。通过构建具有外语院校特色的思政工作体系，将思想政治工作贯通学科体系、教学体系、教材体系、管理体系，融合、贯通专业教学中的思政教育，实现课程思政在学校学科全覆盖，初步探索形成具有上海外国语大学特色的多语种课程思政育人体系。主要围绕以下几个维度形成合力：

（1）构建"多语种"课程育人体系，坚定"四个自信"，培养全球视野和世界眼光，提升国际理解力。建构"三课"（课程思政专业课、《世界中国》课程、双语特色思政课）协同一体、"六同"（同心同德同频同向同进同行）合力推进的多语种课程思政育人体系。

（2）构建"多语种"对外文化传播为主旨的网络育人体系，培养学生文化传播能力和文化自觉意识，提升全球话语表达力。建成28个语种外文门户网站群，形成课程育人、网络育人、实践育人、科研育人融合一体的新平台，将网站建设与立德树人深入融合，与课堂教学、社会实践有机结合，中外师生共同参与，利用互联网讲好中国故事，传播好中国声音。

（3）构建"多语种"海外调查实践育人体系，培养学生跨文化沟通力和全球事务参与能力，提升全球眼光实践力。作为全球首批与联合国总部及各分支机构以及欧盟委员会和欧洲议会签署合作框架协议的高校，学校不断深化国际化办学内涵，拓宽国际合作渠道，以培养高层次国际组织人才为抓手，为学生搭建国际组织实习、国际田野调查等各类海外实习实践平台。

（4）构建"多语种"新型智库为抓手的科研育人平台，提升师生科研能力和家国情怀，增强"四个意识"。依托国家中阿改革发展研究中心、上海全球治理与区域国别研究院、中国国际舆情研究中心和中国外语战略研究中心等一大批多语种新型智库，服务国家和社会发展需要，带动本科生、研究生参与学术生产，逐步建立起教研一体、学研相济的科教协同育人机制。

（5）构建"多语种"中外经典阅读为抓手的文化育人体系，培养学生比较思维能力和文明互鉴意识，促进中外人文交流。充分发挥学校大学文化建设委员会统筹协调功能，稳步推进文化育人体系构建。其中世界语言博物馆是中国首座以世界语言文化多样性为主题的学术性博物馆，旨在通过多模态的展陈方式向公众呈现世界语言文化多样性，并以此为基础透视中外文明交流史，展望人类命运共同体的未来。

实践证明，外语教育正面临着新的内涵和范式转变以及新的教学目标和教育任务的挑战，这是外语教育的危机，也是外语教育前所未有的一次新机遇。**外语院校如何改变自己的办学理念，强化思政组织领导管理，深化思政教育与学科、专业、教材的拓展融合，进行基于"语言+"的综合性育人模式的创新改革，是课程思政背景下外语院校值得进一步探讨的重要课题。**

结　语

外语教育的目标是培养能够担当民族复兴大任的时代新人，是储备参与全球行为和全球管理与具备领导力的国际化人才。实现这一目标，需要我们改变对外语教育的传统观念认识，提高外语教育的定位和重要性。外语能力既是一个个体人的语言能力，也是一个国家的语言能力。**用强大的国家语言能力建构全球话语能力，充分表达人类命**

运共同体的世界大同理想，是实现人类永久和平的理想之方，需要外语教育培养更多的具有全球话语能力、能参与全球治理、堪当国家建设和民族复兴大任的优秀高级人才。面对此历史使命，外国语大学义不容辞，且任重道远，需要努力探索承担，改革外语教育教学范式，探索立德树人良策，完善人才培养模式，落实党和国家对优秀人才培养的总体要求，为实现党的"两个一百年"奋斗目标和实现民族复兴的伟大中国梦做出新的贡献。

（本文曾发表在《外语电化教育》2020年第6期，与李岩松校长合作，已获得李校长授权收入本书。）

聚焦服务国家重大发展战略需求，培养高层次应用型翻译领军人才

2022年9月，翻译博士专业学位进入国家《研究生教育学科专业目录（2022年）》，我国高层次应用型翻译人才培养进入新的发展阶段。翻译博士专业学位建设应聚焦服务国家对翻译和战略传播的需求，制度性打造融合高校、行业、企业和政府多方力量的协同机制，创新翻译专业人才培养的模式和路径，培养符合时代要求的高层次应用型翻译领军人才。如何培养能够更好服务国家国际传播需求的高层次应用型翻译领军人才，成为当前高校和翻译行业共同面临的新课题和共同承担的新责任。

（一）新时代对翻译事业和翻译人才培养的新要求

翻译是传播，新时代中国翻译的重要任务是服务于国家的战略传播和战略发展，这与现阶段国家发展大局和战略需求密不可分。从国际传播的角度学习领会习近平总书记在党的二十大上的报告精神，可以清晰地认识到，回应各国人民普遍关切，为解决人类面临的共同问题做出贡献，借鉴吸收人类一切优秀文明成果，推动中华文化更好地走向世界，推动建设更加美好的世界，这既是全面建成社会主义现代化强国对国际传播的战略需求，也为我国翻译事业和翻译人才培养指

明了有鲜明时代特征的发展方向。

古今中外翻译活动始终与人类社会发展共生，是不同文明间相互交流借鉴的必经之路，是一个国家和民族"精神文明的重要项目之一"（姜椿芳语，见《姜椿芳文集》，下同）。翻译的目的和功能主要是通过"翻进"了解他者，借助"翻出"向他者说明自己，实现讲不同语言的人员或群体之间的相互交流。陈福康先生在他的《中国译学史》中把悠久的中华翻译史划分为古代、晚清民初、民国时期和新中国四个阶段，并依此加以梳理，是学界较早系统构建我国译介历史的尝试。[1] 通观四个阶段，中国历史上有组织的翻译活动的一个显著共同特点是，大多数时间里以"翻进"或"外译中"的单向翻译为主，例如古代的佛经翻译、晚清民初的科技与宗教书籍翻译、民国时期对西方各类文化经典的翻译以及新中国马克思主义经典文献的翻译等。这些时期里，很少出现有组织的"翻出"或"中译外"活动。

新中国的成立和社会主义革命与建设成就赢得了世界各国的广泛关注。那些曾经被西方列强欺压的殖民地国家想要学习中国独立自强的经验，西方国家众多寻求不同于资本主义发展道路的青年也崇仰中国人民当家作主的新制度，各种语言和版本的《毛泽东选集》受到他们追捧。这一时期，组织向外翻译新中国的政治文献成为一项回应国外需求的重要工作，这是中国翻译事业由单向的外译中向中译外及二者兼顾的重要转折，对翻译工作提出了新的要求。上海外国语大学建校校长、中国翻译协会建会会长姜椿芳在回忆自己的翻译生涯时谈及20世纪五六十年代参与和组织《毛泽东选集》《论共产党员的修养》等政治文献的外译工作时遇到的困难和解决困难的做法，他提到，外译中和中译外"完全不是一回事"。主要的挑战是外文不精通，"远不能

---

[1] 陈福康：《中国译学史》，上海人民出版社2010年版，引言。

把外文译好",解决的办法是组织中文好的译者与母语者或精通外语者一起"对译""集体翻译","正如马恩列斯的经典著作译成中文,要用集体的工序一样"。

习近平总书记高度重视翻译工作在国际传播中的重要作用。他在2019年亚洲文明对话大会开幕式上的主旨演讲中指出,中国愿同有关国家一道,实施亚洲经典著作互译计划和亚洲影视交流合作计划,帮助人们加深对彼此文化的理解和欣赏。2022年8月,总书记在给外文出版社的外国专家的回信中指出:"今天,中国共产党领导人民成功走出中国式现代化道路,创造了人类文明新形态。通过准确传神的翻译介绍,让世界更好认识新时代的中国,对推进中外文明交流互鉴很有意义。"外国专家作为优秀译者有诸多优势,他们"对中国历史文化、民族特点、发展历程有着深刻理解",能够"用融通中外的语言"翻译出优秀的作品。这为我们理解新时代翻译由外译中到中译外平衡转向过程中的核心任务和翻译领军人才实践导向的核心素养、能力结构和培养方式指引了历史方向。

(二)高层次应用型翻译领军人才的能力要求

据中国翻译协会发布的《2022中国翻译人才发展报告》统计,当前我国翻译服务人员已达538万人,语言服务提供方企业专职翻译人员约为98万人。尽管队伍规模庞大,但仍面临高层次应用型翻译领军人才匮乏的问题。2022年9月,翻译博士专业学位进入国家《研究生教育学科专业目录(2022年)》,这标志着我国高层次应用型翻译人才培养进入新的发展阶段。基于国务院学位委员会和教育部2020年颁布的《专业学位研究生教育发展方案(2020—2025)》(以下简称《方案》)的精神,培养未来成为行业产业领军人才的翻译专业博士,应与培养翻译学科的理论研究者和教育工作者不同，要重视专业博士三方面的能力。

1. 基本能力

一是文化定力（一曰政治定力）。高层次翻译人才应具有扎实深厚的中华文化功底和政治理论素养，熟悉党和国家方针政策，了解我国国情，能够围绕中国式现代化和人类文明新形态准确、客观、生动地讲述中国故事，表达中国立场，表述中国理念；应有敏锐的文化自觉，对语言的文化和政治属性保持敏锐的判断能力，对中外文化差异具有敏锐的自觉意识和批判意识，具有融通中外叙事的创新能力；具有开放的文化自信，既扎根中国大地，又坚持胸怀天下，秉持坚守与开放相统一的文化品质，尊重文化多样性，以坚定的文化自信和海纳百川的开放姿态推动中外文明交流互鉴的意识。

二是语言能力。高层次翻译人才无疑应具备坚实的汉语和目的语基本功与卓越的语言转换能力。同时，熟练掌握机器辅助翻译技能，也是加强翻译人才语言能力培养的重要内容。

三是专业能力（一曰学科能力，或二者兼之）。高层次应用型翻译领军人才应具备广博的知识和深厚的人文素养，具有政治、经济、法律、金融、军事等多个学科的知识储备。因此，要注重翻译人才的跨学科交叉培养，形成翻译人才在某一学科领域的专精，拓宽高层次翻译人才的职业发展道路，也包括打通高层次翻译人才向全球治理人才和国际组织人才方向发展的路径。

四是话语能力。话语是语言构成的概念，高层次翻译领军人才能够对对象语言与对象国家、文化及生活方式在概念层面上进行融会贯通，构建受众易于接受和传播的话语形式，特别是能够把中国概念、中国术语通过对象语言表述出来，让受众从自身文化背景和知识结构上去理解，形成自己新的概念。这需要有系统的区域国别知识，应深刻理解目的语的区域国别"历史文化、民族特点、发展历程"，形成基于国别、族别、群别、语别的分众化话语能力，特别是新概念阐释能力和融通中外的新范畴创造能力。

2. 理论研究与口笔译实践相结合的能力

我国目前培养的翻译学科高级人才——翻译学博士——的基本定位是理论研究，注重的是对科学的自由探究和兴趣，而非解决专业领域的实际问题。翻译学科博士生导师的研究焦点集中在"探索翻译作为一项人类跨语言交际行为的特征和规律"，也即是"探索人类社会活动自然规律"。[①] 由此看出，翻译学博士的研究注重的是理论本体和学科本体，与翻译实践的关联是不够密切的。

《方案》把培养专业博士的实践能力放在突出的位置。未来应用型翻译领军人才应该具有创造性运用实践经验和翻译理论解决不同专业和行业场景下的实际问题的能力。此类人才具有丰富的口笔译实践长期经验和扎实系统的翻译理论素养，能够围绕特定的问题或目标，创造性地运用理论去解决问题，形成在大量应用场景中进行知识生产和理论方法建构的自觉；能够不断从复杂多样的翻译实务中总结、提炼一般规律，使其上升为翻译理论，并进一步在翻译实践的过程中使其不断得到检验和发展。在翻译理论与实践的关系上，学术博士培养重在理论联系实践，实践服务于理论构建，强调理论和知识自身的完整性；专业博士培养则要实践结合理论，理论服务于实践，突出统筹运用理论思维和实践经验去解决实际问题的能力的整体性。

---

① 柴明颎：《关于设计翻译博士专业学位（DTI）的一些思考》《翻译博士专业学位（DTI）教育为谁而设？》《翻译博士专业学位（DTI）教育需要什么样的师资》，《东方翻译》2014年第4—6期。

3. 大型翻译项目的组织能力和翻译工程的专业领导能力

翻译领军人才不同于一般的翻译技术人员，应既是优秀的译者，也是优秀的翻译组织者，应具备参与组织"大兵团"作战的能力。这类人才应该从一开始就依托大的翻译项目和翻译工程进行培养，使其广泛接触业务领域的实际问题，锻炼翻译技巧，总结积累翻译经验，培养专业精神；熟悉翻译的流程和管理、项目的组织和运作，锻炼组织领导和统筹协调能力；学会调动各方面的力量，如政府、高校、行业、企业等共同参与，组织跨学科、跨组织的专业团队联合开展关键性翻译难点难题攻关等。

（三）翻译专业博士的培养路径

1. 共同培养

《方案》要求，博士专业学位研究生教育应围绕国家重大发展战略需求，通过产教融合途径开展，要有力支撑行业、产业发展，要形成国家主导、行业指导、社会参与、高校主体的发展格局。翻译作为当前国家战略传播的重要领域，具有高度实践性和政策性，这意味着，翻译专业博士人才的培养需要行业、产业和高校在国家政策框架内密切协同，形成行业、产业和高校"三位一体"的翻译专博培养联合体。三方在培养过程中发挥各自的优势作用，完成各阶段和各环节的培养任务，为最终培养出高水平的翻译专博形成合力。

三方相互间不是主辅关系，制度和机制确保它们共同的参与和责任，共同设定的标准、协同有序的培养方案、相互衔接的培养环节、合作运营的重大翻译工程、融合学位和职业标准的评估与证书体系、协同的师资和管理团队贯穿整个培养过程，构建起培养体系的框架，确保翻译专业博士培养的卓越质量。高校发挥在翻译人才基本能力培养和翻译理论研究方面的优势，着重培养学生的文化定力、语言能力、学科能力和话语能力，提升学生的翻译理论素养。行业、产业发挥实践经验优势，增加学生对翻译行业和翻译项目组织运作的了解，培养学生的翻译和组织实战能力。

2. 平台化培养

卓越的实践能力是翻译专业博士研究生培养质量的保障，要练就这样的能力就离不开实践平台，博士生参与大型翻译项目是非常必要的。很多政府机构、行业组织、企业和高校长期承担着国家、部门和地方的一系列重大翻译任务，形成了高水平、有特色的翻译队伍和项目组织体系。要广泛充分地发挥其专业、行业和职业力量，以重大翻译工程为平台，形成联合的培养共同体。依托平台采用项目化、组织化的培养方式，让学生从一开始就参与到大规模翻译实践中去，在其中适应现代化、集团化的翻译组织及其管理方式，锻炼专业能力、业务能力和组织能力，发现翻译和组织过程中的普遍性问题，为深化理论学习和提升理论能力积累素材。

3. 专题化培养

在培养学生广博的知识结构和胜任多领域、多场合翻译工作的综合能力的同时，培养单位联合体应结合学科特色、行业优势、地域特色等，主动设计和对接国家、地方与行业的各类重大翻译任务，如对习近平新时代中国特色社会主义思想方面的理论著作、红色文献、马克思主义经典著作的理论研究的翻译，对中国式现代化、中国特色社会主义法治体系、中国历史和中华文明的介绍等综合性领域的翻译，以及涉及自然科学、技术科学和社会科学方面国家战略发展所需的专题的翻译，形成各联合体的特色，以持续深化培养基本功扎实、有突出专业和领域特长的翻译领军人才。

4. 科技化培养

人工智能对翻译专业建设的机遇大于挑战。翻译技术创新与发展迅速，各类翻译工具不断涌现，翻译与翻译技术的运用密不可分，翻译专业的课程体系要特别注重加强语料库技术应用、数据分析、智能翻译等相关课程的建设。人才培养单位要支持人才的跨学科、跨行业发展，开展产学研合作，解决技术辅助翻译、口笔译语料库、术语管理、翻译本地化、人工智能翻译的发展中所遇到的问题。要强化对翻译人员的机器辅助翻译技能的训练，高度重视翻译语料库、区域国别数据库等核心数字基础设施的建设，利用现代技术为翻译专业博士研究生教育赋能。翻译领军人才要善于合理利用新技术提高翻译的效率和质量，熟悉翻译技术领域的最新发展动向，对新科技可能对翻译领域带来的变化保持高度敏感，成为翻译技术发展的使用者、参与者和引领者。

（本文曾发表在《中国翻译》2022 年第 6 期。）

第四章

语言与学科建设：国别区域全球知识构建

关于新时代外语学科发展的一些思考

当前，我国高校文科发展面临一个新时代。对外语学科来说，它所面临的新时代有其自身的特点。其中最为关键的就是，当今世界面对百年未有之大变局，国际格局发生变化，国际力量的关系和对比发生变化。在这个变化过程中，中国的崛起是最大的变量，基于我国政治、经济、社会等各个领域的发展，我们国家越来越靠近世界舞台的中央，这是一个基本现实。中国对中国的期待以及世界对中国的期待，都将是外语学科面临的巨大挑战，同时也是外语学科发展的新的机遇。

新中国成立以来，外语学科大致经历了三个阶段。在最初的阶段，我们的外语学科建设主要靠学习和引进。到了 20 世纪 80 年代前后，随着国家的改革开放不断推进，外语学科迎来一个新的发展时期，人才队伍不断壮大充实，学科资源不断丰富多元，国际交流与合作不断加强和深化，为我们今天的外语学科建设奠定了基础。在新时代到来之际，中国越来越靠近世界舞台中央之时，各个领域都在参与全球治理，或者塑造新的国际关系，这是我们外语学科建设和发展不得不认识到的且必须积极参与构建的这样一个大的趋势。如果说我们在学习和引进阶段的状态是有一些被动的；那么合作与交流的时候，我们的对外关系是一种平等的关系；到了现在要参与全球治理和塑造新型国际关系的时候，我们就必须主动而为，外语学科要主动适应党和国家的要求、社会发展的要求，这构成了外语学科的时代责任和历史使命。

从外语学科的内部来讲，外语学科本身也面临很大的挑战，因此外语学科对自身的发展也有了新的要求。首先，就外语学科的服务对象而言，国民的外语受教育水平有了非常大的提高；其次是外语学科所处的科技环境发生天翻地覆的变化，人工智能、翻译软件、大数据等新兴技术的发展可谓咄咄逼人，逼得我们外语学科的人才培养、科学研究必须改、坚定不移地改、大刀阔斧地改，破立结合，扬弃结合。从功能上讲，外语早已经不单单是一个交际的工具，它也是重要的知识工具，更是价值观的载体。

如果我们要克服外语学科内外部挑战的话，那么外语学科就需要创新，创新需要超越自我，超越我们已经熟悉的环境。超越自我，超越环境，需要思想、理念和行动。知易行难，因此，外语学科改革的任务是十分艰巨的。

那么外语学科该怎么改呢？我认为，外语学科的改革一定要按照党中央的要求，围绕立德树人和治国理政来推进，要不忘初心、牢记使命，为了人民的幸福、民族的复兴、世界的大同。世界大同、民族复兴和人民幸福，尤其值得我们外语学科去综合地理解、学习和体悟，唯有如此我们才能在实践当中加以贯彻。

（一）"三个能力"，有机融合形成全球能力

我国教育事业的核心任务是培养社会主义事业的接班人和建设者。对外语学科来讲，培养全球治理人才，也就是培养胜任全球各事务领域的卓越国际化专业人才，这是一个非常鲜明的使命和任务。除了我们熟悉的基本能力和社会行为能力之外，新时代外语人才应具备的专业能力包含"三个能力"，即语言能力、学科能力和话语能力。

话语能力以语言能力和学科能力为前提，这三个能力的综合和融合构成一个全球能力、全球话语能力或者全球胜任力。语言能力是外语学科的根本，是外语学科的基础。在强调其他各个方面能力的时候，我们必须坚持做强语言能力。但是我们不能把语言能力简单地理解为听说读写译这些语言技能，不能把语言简单地理解为交际的工具，我们一定要强化语言是知识的工具和价值观的载体这两个更为重要的要素，以此来构建外语学科的课程体系。仅仅有语言能力还不足够，还要有学科能力。学科能力体现的是内容能力，它包含了知识的视野、历史的视野和国际的视野。学科的知识要成为系统，要有历史的宽度，要从历史进程的角度去看待和理解这个世界。学科还要有中国的主体性和国际的视野，这一点也是我们整个外语学科的一个非常核心且鲜明的特点。话语能力大家现在都有一个深刻迫切的感受，话语能力现在越来越成为国家和公民个人的一种核心的能力，培养对外和国际的全球话语能力，是我们外语学科在新时代所面临的历史使命。

　　学科是我们认识人、认识世界、解决现实问题的方法的积累，但学科的划分对我们认识世界和解决现实问题也形成了一个局限，特别是当学科被固化、被板结化的时候，这个局限尤为明显。这一点是我们在进行学科改革发展思考的过程中特别注意的。因此，近年来，学科交叉的概念非常重要，无论在国际科学研究界，还是国内学术研究界，研究涉及重大人文和社会科学问题的时候，必然要求开展多学科的交叉研究。学科交叉在今天高等教育的发展阶段具有非常核心的意义，在外语学科这个领域，语言类和非语言类学科的有机结合赋予学科新的生机和活力。

　　基于这些思考，上海外国语大学提出了围绕"会语言、通国家、精领域"培养能够胜任各领域全球事务的专业人才；提出了"多语种+""+多语种"培养模式，不是简简单单的相加，而是一种融合，形成一种新的活力、新的学科战略和新的人才培养模式。前任原校长曹德明和现任校长李岩松都特别强调这一点，并强调在融合语言能力和学科能力的基础上形成话语能力，使得外语学科培养的人才具备胜任在不同的全球运用场景和职业岗位的沟通和职业能力以及带有中国主体性的全球知识体系和话语体系。上外还提出了"要把上海外国语大学建设成为一个国别区域全球知识领域特色鲜明的世界一流外国语大学"的远景目标。

何谓"世界一流"？早在 1982 年，上外老校长胡孟浩就在《要认真抓好外语学科的科研工作》这篇文章里提到："一个国家的学者对另一个国家语言和文化的研究成果能得到公认，这就称得上世界水平。"在那个时候，他已经想到我们的外语学科能够怎么走出去，能够怎么达到世界水平，并带领师生们投入很多智慧和勇气进行改革。其实他的前任王季愚老校长也有这样的理念，到了胡孟浩校长的时候，理念就更成形，并付诸实践。他在《改革教育体制，培养新型外语人才》这篇文章里就提到："我们专业外语院校的毕业生不仅要熟练地掌握一门外语，而且还要掌握有关学科的一些基本知识……我们总的目标是：把单科性的专业外语学院逐步改办成多科性的应用文科类的外国语大学。"也就是说，我们在 20 世纪 80 年代就在改革的路上。我记得，特别是 1984 年的时候，当时我已经大学毕业，到了教育部，分在高教司工作，我们当时就经历并充满了全国外语学科、外语院校改革的热情和魄力。

（二）"三个结合"，推进学科改革与发展

尽管如此，上海外国语大学的学科还是相对有限的。在这种情况下，我们从"三个结合"来推进学校的改革发展。第一个结合是把有限的学科资源和多语种的优势相结合。我们在本科阶段成立了卓越学院，在研究生阶段开设一系列国别区域特色研究生班，还结合其他学科设

立了多语种金融、多语种新闻、多语种法律以及多语种教育等专业硕士班。几年实践下来，我们感觉到这些毕业生广受用人单位欢迎，学校每年都有很多同学进入国家的外交、外事、外经贸各个领域。

第二个结合是把有限的学科资源与时代的问题相结合。在这个过程中，特别是配合中国越来越走近世界舞台中央、全球治理越来越成为整体工作中的一个有机组成部分，上外在外交部、教育部和上海市政府的大力推动下成立了中阿改革发展研究中心。习近平总书记对中阿改革发展研究中心的定位是中阿思想交流的一个重要平台，要求把中阿改革发展研究中心"做大做强"。我们还在教育部和上海市政府的大力支持下设立上海全球治理与区域国别研究院，另外上外还成立了中国国际舆情研究中心、丝路战略研究所，还有传统的中东研究所，开展了面向全球招生的全英文"中国学"硕士博士项目以及各国语言政策研究等等。这些都是我们把有限的学科资源和时代的问题密切结合在一起的具体实践，目的是让学校的发展和国家的发展同频共振。

第三个结合是有把有限的学科资源与科技的发展相结合。现今的科技取得了翻天覆地的发展，各个学科离开了科技，就很难有时代的精神，很难有时代的发展活力。因此我们也在思考并实践如何把外语学科和科技的发展结合在一起。上外成立了语料库研究院、脑与认知科学应用校重点实验室、人工智能与数据科学应用实验室，以及高级翻译学院和科大讯飞的智能口笔译联合实验室等。语言与数据、语言与人脑、人脑与智能脑、传统翻译与机器翻译之间的联动和关系是未来核心的研究课题，也是我们上外在努力推进的。

（三）"四个维度"，优化外语学科的评价体系

外语学科的改革需要有相应的评价体系加以认可、保障、检验和校正。如何评价改革中的外语学科，是一个很有挑战的议题。习近平

总书记要求高校要做到"四个服务",要"破五唯"。要落实这样的重要思想和精神,围绕外语学科的办学使命,把评价体系和发展的重点以及发展的现实更密切地结合在一起,这需要我们系统地反思外语学科的评价体系,需要我们在传统基础上拓宽外语学科的衡量维度,唯有如此才能真正推动中国外语学科的改革和发展。

上外学习借鉴兄弟院校的做法,结合新时代的要求,在实践的基础上提出"四个维度"来拓宽传统的评价体系。

第一,用对象国语言研究对象国问题,在对象国期刊和报纸上发表,并得到认可。大家知道,最近这些年,学科评估格外重视海外期刊发表。我们将海外期刊发表拓展到海外报刊发表。也就是,从专业领域拓展到社会领域,专业的影响力和社会的影响力值得我们来综合关注。只有这样,中国外语学科的国际认可度才能真正得到提升,并发挥其更为广泛的社会影响力。

第二,用对象国语言研究中国问题,在对象国期刊和报纸上发表,并得到认可。这就是要评估一下我们外语学科的发展能不能对促进讲好中国故事的能力的提升做出贡献,能不能对世界的中国知识做出贡献。这也是新时代外语学科要发展的一个要素。

第三,用对象国和中国的语言研究对象国的问题,在国内发表或提供资政报告。这个维度直接对接立德树人和服务治国理政。外语学科对研究中国在国际上承担的责任、扮演的角色以及做出的贡献,作用越来越大。百年不遇之大变局的一个核心的变量是中国的崛起,世界对中国的全球治理有期待,世界对中国的知识供给有期待。外语学科对接决策链,让中国及时了解世界,也是一个非常重要的任务。

第四,用对象国语言翻译中国经典作品,在对象国出版,并得到认可;或者用中国的语言翻译外国经典作品,在国内出版,并得到认可。这是外语学科服务中外人文交流、服务文化传承的重要内容。尤其在翻译这个领域,我们已经把很多外国的经典翻译成汉语,当然还需要进一步加以系统化；但是把中国的经典翻译成对象国语言并得到认可，在这个方面，我们还需要花大力气去做。

（四）"两点呼吁"，建立协同的制度，营造协同的文化

外语学科是有中国特色的，这个特色我们不仅要传承下去，还要做到极致。要勇于自我革命，迎接我们的才可能是新的广阔的天地。我到上外工作已有6年多，一个深刻的感受是，外语学科的发展面临非常难得的历史机遇期。要想抓住这个历史机遇期，我有两点呼吁。

一是呼吁兄弟院校联合起来，协同发展新时代的外语学科。我们每一所大学在发展的过程中都有自己鲜明的特色，也都取得了很快速的发展。我们不缺自身的特色、自身的实力，缺的是协同的能力、合作的能力，我们需要共同的力量。

二是呼吁管理层为协同创造制度条件，让外语类院校协同发展并形成协作的制度与文化。我想，这是国家对所有外语类院校和外语学科同仁的期待，也是社会对外语学科的期待。

这两点对于外语学科能否在构建人类命运共同体的征程上发挥全球作用，是至关重要的基础。

（本文根据笔者2020年9月19日在山东大学外国语学院90周年院庆系列高端论坛之"新文科与外语学科建设校长论坛"上的报告整理而成。）

全球治理与外语学科发展

各位专家，各位学长，各位同仁，还有后面的同学们，今天我来得比较晚，前面几位学长的报告我没有听到，我觉得肯定是一个损失。刚才几个报告对我的启发很大。听报告，对我来说，实际上是一个学习和交流的机会。因为大家都从事外语学科工作，我呢，还要承担一定的管理工作。我一边听一边思考外语学科的问题。我自己也是上课的，也会从课堂教学中思考学科问题。刚才吴建广教授差点把我从德语学科开除掉了。Alle lachen.（大家都在笑。）我给吴老师报告一下：我还在给德语系的同学上德国外交与中德关系课。其实我在想，我们讨论全球治理，那么我们的外语学科到底在追求什么。

我刚才来晚了是因为开另外一个会，海峡两岸的国际关系学院院长今天都在上外开会，主题也是全球治理，但是讨论科学技术与人类未来发展的关系。其实，全球治理与外语学科是很相通的。说到底，都是一个理解的问题、概念的问题，通过交流来实现全球治理。比如说，参与全球治理的国家的代表们坐在一起，它就涉及各个国家各个方面在做什么，你在说什么。What do you mean? What is the issue? 把事情说清楚是前提。社会科学就讲究这一点，概念不清的话，那就是我们老祖宗所说的"名不正，则言不顺"。我们得先把事情讲清楚。刚才上外会议上有一个例子，我给大家分享一下。杨洁勉先生提到，可能很多人都会问，上海和北京有什么区别？大家可能觉得这个问题是很简单的。实际上,国外很多带有政治性的团体会刻意区别上海和北京,他们是有一种政治意图的。但这种问题不是可以随便问的,杨先生的回答让我觉得很有艺术。他说:"In Beijing you need to be politically correct. But in Shanghai, you don't need to be politically wrong."这是多么有趣的回答,体现出一种智慧。话语和全球治理是密切关联的。还有一个例子,这是我自己经历的。11月1日,我参加了一个小范围的交流,遇到德国前总统以及德国各界代表,他们讲到中国,认为中国经济生活各方面都不错,但是一说到政治生活,他们就说现在不敢说话了。我问他们不敢说什么呀。他们说比如香港议题。"德国外交部部长和港独分子会个面,你们就不得了了,你们就抗议。为什么不让我们说话呢?我们从小受到的教育就是言论自由。"我说:"总统先生,据我所知,没有规定禁止人们谈论香港问题。但,我的理解是,当德国外交部部长会见这个人的时候,他就不是在说话了,他是在行动,是一个Aktion,是一个Handlung,而且这个行动显然是与中国政府作对、与中国多数人利益相悖的行动。总统先生,我也做过外交官,还做过很多年的外交官。俾斯麦曾经有个定义,外交官的任务是交朋友的。Außenpolitik soll Freundschaft machen. Das ist die einzige Aufgabe der Diplomatie.(外交政策应该建立友谊。这是外交的唯一任务。)(原文没查到,惭愧!)"然后,前总统先生说:"那你们大使为什么还要抗议呢?"我说:"你们的外交部部长都这样了,我们的大使能不抗议吗?"前总统先生陷入了深思。全球治理也好,外交工作也好,语言是非常非常之重要的。如果我们外语学科的学生或者老师的语言没有达到那样一种程度的话,怎么能够欣赏外国文学呢?你要战斗的时候,语言就是一个武器。我是在70年代学习英语的,我们很清楚地记得课本上写着:A foreign language is a weapon in the struggle of life. 外语是为生活斗争的武器,是一个有用的工具。外语,也是可以用来交朋友的。我们的外语学科，说一千道一万，语言首先要过关。另外，在大学里，我就特别期待我们的同学多读书，多读一些"无用"的书。我去过很多高校，在北外，在上外，经常喜欢和学生交流一件事情，就是问他们读了哪些书，结果我发现他们经常为了做作业而读书，那些"没用"的书，使人成为 human being 的书，却读得不多。在座的可以想一想，我们很多学生甚至没有读过一本很短、很小的世界历史或世界哲学方面的书。作为一个大学的领导，我特别希望我们的学生能多读书，知道我们人是从哪里来的，我们现在是什么，我们的未来应该是什么，未来会怎么样。如果我们不能成为这样的 civilized human being，我们要参与全球治理，参与规则制定，所有的一切都起于 communication，What do you mean by that? 比方说，《浮士德》，我的老师余匡复当时都是要求我们大段大段背诵的。"Meine Ruh' ist hin, /Mein Herz ist schwer, /Ich finde sie nimmer/Und nimmermehr." 想想看，这样一个交流会是什么样的？当你在交流当中，不是说你想要什么。到了我们这个岁数，无所谓想干什么，这是一种真诚，这是一种对文明的尊重。

外语专业的学生不仅要语言美，说出来的外语就像音乐一样，而且还要学会讲有自己思想的话语。我们不是为了外语而学外语，不是为了跟随，不是为了模仿，而是要创造自己的语言。Learn not to repeat, but to create our own language. 刚才刘正光老师也提到方法的问题，再有就是对外话语的能力。其实，我们现在的话语权是很大的，任何一个国际会议，如果没有中国人的身影，那这个会议就很难说是 international 了，大家都会觉得遗憾。但是，我们的话语供给有很大的问题，供给严重不足。我们习惯于对我们自己说：We're talking about global governance. 但是，一旦我们进入全球治理，那我们又提供了什么内容呢？这是一个问题。在到处都是 fake news 的时代，我们需要自己的供给。

习近平总书记有两句话，值得我们一起探讨。"教育引导青年正确认识世界，全面了解国情，把握时代大势"；"视野要广，有知识视野、国际视野、历史视野"。实际上他是强调学生要了解世界，了解中国；老师应具备知识视野、国际视野、历史视野。因此，外语不仅仅是个交际的工具。作为外语学科，千万不能把外语的意义仅仅局限于一个交际工具，外语还是知识的媒介，我们以此来获得很多知识，同时它也是一个价值观的载体。从这个意义上，我也很赞同吴老师提及的立场问题。

接下来我列了三个能力：语言能力对应交际能力，专业能力对应知识能力，学科能力对应的是学理能力。大家想一想，我们发表了很多文章，特别在意核心期刊——当然核心期刊对学界很有影响力，但是大家有没有想过，我们是为谁来学习，为谁在研究，为谁在办大学？我们应该是为人而存在，为人们的生活、为社会、为国家而存在。但是我们又有多少知识供给呢？！另外一点就是，我为什么觉得学理的贡献特别重要。我们对别人怎么说我们不满意，甚至愤怒，但是我们并没有告诉他们是怎么回事，我们提供了什么？在座的大家想想看。我是党委书记，大家知道大学的党委是怎么工作的吗？一个大学的党委书记是怎么产生的吗？不知道。我要是告诉你们，一个大学的党委书记是要通过选举产生的，你们肯定会觉得不是。连我们自己的事情，我们都说不清楚，我们又怎么让别人明白呢？全世界扶贫脱贫贡献最大的国家是中国，我们完成了几亿人的脱贫，但是你们看看诺贝尔和平奖给了谁。我们把我们扶贫脱贫的故事说清楚了吗？我们在责怪别人的时候，有没有想过，我们把我们自己的事情说清楚了吗？很多时候，我们只说了一个结论，我们在这个过程中的工作呢？我们在文学、语言、政治、社会学领域的理论有吗？因此，学理是非常重要的，我们一定要把事情说清楚。

"学科"的概念大概产生于200多年前。我们现在还能产生当时百科全书式的人物吗？产生不了。为什么？学科有学科的局限，学科对知识有积极的作用，但也有副作用。讨论学科也是非常有意义的事情。在上海外国语大学，我们说，学语言，我们干什么，要熟悉语言对象国。我学德语的，不能没有德国；我学欧洲语言的，不能没有欧洲；我学外语的，不能没有外国。什么叫"一流学科"？上外老校长胡孟浩早在1982年就说过一句话："一个国家的学者对另一个国家语言和文化的研究成果能得到公认，这就称得上世界水平。"这句话放在现在仍然堪称经典。想想看，我们又有多少学者能够用所学的语言研究那个国家的问题，并得到国际认可？！我们又有多少文章是这样发表的呢？现在有这样的学者吗？多吗？好吗？我们用外语研究我们自己的国家，拿到外面去发表，当然也是贡献，满足外国人的好奇心，但是研究他们国家的文化的文章多吗？够吗？

所以，我觉得，有很多是值得我们考虑的。当然，可以说，我们一直在前进，我们的外语学科在前进。当我回想起1980年进入上海外国语大学德语系时的情景，我仍然充满了感激。在那个时候的上海外国语大学，我们的老校长胡孟浩特别强调怎样为学生供给课程。我们现在用的精力够吗？可以想一想，我们在座的所有这些大学，有真正成系统的、有哲学意义的课程体系吗？有吗？上海外国语大学在那个时候开出了心理学、美学、哲学、欧洲文学这些课程。这些知识的起步一直陪伴着我到现在，我整个职业生涯当中，旅途都与当时的学习密切关联。所以我充满了这样一种感情。我在上外跟同事交流时常说，我们改革，创新，发展，面向未来，也得要歇一歇，看看过去。如果什么时候能回到80年代那个时候，那么重视课程，那么重视学生，我们的老师有那么多时间和学生在一起，也许我们又进了一大步。

（本文系笔者2019年11月15日在同济大学"首届全球治理与外语学科发展高峰论坛"上的讲话。）

外语学科的红利

今天主要是谈一下外语教育面临的新挑战和新机遇，说得不对的地方请大家指正。

我的报告分为三个部分：第一部分交代议题的出发点；第二部分谈外语教育的挑战和机遇；第三部分讲外语教育的改革和发展，这其中既有机遇，也有挑战。

在外国语言文学领域，文学与民族-国家关系密切。文学对一个国家、一个民族是至关重要的，同时文学又是超越国家和民族界限的。例如有些文学形象会同时存在于不同的国家、不同的民族。有些是通过翻译来实现的，而有些则是本身就存在的。各个国家、各个民族发生的一些事情，经过文学创作，形成某个国家、某个民族特有的文学符号体系。比如浮士德形象在很多英语国家同样存在，格林童话的"灰姑娘"形象同样存在于不同语言的文学之中。根据检索，全世界居然有两千多个民族或者国家或者区域有"灰姑娘"这一文学形象。

文学反映社会现实，文学描述社会现象，例如《少年维特之烦恼》风靡一时，1774年歌德写成维特之后，当时"维特热"蔚然成风，很多人模仿他，甚至穿着维特式的衣服去自杀。柏林有一个大家叫尼古拉，他说这不行，这是害人，歌德害人。然后他就写了一部《少年维特的快乐》。随后歌德就创作了一首诗，把尼古拉骂得狗血喷头。

这里提到歌德，我顺便说说世界各地的歌德研究会。有一次和一位日本学者探讨歌德在日本的接受时，我非常惊喜地看到日本的歌德研究会里有家庭主妇这样的会员。很难想象，在我们的文学研究会里会有这样的会员。当时我就问日本为什么会有家庭妇女参加歌德研究会，那位学者说，歌德作品中的菜谱是成系列的，是一种特有的体系，所以文学在社会当中具有符号特征，又是生活的一部分。文学很重要，文学研究就更加重要了。我们中国人一说到研究，马上会想到学科，我现在到大学工作差不多快8年，我对"学科"这一概念是有些纠结的，对学术学科的发展也是有纠结的。

学术真正成为"学科"这一概念的话，从欧洲来说，差不多是到18世纪末。关于文学和语言，德国曾在1846年开一次会，这个大会叫作日耳曼语言文学大会，当时就试图把相应的语言、文学、历史学和政治学制度性地放在一起开一次会。在那次会上，学界就认为要完成两个任务。第一个是大家在一起，总归要有个地方能够交流一下，不是每个人都在自己书斋里，像浮士德那样地和魔鬼打交道，而是要有制度性的安排。第二个任务就是为德意志民族的产生做某种准备。大家知道，歌德是一个德国作家，没错，但在歌德时代，还不存在政治意义上的德国，德意志民族只是出现在文学和文化上的概念。所以，文学就提出我们到底要做什么？文学仅仅是一个小圈子在一起，还说要研究文学之于国家、之于社会的关系。这也是我今天和大家交流的最后一个出发点，就是文学和外语教育的关系。文学，"literature"一词，实际上是从"文字"这个词开始的，文学与文字、与语言是密不可分的，从某种意义上来讲，文学和文字、语言有不同的互构。许钧先生曾写过一本书，论述文字、文学和文化及其相互关系。

由此，我想谈谈外语教育现在的挑战和机遇。当前，外语学习总体而言空前繁荣，全国有将近4亿人口学习英语，这从全世界来看人数可能是最多的，那么外语的使用也空前多，外部支持外语学习和使用的各种工具、科技手段也非常多。

这个时候，我们不禁要问，外语教育该怎么做？特别是外语作为一个专业的时候，外语教育怎么办？外语界特别热闹，但有时候我觉得太热闹了，也许我们需要更加清醒一些才能知道外语教育如何继续往前走。

首先，我还是要回到语言来谈外语教育。最近在看马克思和恩格斯的《德意志意识形态》，其中写道，"思想、观念、意识的生产最初是直接与人们的物质活动，与人们的物质交往，与现实生活的语言交织在一起的。人们的想象、思维、精神交往在这里还是人们物质行动的直接产物。表现在某一民族的政治、法律、道德、宗教、形而上学等的语言中的精神生产也是这样。人们是自己的观念、思想等等的生产者……'精神'从一开始就很倒霉，受到物质的'纠缠'，物质在这里表现为震动着的空气层、声音，简言之，即语言。语言和意识具有同样长久的历史；语言是一种实践的、既为别人存在因而也为我自身而存在的、现实的意识……"

因此，语言不只是震动着的空气层和声音；语言离不开思想、观念、意识和情感。也因此，语言不仅仅是发音好，语言必须承载思想、观念、意识和情感。离开了思想、观念、意识和情感的语言就只是空气流和声音。由此引申开来，外语教育一定与人的物质关系和精神关系密不可分。生活现实到了哪一步，我们的外语教育就应该到哪一步。

接下来，我给大家回顾一下外语教育史所经历的几大历史阶段。有专家分为五个阶段，我大致把它分成四个大阶段：被动学习阶段、主动学习阶段、合作交流阶段和合作引领阶段。

在被动学习阶段，由于我们在近代历史上受西方列强压迫和欺凌，当时清政府就提出要搞洋务，要"师夷长技以制夷"，于是有了京师同文馆、广方言馆等。外语教育的办学目标就是救亡图存，外语教育可以说是中国教育现代化的一个开端。

在主动学习阶段，今年是中国共产党建党百年。1920 年 9 月，共产主义的革命先驱在上海成立了外国语学社，当时也是学习外语，学习国外的先进思想，为创办中国共产党做思想和人才上的准备。到了延安时期，1941年，成立了中国人民抗日军政大学三分校俄文队，也就是北京外国语大学、延安大学外语学院（现称外国语学院）、黑龙江大学的前身。1949年新中国成立之后，中央就要求成立4个俄文专科学校。当时中央特别重视外语教育。上外的老校长王季愚去北京汇报工作的时候，周恩来同志知道她来，居然亲自去拜访，交流探讨外语人才怎么培养，要有多大的规模，学校里学生的伙食应该怎么办等等。这就充分说明了中国老一代领导人对外语教育非常重视，而当时提出来的还不仅仅是学习语言。陈毅同志是上外的缔造者，他当时就打了一个驾驶飞机的形象比喻，总的意思就是"又红又专"。在这层意义上来看，外语教育是中国革命和建设事业的一个重要组成部分。

到了改革开放时期的合作交流阶段，更是如此，外语教育为各领域的对外开放和国际合作培养大量外交、外事、外经贸人才。很多高校都把国际化作为一个标识。

进入十八大以后，不管我们是愿意或者不愿意，中国都已走近世界舞台中央。此时，外语教育要在原来国际化的基础上去化国际，也就是，我们的知识界和学术界要为这个世界做出新的贡献，贡献知识，贡献思想。这就是合作引领阶段。

向世界贡献中国视角的全球区域国别知识和思想是新时代外语教育面临的新任务。过去，我们的语言很好就可以了，现在，我们对外语教育人才培养的要求，可用四个"力"来表达：政治定力、语言能力、学科能力和话语能力。唯有此，外语教育才能为构建人类命运共同体打下基础。党和国家以及社会对外语教育的期待迫切需要我们超越自我，超越传统，超越学科内外边界；外语教育本身也面临着人工智能、机器翻译等科技挑战，如果像传统那样将培养外语人才作为一个职业行当，那将非常艰难。

政治定力，意味着培养对文化差异的自觉意识、批判意识与创新意识，形成对语言文化普遍性和政治工具性的判断能力；"主体认同"（文化认同/民族认同/国家认同）与世界眼光互构，形成坚守与开放相统一的品质。对西方政治进行研究的时候，你会发现，西方政治的规则就是利益至上，而不是意识形态至上，当前意识形态只不过被武器化，用来作为确保利益至上的工具。

语言能力是基础。要回归传统，把语言作为对象，创新语言系统研究；把语言作为内容，构建区域国别知识；把语言作为工具，提升全球话语能力。别看我们有4亿人在学习外国语言，实际上我们的外语教育出现了相当多的问题。有一次，我去参观一个国家级的博物馆，在"出口"的地方，居然写着"export"。

学科能力。我们要研究语言本身。我们现在太缺了，我们现在太缺关于语言哲学的研究、关于语言历史的研究。语言史、语法、语义句法各个方面，现在都没有太多大作品。我自始至终认为语言的重要性极强。如果一个学校的语法研究力量弱的话，那么学生的思维可能就有问题了。因此，要回归语言本质，培养学生从现象层面学习，到本质层面学习，提升人文素养（洪堡）。

关于话语能力，现在大家谈得太多了，有千篇万篇的文章在写，尤其有数不清的社科项目都在做，大家发表都很多，但是有多少人能够到外面去发表，真正形成话语的还是比较少的。

话语能力建设要理解力、表达力和沟通力。全球理解力（听得懂）：国别、语别、群别的差异；语言内外的信息、知识、情感。全球表达力（说得清）：融合语言能力与专业能力，有针对性地运用新知的综合表达能力。跨文化沟通力（沟通得了）：译介等话语转化能力；实践性——场景化、生态化；理论性——能力支撑权利；完成"语言"—"话语"—"话语权"—"话语能力"的逐步构建。

话语是一个实践性极强的活动。千万不要热衷于论述话语，要真正地实践话语。大学应该是作为国家整体话语体系的一部分。我在德国常驻的时候,洪堡基金会的主席和国内去的专家交流时问了一个问题:"如果我现在要到中国去,我应该看哪一本书可以帮助我更好地理解中国?"我们的专家有说孔子的,老子的,孙子的,然后主席就有点不耐烦了,他说:"我想读的是当代的中国。"那一刻大家都没有反应了。所以我觉得实践的自觉至关重要。习主席一再强调,既要扎根中国大地,又要有世界眼光,要向世界贡献我们的知识。

如果我们每一个项目、每一篇文章、每一个会议都能够这样,这就可以发挥了不起的作用。

外语界的同行可以协同起来做些贡献。我们学外语的或者从事外语研究的,是有红利的。我们获取信息是便捷的。时代还为我们外语界提供了交叉红利,给我们提供了很多的可能性。但当我们试图打通某个学科内部的边界,打开学科外部的边界,才发现各种利益、各种人事的关系是极为复杂的。但是这些事也要慢慢地去做,要发挥我们交叉学科的能力,让不同专业的师生和资源汇聚到一个平台上,形成集群效应。

当然还要应对评估。大家知道上级的评估都是按专业按学科来进行的,你再怎么尝试,最后评估那把尺子还是那个样儿,这个时候你一定要有这个理念:要坚持住。

上海外国语大学在本科和研究生阶段就做了不少尝试,让不同语种背景的同学一起读法律、金融、新闻等等,上外的特色一下子就凸显出来,比如上外可以培养会土耳其语的法律专家。

还有一个简单的例子。我是从德法系毕业出来的,当时德语专业和法语专业基本上是不合作的。现在我们设立了欧洲研究,让德语、法语背景的师生充分在一起,给他们创造这样一个平台。这样的研究才能产生 1+1>2 的效果,也能够真正地接近真理。文学研究也是这样,面对新的需求,必须要有创新。同样是"灰姑娘"这样一个文学形象，它会出现在伊斯兰世界，出现在基督教世界，在欧洲有、德国有、法国有、英国有，居然在伊朗也有。如果我们把文学和世界与全球认知结合在一起，我们就会发现文学在过去曾经某种程度上是唯一的，是某个民族的骄傲或者是民族和民族之间的划分边界，而现在文学的边界成了一个链接。文学有着非常鲜活的叙事，每一个文化，每一个国家的政治生态、生活风格，都可以通过文学展现。

反过来，我们总感觉到国际关系的研究不够，可能是和文学研究不够有关系。因此，外国语言文学研究是有很多机遇的，但是也有挑战。我觉得，最大的挑战是高校之间的协同不够。大家竞争有余，合作不足。就学科而言，小而全的碎片化严重，外国语言文学研究有五个方向，现在很多学校要把这五个方向都搞出来。有那么多人吗？有必要吗？有些专业充其量二三十个人，你搞得了吗？即使搞，也是低水平的。现在，整个的学科建设都是大而全的格局，每个学校都是把学科弄得全全的，一定要耗费所有的资源去增设学科点，增设优秀课程，还有各种评优。我们要学会静下来，要养一养浩然之气，要养一养这种清静。

还有我们**学术界要避免"三场现象"，不要弄得像官场，不要弄得像商场，不要弄得像战场**。我们要做的就是急国家之所急，急社会之所急。现在呢，一个跟着洋教授的博士毕业后回到中国高校就业，就开始讨价还价，也不用怪他们，这个学校给多少，那个学校给多少，复旦给多少，上外给多少，搞得跟个商场一样。还有就是，学界不要像个战场，我们要把学问做好，总是朝着真理靠近的，但是永远不要站在那儿指手画脚，或者反过来，听不得一点批评和建议。要不就是各种评比，大家争得面红耳赤。大家可以想象一下，我作为学校的管理者，如果和校长不能相互批评的话，这就意味着我根本领导不好这个大学。

好，今天耽误大家很多时间，非常感谢。

彭青龙教授点评： 谢谢姜书记，刚才他在讲话时说，我们要有批判的精神，不能总是赞美别人，但我们还是赞美几句。因为姜书记的讲座，之前我是听过的，很震撼，当时许钧教授也有同感，我们感同身受。所以今天我们看，姜书记是一个教育家，是一个有思想有情怀的教育家。那么在上外，在我们国内的外语教育界，有这么一面旗帜，他作为一个书记，对我们学界的很多问题进行了深度的思考。我个人觉得他的观点高屋建瓴，内涵深刻，内容丰富。姜书记在谈论话语能力的时候，确实从表象看到了实质：我们学界的确有一种浮躁之气。我们现在确实应该静下心来，就外语学科的规律、人才培养的规律、科学研究的规律，静下心来，慢下脚步，认真研究出一批成果。实际上我也非常能感受到，接下来的假期，我要找一个地方去看点书，写点文章，这样我才觉得是比较开心的，我们整天劳碌奔波，一会儿这儿，一会儿那儿，实际上是一种浮躁的表现。所以姜书记今天的讲座确实为我们外语学界——特别是今天下午在座的听众大多数都是院长、系主任、学术骨干——姜书记的讲座也给我们今后的改革提供了指导性的方针。所以我个人觉得质量非常高，我没有批评意见，如果有批评意见，我们后面再交流。

孙有中教授点评： 姜书记的讲座特别亲切，真诚，接地气。姜书记不是书记，不是一般的书记。他提醒得很对，我们"不要太浮躁，不要太匆忙"，我们现在整个国家、社会和个人就像一台停不下来的加速器，越来越快，"有些抵制不住地忙"，"忙而无功"。我们应该 slow down。他刚才论述的"三场"问题太精辟了。姜书记对上外来说，对我们外语学界来说，都是一个头脑清醒的领路人。"教育要给'不务正业'留点时间和空间。"

（本文根据笔者 2021 年 6 月 27 日在上海市外文学会第十三次会员代表大会暨学术研讨会上的发言实录整理而成。）

大学要关注全球知识体系

——澎湃新闻专访

初夏时节的上海外国语大学虹口校区,阳光透过树影打在一张张洋溢着朝气与活力的青春脸庞上。校园不大,学生们神色轻松,边走边聊。

上海外国语大学是新中国成立后创办的第一所高等外语学府,是教育部直属并与上海市共建、进入国家"211工程"建设的全国重点大学。2014年1月,姜锋到上外担任党委书记。此前,他就职于教育部高教司、社科司、国际司,曾任中国驻德国大使馆公使衔参赞。

"学语言是特别有意思的事,像是又打开了一扇观察世界的大门。"前阵子,姜锋还学习了一段时间的乌兹别克语。办公室待得少,他喜欢一有时间就在校园里走走看看。经常地,有不少师生看到他,拉着他反映在学校和生活中碰到的问题。他也喜欢跟学生们攀谈,常问留学生的一个问题是——"你最熟悉的中国人是谁?"时间一长,得到的答案让他隐隐生忧。"学生口中提到最多的是孔子、孙子、老子这些中国的古人,还有演员,但对中国当代的政治、文化领袖不太熟悉。这可能是我们做的工作还不够,应该以一种适当的方式把现代的中国讲出去,让更多人知道。"

根据规划,"十三五"期间上外计划至少增设10个战略语言专业,并推出至少15门面向全校的战略语言课程。科研方面,上外也紧密围绕"一带一路",开设了丝路战略研究所、"一带一路"金融研究中心等机构。

姜锋多年保持着每天读外文报道的习惯。由于工作经历,他对德国教育和社会有密切的关注和近距离的观察。"在过去30年中,中国教育发展迅速,德国现在也很关注中国的教育模式,比如我们的基础教育、重点大学建设计划。两国也在教育实践中各自取长补短。"

5月17日,姜锋接受了澎湃新闻(www.thepaper.cn)的专访,谈到了对"一带一路"国际合作高峰论坛的关注、上外发展的蓝图,也谈到了对中德两国教育的思考。

回到母校上外工作3年多,姜锋表示,自己的小目标就是让上外成为师生学习、研究、工作和生活很愉快、很舒适的地方。"当前中国在经济、政治、文化上对世界已影响巨大,但在知识生产领域的贡献还有更多的空间和提升的潜力。"姜锋说,"世界历史基本还都是西方学者从西方视角书写的。上外人有一个目标,有一天我们能够系统地提供全球历史和人类文明的独特书写,到那时候再说到中国为人类知识创造做出贡献,我们觉得心里踏实。"

【对话】

(一)"一带一路"给大学提供了一个"道"的空间

澎湃新闻:"一带一路"国际合作高峰论坛刚在北京举行,对于此次论坛,您最大的感受是什么?

姜锋: 命运共同体是这个时代的主旋律。在全球化的命运难以捉摸之际,中国邀请全球其他各国一起共商、共建人类未来发展方向的议题,并提出一种强调开放宽容、和平合作、互利共赢的精神,我觉得这是非常了不起的。

这次论坛给中国的学人、学界提供了一个全球的视野,关注全人类的命运是学者重要的底色,"一带一路"给大学提供了一个"道"的空间。"一带一路"实际上是中国为世界贡献的中国智慧。

对上外来说,语言不仅是交际的工具,更是知识创新和认知世界的工具。包括"五通""三同""丝路精神"等内涵的"一带一路"倡议在语言上本身就具有鲜明的中国印记特征。中国方案、中国智慧的提出离不开语言的直接支持,并通过语言呈现。

澎湃新闻:今年上外增设了4个"一带一路"沿线国家非通用语种专业,分别是乌兹别克语、捷克语、波兰语和哈萨克语,主动对接国家发展。在专业设置上上外有什么自己的特色?

姜锋:上外给自己设定的办学愿景是:**建设成在国别区域全球知识领域特色鲜明的世界一流外国语大学。上外重在战略语言。**有些语言可能不是官方第一语言,比如库尔德语,由于库尔德地区无论在中国国家战略层面还是世界局势、人类发展角度都有着重要地位,因此就很有必要针对性地开设这一语言的学习课程并进而以构建全球知识为方向开展相关区域研究。我们搭建平台,把校内师生和校外有共同兴趣的研究者聚集到一起,培养战略语言及其区域研究的专才。

澎湃新闻:在开设新语种时,遇到的最大问题是什么?

姜锋:最困难的是师资,有时候全国普遍缺乏对应的人才。上外现在是三条腿走路:第一,国内有的,配置好相应条件,尽快请过来;第二,扶持和激励其他相近语种的老师掌握新的语种;第三,与国外大学合作,比如与波兰、捷克、哈萨克斯坦、匈牙利的大学合作,通过引进外国专家,并辅以来华留学生,开设新语种课程。

澎湃新闻:对于有着本校优势的特色课程,上外是否考虑通过互联网向更多人展示,提供学习机会?

姜锋:我们已做了一些初步的尝试,比如"跨文化交际"在英国FutureLearn慕课平台上发布,上线一年多来已先后4次开放,共有来自全球超过180个国家和地区36 000多名注册学员学习了该课程。

我们在教育部"爱课程"等平台上也先后发布了"日本近代文学家名著导读""中阿文明交往史""高级英语"等课程，这项工作我们还在继续推进。

除了互联网，我们也有些课程在线下向社会开放，其他大学的一些师生也会来旁听我们的课程，比如乌兹别克语课就很受外校老师的喜爱。

（二）"国家队"需肩负国家使命

澎湃新闻：上外现有各类智库平台30多个，开设了9所海外孔子学院，首个全国青联文化研究与传播基地也落户学校。能否谈谈学校在这方面所做的工作？

姜锋：国家现在对外开放参与全球治理需要很多方面的知识，在这些方面，上外基于自身的学科优势和专业特色，近年做了一些努力和探索。例如，中东研究所、英国研究中心、俄罗斯研究中心、欧盟研究中心、中日韩合作研究中心、中德人文交流研究中心、高级翻译学院、中国外语战略研究中心、中国国际舆情研究中心、中外文化软实力比较研究基地、语言文化圈视角下的区域国别研究基地、外国文化政策研究基地等。

作为高校，我们把智库建设与学科建设、人才培养有机结合，**我们的智库定位为"资政、咨商、启民、育人"四大功能**。知识创新需要大量观察、田野调查、一手材料和数据整理，最后发现事件和现象的内在逻辑与规律。

除了传统学科，我们特别注重交叉学科和跨学科，比如，除了我们外国语言文学和政治学两个一级学科，我们的传播学、教育学、经济学、管理学、法学等都特色鲜明，我们还积极开拓人类学，特别是海外人类学的建设。

我们积极推进"多语种+"战略，打破学科、专业壁垒，把语言优势转化为知识创新优势，而知识创新过程由师生共同参与，既促进学科建设，又通过问题研究和前沿课题培养学生。

澎湃新闻： 在致力于培养"多语种（国别和区域通才）+专才"的外语特色复合型人才中，上外具体有哪些思路和做法？

姜锋： 我们把大学的使命概括为**"服务国家发展、服务人的全面成长、服务社会进步、服务中外人文交流"**。上外是"国家队"，首先肩负民族的使命和国家的责任，有自己的担当。

上外的人才培养目标是培养"多语种+"卓越国际化人才，即我们培养的人才要"会语言、通国家、精领域"。注重复合型人才的培养是上外的传统。我们以"诠释世界、成就未来"（Interpret the world, Translate the Future）为办学理念，面对全球发展的新形势和国家战略的新需求，我们要培养具有全球视野、通晓国际规则、立足中国特色并具有良好全球理解力的精英，我理解的精英是有能力、负责任的引领者和实践者。

我们为学生提供多语言的选择，同时开展多语言和交叉学科培养与训练。我理解的教育，第一是奠定价值观，第二是培养能力，第三才是传授知识，三者相互关联。举个小例子，一般学校中教"我明白你的意思"说"I understand you"即可，但外交谈判时，因为 understand 有明白、理解两层意思，所以上外的学生更倾向于说"I know what you mean by that"（我知道你说这句话的意思），对方就更明白了。这就是上外气质——make a difference（与众不同）。大学的活力和实力在特色中展现出来。

（三）德国也在关注中国教育

澎湃新闻： 您长期从事中德文化交流、教育和外交工作，德国高等教育中有哪些经验是可以借鉴的？

姜锋：主要还是教育理念。大学要对国家的未来负责，对民族负责，对社会负责，对学生家长负责，更要对个人命运负责，因此要有长远的计划。在德国，院系、教师、学生能够承担责任，独立自主地办学、治学、学习是非常核心的一件事。

我们倡导在学校章程框架下，"院系自主办学、学者自主治学、学生自主学习"。上外目前正在大力推行完全学分制，就是要增加学生选择的自由度，让学生自主学习，加强学生的个性化培养。同一专业的学生分别拥有不同的知识结构、差异化的视角，这样就更有可能摩擦出创新的火花。我们正在实施预算制改革。让院系明确发展方向，调动院系的积极性、能动性和责任心，激发办学活力。

澎湃新闻：在您看来，德国教育理念里最大的优势在哪里？

姜锋：很重要的一条是实践导向，往往是先发现问题，然后再看怎么解决。我称之为"实践联系理论"。我们现在往往把学科放在第一位，但学科研究也是为了解决问题而不是划定界限。比如在德国学汽车，会先让学生直接上手拆卸组装模型，把每个步骤记下来，遇到不懂的问题，老师再从不同学科角度进行讲解，而我们可能是先给你一本厚厚的《汽车动力学》。

另外我很欣赏的一点是，德国大学并不富，教授收入比不上英美，但德国高校无论在科研还是创新上实力都很强，办得非常好，给我的启发是，钱多和大学好并没有必然关联，**大学还是要有学术使命和社会责任构成的文化和精神**。

一方面，大学本身要树立这样的风气；另一方面，也期待外部能为大学提供守住君子之风的环境。这是双向的，学校的本业就是教书育人，好不容易聚集了一群学者成为学习的共同体，外面给个50万、80万就分心了，这样的风气对大学冲击很大。

在德国，**教育是全社会的责任，而不是全社会把责任都给教育。**

社会，各个部门、机构，都抱有一种"为大学、为教育做些事"的心态。比如许多企业主动给高校提供实习机会、有实践经验的指导老师以及其他帮助；博物馆中专门设有教育部或教学部，针对学生服务；电台要有近四分之一的内容涉及教育和科学知识，如会把深奥的哲学以儿童小品的形式引导孩子理解，还专门为儿童开设新闻频道，让孩子尽早了解天下大事。你会感到，社会的其他部门都在试图为教育做贡献，教育是学校内外构成的一个大体系。

德国教育法治比较发达，学校的责任界限比较清晰，因此可以更好地按教育规律开展教学活动，比如小学起就开展很多户外活动，不必担心因意外事故承担界限模糊的责任。

澎湃新闻：回上外 3 年多了，您最深的体会是什么？

姜锋：大学的发展是以学生的一生为坐标系的，长远且意义重大。当你想到这些青年的时候，你会沸腾起来，没法不热爱这个学校。在这个位置上，你的责任非常重。**你人在这儿，灵魂就在这儿。**

（本文曾发表在澎湃新闻 2017 年 5 月 24 日。）

区域国别学的内核与学科边界

国别和区域研究近年来成为一门显学,2021年12月,国务院学位委员会拟将区域国别学纳入第14类交叉学科一级学科目录,关于区域国别学学科建设的讨论越发深入。其中,关于区域国别学内涵即学科内核,以及区域国别学外延即学科边界的讨论,是区域国别学学科建设绕不过去的两个关键问题,本文拟就这两个问题提出一些粗浅看法,并进而尝试探究区域国别学与国际关系学之间的关系、区域国别学的建设目标等问题。

(一)区域国别学的核心研究要素

现代科学学科分类起源于法国实证主义奠基人孔德,他按照研究对象区分六类学科,其中包括以社会现象为研究对象的社会学。黑格尔以发展的思想构建了学科体系,力求表现理念在自然界发展的阶段,对学科进行了细分。恩格斯在写作《自然辩证法》一书的过程中,把科学分类问题与物质运动形式联系起来考察,把客观原则与发展原则有机地加以结合,引导人们的科学思维从自然哲学转向社会哲学,搭建了现代社会科学的研究框架。由此可以发现,学科分类原则的产生都有其历史原因。[①] 学科与学科之间往往有交集,如社会学与

---

① 丁雅娴主编:《学科分类研究与应用》,中国标准出版社1994年版,第2—3页。

政治学都会关注社会组织这一关键研究内容。但每一个学科之所以能够"独立"存在，都有自身的核心研究要素，也就是学科的"内核"，并得到其他学科和社会的普遍认可。如拉卡托斯所言，"一切科学研究纲领都在其'内核'上有明显区别"①。不仅是现代学科，中国古代的"学问"，能够在当时开枝散叶并传承下来，也是因为拥有研究"内核"。先秦时期的诸子百家，都有自身清晰的核心研究要素，儒家以"仁爱"为核心概念，道家以"道"为核心理念，墨家以"兼相爱，交相利"作为学说的基础，各家学说有坚守、有交集。

近年来，区域国别学作为一门新兴的学科得以迅猛地发展，相关研究课题和研究成果如雨后春笋般涌现，很多高校和研究机构相继成立了区域国别研究院或学院，加快国别和区域研究从"问题类"向"学科化"转型升级的步伐。而不管是作为一门独立学科，还是作为一门交叉学科，区域国别学如果要立身于现代学科之林，都需要明确其"内核"，即核心研究要素，以此有别于其他学科的研究对象群。

区域国别学在国际学界已经有了相当长的发展历史，西方对域外社会的研究开始于面向非西方世界语言与文学的"东方研究"，现代意义上的区域国别研究兴起于20世纪中叶，20世纪七八十年代是区域国别研究的黄金时期，国际旅行的便利化以及大国争霸背景下西方国家对亚非拉地区介入的加深都扩展了区域国别研究的地理空间和问题领域。而到了90年代初，"碎片化"的知识收集方式遭到了尖锐的批评，"需要总结归纳众多国家的情况，而不是对各个国家或地区的历史和背景进行深入研究，来创立一种普遍适用的政治行为法则"②，

---

① 伊姆雷·拉卡托斯：《科学研究纲领方法论》，上海译文出版社2005年版，第67页。
② 弗朗西斯·福山：《学术界何以有负于国家：区域研究的衰落》，《国外社会科学》2005年第3期，第90—92页。

这显然呼应了西方社会科学方法论转向的潮流。进入新世纪后，一些区域国别研究开始反思社会科学研究范式本身的不足及其背后存在的意识形态色彩，并以此为出发点，强调了区域国别研究偏向于学科化的负面效应。总之，西方区域国别研究与社会科学方法论两者之间长期存在着"特殊性"和"普遍性"的张力[①]，来回拉扯，但西方区域国别研究的核心研究要素是清晰的，"将现代西方的科学研究运用于非西方的世界，主要是研究政治、经济和社会"[②]。中国的区域国别学核心研究要素是什么？国内多位著名学者已经给出了有益的建议。钱乘旦教授指出，从区域国别的内涵来说，区域国别研究应该是对某一个国家或者某一个地区的全面了解，这个"全面了解"的范围是特别广泛的，不仅仅是通常所说的政治、经济、社会、文化四个方面；[③]杨洁勉教授认为，区域国别学可以相对宽泛地把学术主体确定为"国际问题研究"，同时打破思维定式，超越学科陈式；[④]张蕴岭教授则提出，区域国别学是一门独立的"学问"，是关于国际范围内的地区国别的理论体系。[⑤]各位学者都在建议中强调了区域国别学的"外性"——关注中国之外的研究对象，"广性"——尽可能涵盖研究对象的各个方面。如果我们提取以上各位学者以及其他众多国别和区域研究学者关于其定义的"最大公约数"，则可以尝试提出区域国别学的核心研

[①] 程多闻：《区域研究与学科之间的争论与融合》，《国际观察》2018年第6期，第135—154页。

[②] 张世泽、张世强：《区域研究之下的南亚视野——从美国学院体制中南亚研究的发展与困境谈起》，《问题与研究》2008年第1期，第87—126页。

[③] 钱乘旦、刘军：《国别与区域研究的学科建设——钱乘旦教授访谈》，《俄罗斯研究》2022年第2期，第3—19页。

[④] 杨洁勉：《新时代中国区域国别学科建设的理论意义与学术治理》，《亚太安全与海洋研究》2022年第4期，第1—11页。

[⑤] 张蕴岭：《构建中国特色区域国别学是时代所需》，《中国社会科学报》2022年6月16日，第5版。

究要素，也就是学科内核，即"以国别和区域为研究对象的一种科学学科"。在圈定了研究对象，明确了核心研究要素之后，区域国别学的知识谱系就比较容易延展开来了。国别和区域的"政治、经济、社会、文化"也即传统国际问题研究关注的四个重点领域一定是要持续关注的；国别和区域的"语言、宗教、历史、法律"等之前关注度不高、研究不够充分的领域也要尽快补齐；"新技术、网络空间、虚拟社会、元宇宙"等国别和区域新的研究增长点，更是要在研究起跑线上就冲在前面。

以国别和区域为研究对象，就决定了区域国别学是一门以外部世界为研究靶标的科学。这种从中国主体出发观察外部世界的研究视角，首先就摆脱了作为国际区域国别学界主流的西方区域国别研究以西方自身经验对非西方世界"普世化"理解的束缚，有助于国际区域国别学界的"去西方中心化"和"多元化"。而与此同时，中国的区域国别学没有框定用哪种经验或方法来剖析外部世界，更没有囿于基于中国的认识体系来解读他人，并不排斥西方社会科学研究积累和研究方法，反而因为改革开放后对西方研究范式和研究方法的大量引进，可以熟练地把这些概念和工具应用到研究中去。将外部世界作为一个与中国自身既对立存在又命运共生的客体进行审视，符合中国"内外有别"又"内外一体"的传统世界观。宽泛地划定研究对象也有助于防止出于研究便利和从学科化的角度而对外部世界人为加以切割，特别是弥合"理论研究"与"实证研究"之间越发加深的鸿沟，尤其能够有力地打破一种"理论研究"高于"实证研究"的若隐若现的学术等级秩序；将研究对象从其分散的各个学科中和各种机械理论的裁剪下解放出来，是对学科本位主义的反思。

这时，又会衍生出另一个问题：区域国别学会不会成为一个"筐"，什么都可以往里装，区域国别学的学科边界在哪里？换言之，如何将其与政治学、外国语言学、历史学等学科区隔开来？

（二）作为交叉学科的区域国别学

学科"边界"与学科"内核"是现代科学学科分类相辅相成的两个概念，学科"内核"决定了学科生成的起始点，学科"边界"确定了学科生长的极限，学科边界的存在决定了学科之间可以交叉，可以跨界，但不能互相取代。学科边界决定了本学科在现代学科内的逻辑排列位置，以及学科之间的从属关系。相对于对区域国别学学科内涵的热烈讨论，对于区域国别学学科外延，即区域国别学学科边界的讨论较为谨慎。对于研究对象的分析到了哪一步就跨越了区域国别学学科的学科边界，不再属于这一学科研究的范围，而是进入其他学科的研究范围？这个问题似乎不大容易回答。

显而易见的一个问题是，同样以外部世界，包括全球、区域、国家，以及国际行为体——个人作为研究对象，区域国别学与国际关系学科（国际政治、外交学、国际问题研究）的区别在哪里？国内的很多国别和区域研究学者本身也是国际关系研究学者，一些近几年建成的区域国别研究机构就是由国际关系研究机构扩展壮大的，有些研究成果很难去定义是国别和区域研究成果，还是国际关系研究成果。在国内学界，区域国别学与国际关系学科几乎形成了你中有我、我中有你的情形。但是即便如此，区域国别学作为一个方兴未艾的学科，仍然要明确其与国际关系学科的界限。[1] 对这一问题的回答，不能放在当下的学科研究视域下去比较，而必须回到历史的维度下去溯源。正如很多文献所忆及的，中国的国际关系学科起源于 1963 年 12 月，当时，中共中央下达了《关于加强外国问题研究的决定》，北京大学、中国人民大学和复旦大学于 1964 年成立了国际政治系[2]，目的是"服

---

[1] 苏长和：《构建中国国际关系学科体系的挑战和机会》，中国社会科学网，2022 年 6 月 9 日，https://baijiahao.baidu.com/s?id=1735118415479687234&wfr=spider&for=pc。

[2] 石洪涛：《中国高校国际政治学研究已初具规模》，《中国青年报》2003 年 10 月 21 日。

务国际外交活动",在学科从属上学习苏联,国际关系学是科学社会主义学科的下属学科。改革开放后,中国对外部世界的了解需求激增,与"外"有关的国际关系学得到快速发展。但一方面,改革开放初期,即便做国际问题研究的研究者,能够亲身走出国门进行交流和研究的还是少数;另一方面,国际社会,特别是西方国家已经积累了大量关于外部世界的知识信息,它们对于刚刚打开国门的人来说都特别新奇。因此,国际关系学科的大发展首先建立在对西方国家知识信息的翻译介绍基础之上,为此集中引进了大量的西方国际关系学文献。而这些研究成果又以国际关系理论文献为主,因为对于浩如烟海的外部世界知识,通过逻辑关系紧密的理论有机串联起来有助于人们尽快了解吸收,在当时这种引进吸收对于人们熟悉国际社会规则,尽快与国际社会接轨起到了积极的作用。与此同时,也不可避免地塑造了中国国际关系学科重引进轻原创、重理论轻实践、重社科研究方法轻人文和自然科学知识的一些特性。在学科分类上,国际关系学科也向西方国家学科设置靠拢,从科学社会主义学科脱离出来,从属于强调事物普遍性和抽象性的社会科学这一大的学科门类。随着中国与国际社会交往的加深和中国国际地位的提高,人们对外部世界知识需求的广度和深度都不断提升,也有了大量的机会实地去外部世界发生互动,乃至展开长期现场田野调查,获取第一手资料。这时,通过西方社会再加工的"二手知识"来研究的缺陷就越发明显了,他者"一家之言"有可能蒙蔽视听,"国家间关系"或"政治属性"亦不能覆盖丰富多彩的外部世界的各个方面。对于国别和区域研究来说,道听途说终觉浅,终究需要自己直面外部世界。因此,从根本上说,国别和区域研究的学科发展是历史发展的产物,体现了中国从了解世界,到认识世界,再到改造世界发展演变的不同阶段。既有的以国际关系理论为研究脉络、主要关注国家间政治关系的国际关系学科已经不能满足当下人们对外部世界的知识需求,区域国别学应运而生。

也正因为如此，区域国别学既与国际关系学科有着密切的内在联系，又涉及外国语言文学、政治学、历史学、地理学等多个学科的知识，具有明显的跨学科特征。2021年12月，国务院学位委员会下发《博士、硕士学位授予和人才培养学科专业目录（征求意见稿）》及其管理办法，将区域国别学纳入第14类交叉学科一级学科目录，明确了区域国别学不同于一般学科的交叉学科身份。国务院学位委员会对交叉学科的解释是，"交叉学科是多个学科相互渗透、融合形成的新学科，具有不同于现有一级学科范畴的概念、理论和方法体系，已成为学科、知识发展的新领域"[①]。

和遥感科学与技术、智能科学与技术等交叉学科研究对象在短期内发生突飞猛进的变化，不断要求新的学科参与到对研究对象的探究中不同，作为交叉学科的区域国别学，其研究对象是较为稳定的，相对于让人眼花缭乱的国际现象，区域国别学更关注人类活动长期沉淀积累的关键性知识和本质性规律，区域国别学的"交叉"主要产生于社会需求增大和研究能力提升的推动下所发生的研究视野的拓展、研究手段的创新、研究内容的丰富。

需要引起注意的是，区域国别学具有双重身份。一个是作为"交叉平台"的区域国别学，这就要求其从外国语言文学、政治学、历史学、地理学等多个学科中吸收各自的理论长处和知识积累，打破学科自身的本体论和认识论禁锢，采用协同研究的路径，整合与研究目标有关的各学科内容，形成研究合力。另一个是作为"学科"的区域国别学，交叉学科也是学科的一种，这就决定了区域国别学在建设过程中也要形成自身统一的分析框架、具有理论导向性的核心概念、具有

---

① 《国务院学位委员会关于印发〈交叉学科设置与管理办法（试行）〉的通知》（学位〔2021〕21号），中华人民共和国中央人民政府，2021年11月17日，http://www.gov.cn/xinwen/2021-12/06/content_5656041.htm。

鲜明区域国别色彩的研究方法,这也是其得以与传统的国别和区域研究、比较政治学等学科区分开来的重要特征。不过,区域国别学自身分析框架、核心概念、研究方法的生成并不是从零开始,也不是从理论到理论的纯粹思维推理,而是对既有外国语言文学、政治学、历史学、地理学等学科与区域国别学有关知识的充分消化吸收再造,最为关键的是通过对研究对象持续的实地调查研究,对被调查对象详细深入的了解(这也正是近现代中国国别和区域研究最欠缺的内容),进而对指导当下区域国别研究的各种理论进行修正和扩展,直至成为一种"学科重建"。从这个意义上说,区域国别学自身的分析框架、核心概念、研究方法既是学科建设的重要标志,也是学科以研究问题为导向建设的必然结果。

因此,摆在区域国别学眼前的任务不是尽快形成明确的学科边界,而是恰恰相反,要全力突破既有相关传统学科的学科边界,或者说"壁垒"。不破不立,区域国别学建设要以研究问题为导向,而不是以学科边界为约束,以交叉学科建设目标为指引,而不落入学术圈地的怪圈,结合区域国别学自身特点,形成知识体系、育人体系、资政体系"三位一体"的学术生长平台。

(三)区域国别学的三大建设目标

学科交叉是一种非常常见的学术现象,毗邻的学术群内具有某些相同的知识领域,这并不简单意味着冲突,而是为学科之间的合作提供了广阔的空间,也将促进不同学科理论和方法的有机融合。在此情况下,为何还要将区域国别从一个学科交叉的研究领域明确为交叉学科?实际上,这表明区域国别学建设的主要意义不在于形成"交叉平台",而在于作为一个独立学科需要具有其学术和社会价值。国务院学位委员会将交叉学科建设的三大目标定位为:构架出新的知识结构，培养复合型创新人才，满足经济社会发展的内在需求。[①] 新学科的建立本质上是通过变革知识生产方式并对围绕其组织的各种资源进行重组而形成的知识再生产。[②] 对于学科所依托的高校而言，新知识的生产也意味着课程体系的重新构造和人才培养模式的重新搭建，以带动高校内与学科密切相关的"专业"随之做出调整，进而满足社会对新型人才的需要。区域国别学在近年来成为一门显学，除了因其引人入胜的丰富内容，更在于其与人们社会生活存在着紧密的联系，与对世界格局变化的理解和国家发展战略的谋划息息相关，因此，区域国别学"满足经济社会发展的内在需求"这一建设目标就自然而然地落实在为政府科学决策提供有益参考的资政建言上。

第一，知识体系。区域国别学的横空出世，针对的就是既有"以国别和区域为研究对象"的各种知识，不仅散布在各个学科里，而且跨越社会科学、人文科学和自然科学三大学科，很难达到相互支撑，形成研究合力的效果。人类的知识生产不断经历着"分散、整合、再分散、再整合"的动态变化进程，一方面需要尽可能全面地收集经验性材料，并尽量保障材料的完整性和真实性，另一方面则又需要将这些经验性材料置入科学的概念和框架之下，为此又不得不剪去"不符合规范的枝蔓"，直到概念和框架因经验性材料的倔强而被颠覆。在"特殊与普遍""经验与理论"之间寻找平衡点，这种看似矛盾的进程推动了人类知识的创造与积累。在学科分化越来越细、越来越专业的背景下，学界越发注意到对知识统一整合的重要性。总体上，借鉴现代科学学科分类规则，结合中国传统研究习惯，区域国别学的知识体

[①] 《国务院学位委员会关于印发〈交叉学科设置与管理办法（试行）〉的通知》（学位〔2021〕21号），中华人民共和国中央人民政府，2021年11月17日，http://www.gov.cn/xinwen/2021-12/06/content_5656041.htm。

[②] Jan C. Schmidt, "Towards a Philosophy of Interdisciplinarity," *Poiesis & Praxis*, vol. 5, no. 1(2008), p. 60.

系可以分为"史"和"论"两大部分。"史"强调的是国别和区域知识的地方性、特殊性，包括世界史、文明史、国别史等学科的内容；"论"强调的是国别和区域知识的普适性、共通性，包括政治学、社会学、人类学、经济学、地理学等学科的内容。这些学科"以国别和区域为研究对象"的知识都应被纳入区域国别学的知识体系内，同时还需要综合应用多种学科研究方法处理新材料、新数据、新经验，生产原创性区域国别知识，形成可吸收、会整合、能生产的知识汇聚中心。

显然，困扰西方区域国别研究的"特殊性"和"普遍性"之间的张力仍然能够在"史"和"论"的二分法中体现出来。但与"特殊性"和"普遍性"之间的二元对立不同，中国区域国别学的"史"和"论"是一种辩证统一、相互依存的关系。"史由证来，论从史出"，"史"是对客观世界和历史事件的描述，"史"既是"论"的裁剪素材，也是"论"的逻辑起点；而在实际应用中，"史"和"论"是难以分离的，也就是"经史不分"。相对而言，"论"更清楚地具有现代社会科学的属性，因为在某种程度上，"论"与西方现代社会科学一样都有追求普遍性规律的冲动，即"文以载道"，通过对具有特殊性的客观世界的分析讨论形成具有一般性理论意义的"道理"，指导未来的社会实践；但是，中国同样强调"论世之事，因为之备"，要根据事情的自身情况采取相应的措施，不能机械地"法古"，"道理"只具有相对意义上的指导作用，而不是绝对意义上的普遍规律。因此，与西方社会科学追求普遍性的理性主义终极关怀不同，中国区域国别学知识体系必然同时注重"史"和"论"两部分，绝对的事实性材料和相对的普遍性规律都是需要认真对待的研究收获，更不会像西方社会科学一样，仅将"史"作为"论"的原材料和裁剪对象，人为构建研究对立和研究等级秩序，而是要追求"史""论"相融，"史""论"并进。

第二，育人体系。与知识体系相对应，"以国别和区域为工作对象"的人才培养被人为地划分为不同学科专业，对国别和区域当地语言的学习被划入外国语言文学,对国别和区域之间政治交往的学习被划入国际关系学,对国别和区域经贸关系的学习被划入国际贸易学,如此类推。从根本上说,这种专业的划分仍然暗含着计划经济的逻辑,意在有针对性地为政府机关和企事业单位培养翻译、外交、外贸等专业人才。随着对外开放的深入,国际化人才需求增多,很快人们就发现单一的翻译、外交、外贸等专业人才已经难以满足社会需要,学外语的人也要懂些国际政治,学国际政治的人也要懂点经济学原理,所以又出现了"外语+外交""国政+贸易"等初期的复合型专业,以培养复合型人才。但是,国际社会的交往深度和中国逐渐走近世界舞台中央的速度远远超过了我国国际化人才培养的供给水平,对于服务国别和区域工作国际化人才的要求再次超越了"两三个专业相加"的人才培养模式。国之大者,不能满足于了解世界,也不能止步于认识世界,最终的目标是改造世界,我们的国别和区域教育要培养的是具有全球视野和世界眼光的卓越国际化人才,必须提供涵盖语言教育、社会科学研究方法、各国和各区域基本情况、前沿和热点问题等多学科内容的课程教学体系,建设学生通语言、懂国情、精专业的国别和区域大学堂。

第三,资政体系。甫一诞生,区域国别学就被打上了时代烙印和国家属性。现代西方区域国别研究发轫于二战前后,彼时西方霸权无法再以殖民统治的方式直接强加于东方之上,通过经济、文化和思想控制进行间接统治成了必要的选项。这一巨大转变,再加上二战当中了解亚太地区非西方国家的现实需要,共同推动了区域研究的兴起。[①] 中国的区域国别学不仅要有深厚的学理性,也要具备清晰的时代性和实用性。中国特色的区域国别学必然与中国的国家总体外交、"一带一路"建设和人类命运共同体构建息息相关。中国特色的区域

---

① 刘超:《美国区域研究的历史经验与发展脉络》,《学海》2022年第2期,第56—61页。

国别学急国家之所需，通过国别和区域研究各相关学科的碰撞交融，掌握来自研究对象实地的第一手资料，对研究对象开展长期性、基础性、系统性跟踪研究，对于国家外交外事活动面对的普遍性问题，对于新型国际关系、公共卫生国际合作、全球气候变化应对等专题性问题，尤为重要的是，对于营建良好国际外部环境，坚定维护"两个一百年"奋斗目标和中华民族伟大复兴这样的战略性问题，提出真知灼见和可操作的政策建议。一个突出的特点是，国内区域国别学发展与相关智库建设体现出齐头并进的趋势，各区域国别研究机构都将自身的智库建设作为发展的重点方向，促进国别和区域研究与国家需要更加紧密结合。

知识体系、育人体系和资政体系"三位一体"，构筑了区域国别学的内容框架（见图1）。知识体系为育人体系提供课程支持，育人体系培养的国别和区域人才将成为知识生产的主力军。育人体系培养的国别和区域工作者将尽力满足服务国家发展和社会进步的人才需求，服务国家发展和社会进步决定了育人体系的社会主义办学价值取向。服务国家发展和社会进步既是区域国别学独立成为一级交叉学科的时代要求，

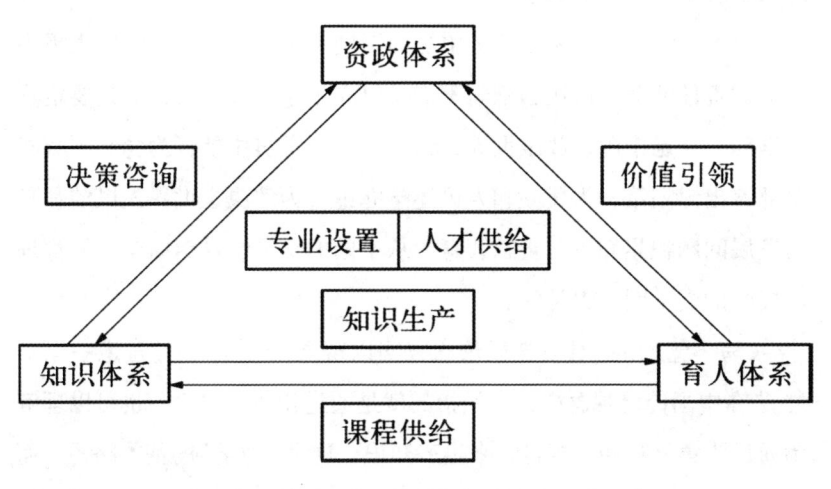

图1 知识体系、育人体系和资政体系"三位一体"

又让国别和区域知识体系建设具有了实践属性和现实意义。"三位一体",良性互动,将推动区域国别学向更深更远的发展空间奋发前进。

(四)从学科到学问

从20世纪60年代由国务院部署北京大学、中国人民大学、复旦大学三所高校进行外国问题教学研究,到改革开放通过引进吸收大力发展国际关系(国际政治、外交学、国际问题研究)学科,再到进入中国特色社会主义新时代,区域国别学进入一级交叉学科序列,从立足问题意识到研究自觉,到学科建设,到学科交叉,中国以国别和区域为研究对象的探索活动与自身国际地位和社会进步同步发展,不断完善。经过新中国成立后70余年的发展,中国的国别和区域研究加深了对外部世界的了解认识,通过对先进国家和地区的学习借鉴基本实现与国际规则的全面接轨,现在正以更加自信的姿态、更加主动的精神参与对外交往和对国际规则的塑造。归根结底,中国的国别和区域研究是在不断地一个接一个完成时代赋予的职责使命,以经世致用之学解决国家面对的问题。

当下,时代与国家赋予了中国的国别和区域研究更为艰巨也更为紧迫的责任使命。区域国别学不能仅仅立足于做大学科,而是要定标大学问,立足中国、放眼世界,精通古今、学贯中外,为党和国家战略部署出谋划策,为民族和人民述学立论,为解决全世界人民的和平与发展问题积累知识,贡献智慧,从中国的交叉学科走向全世界都理解接受的真学问、大学问。

《易·乾》曰:君子学以聚之,问以辩之。孔子曰:"吾道一以贯之。"在中国传统观念中,学问指的就是通过积累和讨论,也可以理解为通过收集材料和分析材料来生产知识,这是"为学"的基本路径,而在知识生产的过程和方法上,道理都是相通的。学科则是伴随现代高等教育发展而形成的,关于学科的定义非常多,特别是因为一些"学科"属性的不清晰,或者是围绕学科隶属关系产生的纷争,人们很难对学科形成统一的概念界定。但是,几乎所有人都承认学科的存在,某种意义上,学科代表着一种"知识区别",以及由此造成的知识体系内的相互关系,当然包括等级关系,且这种关系得到了普遍的承认。由此可以发现,学科与学问之间的关系,是西方现代社会科学与中国传统为学之道关系的投射,也是一种"分"与"合"的辩证关系。高举"中国之路、中国之治、中国之理"的大旗,是对社会科学研究向中国传统为学之道回归的号召,"在研究解决事关党和国家全局性、根本性、关键性的重大问题上拿出真本事、取得好成果"是对社会科学研究从分散研究打小仗到集中力量打大仗吹响的集结号。在外国语言文学、政治学、历史学等学科基础上建设区域国别学,正是这种从西到中、从分到合大趋势下对外部世界研究领域正本溯源的战略决策的显现。

一切科学研究存在和发展的价值都在于解决人与人、人与社会、人与自然相处过程中出现的各种问题,为人类创造更好的生活条件。学科存在的意义则是帮助人们更有效地整理人类活动长期积累的共有知识,更好地认识科学发展规律,学科是人类应用科学解决问题的必由之路,但不是科学发展的终点。既有的学科分类整体上仍遵循了19世纪末20世纪初的逻辑排列原则,与现代科学知识体系爆炸式发展的契合度越来越差。不仅国别和区域研究,许多其他研究也酝酿着突破学科边界的冲动,力求打破传统学科划分的限制与隔阂。区域国别学将以国别和区域为研究对象的探索从分散在各个学科统一到一个交叉学科门类下,首先实现了建设各学科知识学术生长平台的目的,已经走出了关键的一步。随着知识体系、育人体系和资政体系三大体系的建设完善,区域国别学将进一步突破学科的限定,继续完成从学科到学问的嬗变。不过,区域国别学跨越了学科边界,不断地吸收融合外国语言文学、政治学、历史学、社会学、人类学等各种其他相关学科的知识和研究方法，是否会造成学科泛化，研究难以下手，人才培养模式难以聚焦的问题？答案是否定的。一方面，区域国别学有其独特的研究内核，即"以国别和区域为研究对象"，这就决定了它不可能被其他学科或学问所取代。另一方面，区域国别学是一门包罗万象的大学问，但是没有哪一个国别和区域研究机构或研究者说仅仅通过自身努力就要建设体系完备的区域国别学，大学问下还有针对某一国家和区域、某一专业领域、某一具体问题的小学问，各国别和区域研究机构或研究者都是针对这些小学问展开工作，这样涉及的学科知识和研究方法就各不相同了，区域国别学所强调的交叉不是面面俱到，而是融会贯通地运用多种知识展开研究。同理，各个高校和研究机构培养的区域国别人才也是各有侧重，但不管是经贸型区域国别人才，还是法律型区域国别人才，都应有通专皆备的基本素养，区域国别学培养的不是无所不知的全才，而是游刃有余处理与国别和区域相关事务的人才。

区域国别学是一个刚刚开始建设的新型交叉学科，包括交叉学科本身，也是一个新兴的概念，如何建设区域国别学，如何理解交叉学科，都还处于初期摸索阶段。本文尝试提出区域国别学的核心研究要素，剖析知识体系、育人体系、资政体系"三位一体"学术生长平台的学科建设目标，并梳理了区域国别研究从立足问题意识到研究自觉，到学科建设，到学科交叉，最终走向"大学问"的发展路程，只是一些不成熟的思考。与此同时，本文提到了区域国别学拓展研究视野、创新研究手段、丰富研究内容，以及防止区域国别学学科泛化等与区域国别学建设发展密切相关的问题，虽做了一些解读，但浅尝辄止，对这些问题的回答还远远不够，仅作抛砖引玉，供后续研究批评。

（本文曾发表在《上海交通大学学报［哲学社会科学版］》2023年第3期，与上海外国语大学赵裴副教授合作，笔者为第二作者，略有修改，已获得赵教授授权收入本书。）

浅谈区域国别人才培养和学科建设中的
两个能力与三个基础

当前，全国上下学习贯彻党的二十大精神，此时举办"高校区域国别学人才培养与学科建设联盟第四届年会"具有特殊意义。进入新时代，国家将推进更大范围、更宽领域和更深层次的对外开放，促进双循环高质量的新发展格局，需要高等教育培养出卓越的区域国别学人才，提供面向世界的人力支撑和智力支持。上海外国语大学自2016年起把"建设成在国别区域全球知识领域特色鲜明的世界一流外国语大学"确定为学校发展方向，在区域国别学人才培养和学科建设方面做出一些系列探索。

区域国别学人才培养和学科建设需要两个能力与三个基础。

两个能力是语言能力和田野能力。语言是在认知和话语的层面上发现世界、描述世界、适应世界和塑造世界的基础。区域国别学人才培养和学科建设需要具备优秀的语言能力，其要义是熟练地应用语言获取知识和重新构建知识。语言能力可分为两种，一种语言能力是直接语言能力，就是直接掌握对象国语言，从语言来破题进入对象国的认知是最直接和真实的。对于对象国来说，语言是沟通的桥梁，是情感维系的纽带，是文化的载体和知识体系的存在方式。直接应用对象国语言与对象国人员进行交流，阅读对象国文献，撰写发表关于对象国的文章，必然能够快速拉近与对象国民众的关系，尽快融入对象国社群，正确掌握对象国话语信息的本意，同时准确地向对方表达自己的观点，构建起关于对象国的知识。另外一种语言能力是间接语言能力，通过非对象国语言的第三方语言来获取、传递信息，这往往也是很重要的语言能力。提起日本文化，我们马上就会想到鲁斯·本尼迪克特的《菊与刀》，这是一本文化人类学的经典名著，被学界赞誉为至今难以超越的"现代日本论鼻祖"。但是，大家都知道本尼迪克特既不会日语，也没有去过日本，她是以间接的方式，即依托英语实现与在美日裔的直接交流，阅读英文的日本战俘审讯记录和英文的日本报纸，观看英文的日本影视资料等，以此获取了大量有关日本的信息，深刻剖析了日本民族性格的双重性，塑造了美国人甚至日本人自己关于日本的认知。由此可见，如果我们对非洲、拉美、中东等国家和地区进行研究，在不掌握当地的语言或方言的情况下，可能需要借助英语、法语、德语等间接语言与对象国相关人员开展直接交流，接触研究对象与资料，以此进行扎实的研究，产出优秀的成果。当然还可以借助中文资料研究，这就迫切需要改变区域国别资料翻译不足、中文资料严重匮乏的现状。整体上看，语言能力是区域国别研究的基础条件和基本能力。

与语言能力相辅相成的是田野能力。如果说语言是获取知识和重新构建知识的工具，那田野就是获取知识和重新构建知识的材料情景。只有实现工具与材料情景的碰撞打磨，才可能生成新概念、新理论、新发现、新知识。田野能力也分为两种，一种是实地田野调查能力，顾名思义，就是通过"直接观察法"的研究实践对信息进行收集和辨别。例如，上海外国语大学的汪段泳老师及其团队就在巴基斯坦、阿富汗开展实地田野调查，已经坚持了3年多，在新冠肺炎疫情下更显得难能可贵。通过直接接触巴基斯坦、阿富汗的社会和民众，或直接与阿富汗政府官员对话，其获取信息的可靠性就远远高于通过其他国外媒体掌握的关于阿富汗的二手信息，甚至还可以鉴别乃至影响这些国外媒体发布的信息。上海外国语大学还有学者和学生在非洲、印度及东南亚、中亚、中东和欧洲等地开展时间长短不一的实地调研。这种实地田野调查能力的获得大部分是通过田野实践，而不是通过书本教学，但这绝不是说在田野语境下书本不再重要。这里要说的第二种田野能力就是"案头田野"的能力，即通过对人类所积累的既有知识文献的梳理和辨析，也可以同样获得非常有价值的对象国有效信息，通过对大量资料的比对达到辨伪求真的效果。前述本尼迪克特就是在大量"文献田野"的基础上建立起关于日本文化特性的学理框架。我最近在翻阅陈福康教授的《中国译学史》，他是做鲁迅、郑振铎研究的大家，并没有做过系统的翻译实践，但仍然能写出学术价值非常高的《中国译学史》，为中国翻译的历史著书立传。他为了写这本书阅读了大量翻译史的相关资料，该书的参考文献就达500多种，我相信他实际阅读的书比这个还要多很多。当然，这两种田野能力不是对立的，而是互补互辨的。古人说，既要行万里路，也要读万卷书，就是这个道理。

区域国别学的人才培养和学科建设除了需要具备两个能力，还需要具备三个基础，即历史基础、哲学基础和地理基础。

一是历史基础。没有历史基础，区域国别学就不厚重，仅关注于浮在问题表面的"象"，难以切入问题底层的"理"。就拿现在最热的议题——俄乌冲突来说，如果只看到今天俄罗斯动员了多少后备军人，明天乌克兰得到了什么新式武器，而不完全了解俄乌历史恩怨、斯拉夫人迁徙历史、中东欧土地上王国兴衰的历史演变，以及冷战后美苏（俄）围绕北约东扩的较量过程，是不能洞见俄乌冲突的矛盾根源并对冲突走向进行研判的。中国做学问的传统尤为重视"史学"，讲究"以古为镜，经世致用"。史学不仅是各种学说的底蕴土壤，甚至被认为是智慧的集大成者，中华文化一切学说、道理都寄托于中华上下五千年的历史之中，这样说毫不为过。这体现了中国智慧中的历史洞察力，对我们现在做区域国别学人才培养和学科建设也有着重要的指导意义。自西方现代社会科学东进以来，我们做学问、搞研究、培养学生，方法论讲得多了，历史讲得少了；抽象讲得多了，具象讲得少了，这是失之偏颇的。近些年来，这一局面已经有所扭转。习近平总书记曾指出，几千年来人类积累的一切理性知识和实践知识依然是人类创造性前进的重要基础，历史是最好的教科书。人们越来越认识到"无史不成今，无史不立国"，没有系统扎实的历史知识，很难建立起区域国别学科，很难培养出优秀的区域国别学人才。

二是哲学基础。没有哲学基础，区域国别学就不深，仅关注浮在问题表面的"形"，难以触及问题深处的"意"。现代社会科学尤为推崇哲学，认为哲学是学科之母，是总结和引领各门学科知识的一门学问。哲学所关注的本体论、认识论必然作用于我们的区域国别学人才培养和学科建设，而且可以说是终极关怀性的问题。有一种观点认为，西方哲学发展脉络非常清晰，从泰勒斯到赫拉克里特，到亚里士多德、奥古斯丁，再到笛卡尔、康德，都专注于严密逻辑系统的推理，而东方哲学、中国哲学看起来比较散，甚至难以归纳出一些核心元素支撑起中国哲学这一概念。中国作为国别、作为民族、作为文明，与普遍认为的哲学去语境化的努力之间天然存在着一种张力。这种看法是片面的。这里暗含的一个前提是西方哲学本质与现象二元对立的传统放之四海而皆准，并以此审视中国哲学。这显然是缘木求鱼。必须以中国思想自身的逻辑来塑造中国哲学。中国哲学的核心元素不是"本原""逻各斯""是否"，而是"阴阳""天下""道"，差之千里，又相辅相成。所以，我们进行区域国别学人才培养和学科建设时，中国是出发点，外部世界是对象，我们必须要学贯西方哲学和中国哲学，乃至印度哲学等其他文明的哲学，促成西方哲学、中国哲学等多文明的哲学平等对话，才能够实现对外部世界相对正确完整的认知。

从哲学角度看，我们研究区域国别也是自我认识和讲述的互动过程，是在我们与区域国别间建立起关联，两者互为对象，相互参照。哲学不仅是方法，也是精神，能给区域国别学注入灵魂。

三是地理基础。没有地理基础，区域国别学就不实，仅关注浮在问题表面的"变"，难以发现问题基础的"常"。一方水土养一方人，若欲知其人、识其事，须知其人文和地理环境。从学术史的角度来看，区域国别学的发展史就是一部地理发现史。随着人类社会活动的增加和科学技术的发展，不同民族、国家和文化的外在地理空间不断扩展，不断相互塑造，形成紧密的地球村。在这个地理空间扩展的过程中，对外部世界的探索是推动形成区域国别学的地理前提。从现今概念看，唐玄奘口述形成的《大唐西域记》就是一部典型的基于地理学的区域国别学文献。我在办公室里挂了几幅地图，有世界地图，也有中国地图，还有"一带一路"地图，现在因疫情而实地田野调查有困难，只能先"纸上谈兵"，写东西的时候我常常会参看一下地图。一方面，地图是区域国别最直观的表达，区域在哪里，国别在哪里，两个地方之间有多远，隔着多少高山河流，一眼就能看个大略，手掌一丈量就能大概换算出个距离；另一方面，地图非常有助于对整体形势做一个总的判断，现在我们都谈"格局要大"，地理就是格局最直接的体现。以俄乌之间的冲突为例，通过看地图马上就能注意到离得不远的西欧、高加索和中东地区，视野放远一点就是美洲、非洲、亚太地区，这些地区不管是在地理上还是在政治上都是密切联动的，打牢地理学基础可以强化我们区域国别学人才培养和学科建设的科学性与整体性。这是现阶段我们区域国别学人才培养和学科建设没有引起足够重视的环节，开设地图学课程很有必要。

除了两个能力和三个基础，我还注意到的区域国别学学风问题。2021年12月，国务院学位委员会将区域国别学纳入第14类交叉学科一级学科目录后，关于区域国别学学科建设的讨论越发深入，研讨会也很多。像我们今天在上海大学开的这个大会，这些热烈讨论和思想碰撞对区域国别学学科建设非常有意义。在区域国别学学科快速发展的形势下，特别要注意的是"严"的学风：区域国别学人才培养要严格，区域国别学学科建设要严谨，区域国别学的决策咨询建言更是要严肃。在具体工作中"严"的学风主要体现在两个方面：一方面是要有"数据"，区域国别研究对象各个方面的数据。现在谈到区域国别的内容，定性判断的多、定量分析的少，基础信息多、动态信息少，历史数据多、实时数据少，这些都非常不利于区域国别学学科建设。从根本上说，没有数据支撑，我们的很多结论就会显得"不实"、虚泛，站不住脚。另一方面是要有"案例"，区域国别研究对象的典型案例。社会科学不同于自然科学，不是从数据到数据的计算科学，社会科学中的规律要有强烈的相对性和主观性，因此还要有鲜活的案例，而且要注意寻找和剖析那些影响力大的、有代表性的、有示范效应的典型案例，讲明白、说清楚，否则容易流于"空对空"的夸夸其谈，说起前因后果来，道理满天飞，大谈主观能动性，等到需要解决实际问题出主意的时候，就退避三舍强调客观困难。总之，只有点面结合，数据和案例相互验证，科学严谨地推进区域国别学学科建设，这个学科才能够行稳致远。再者，既然是交叉学科，区域国别学是外语、国际关系、历史和经济等人文社科，甚至是自然科学多学科的有机综合，是用多学科的方法解决区域国别知识建构中的问题，即，问题是出发点，解决问题是目的，过程是运用不同学科的方法，是多学科的"多兵种作战"，而不是简单的某一学科延伸后形成的"新的学科增长点"。当前区域国别研究热潮中的一些现象需要冷静考虑，比如一些外语学科同仁认为，搞文学或语言学不太容易出成果，区域国别研究要求不高，是学术发展的捷径，这一认识谬甚！区域国别多学科研究方法的要求意味着其学术起点更高，仅就语言能力和田野能力两项基本功而言，非坚实的功夫是难以实现的，而这是有价值、有质量的区域国别学成果的"基础设施"。

上海外国语大学区域国别研究起步较早，1980年就成立了苏联研究所和中东文化研究所，成为国内最早从事区域国别研究的高等教育机构之一。2000年中东研究所被批准为教育部人文社会科学重点研究基地，是国际知名、国内领先的区域国别研究机构。2014年，学校提出要在人才培养和学术研究方面重视区域国别课程建设和学术研究。2016年，学校第14次党代会正式将学校的办学愿景确立为"建设成在国别区域全球知识领域特色鲜明的世界一流外国语大学"。上外是国内较早将区域国别研究作为学校整体发展战略的高校。这些年来，上外坚持这一办学愿景，在区域国别研究和教学领域不断实现新的突破，开创新的路径，构建新的体系。2018年，在教育部、上海市政府的大力支持下，上海全球治理与区域国别研究院落户上外，纳入上海市服务"一带一路"建设桥头堡计划，成为部市共建重点项目，得到教育部明确"要加大支持力度，使其充分发挥示范引领作用"的指示。经过这几年的发展，上海全球治理与区域国别研究院和上外的区域国别教学研究已经初具雏形，取得了一些具有代表性的成果。近5年来协同多学科、跨专业和院系建立起了比较完整的本硕博课程体系，立项各类区域国别研究课题200多项，发表学术论文和报刊文章4 000余篇，出版专著140多本，在海外媒体发表评论文章200余篇。智库和决策咨询工作也取得显著进展，一系列区域国别类研究报告被各级决策部门采纳，发挥资政、咨商作用，成为上外区域国别建设的标杆性成果。2019年12月，受教育部国际合作与交流司以及高校国别和区域研究工作秘书处的委托和支持，全国高校国别和区域研究学术年会在我校召开。这是自2011年教育部启动国别和区域研究工作以来召开的第一次全国性学术年会，来自全国158所高校400多家国别和区域研究中心的负责人及专家学者参会，区域国别学渐成众人拾柴之势。2021年，学校第15次党代会再次强调了"建设成在国别区域全球知识领域特色鲜明的世界一流外国语大学"的奋斗目标，进一步提出"国别区域知识体系"构建和国际传播在学校发展中的战略意义，全面推进上外区域国别研究和教学向"中国特色、世界一流"的行列稳步迈进。

虽然我国系统的国别和区域研究源远流长，从《大唐西域记》算起已有1400多年的历史，但区域国别学还是比较新的事物，并且随着我国与世界的互动日益密切而快速成为广受重视的、充满热情的学科领域，成为国家的战略需求和很多学人追求的事业。既然是国家需求和个人事业，就需要多学科形成合力，协同合作与热情投入必不可少，扎实的基本功与严谨的学风也同样必不可少。

（本文曾发表在《当代外语研究》2022年第6期。）

世界持续和平与发展需要人类文明新形态

2022年即将过去，它将因俄乌冲突、新冠肺炎疫情大流行、气候危机、难民危机、美国集团"再强权化"、世界政治军事化、国际经济政治化等事件和主题载入史册，成为危机年、巨变年，也是各国和世界寻找出路的一年。世界再一次来到十字路口，年底时刻新旧交替，需要人们暂时停歇一下，回望走过的路，理清前进的方向。接下来，我将结合本次会议"包容、共享和全球可持续发展"的主题就人类文明新形态以及基于人类文明新形态推动世界持续和平与发展问题谈一谈自己的看法。

（一）世界持续和平与发展面临巨大挑战

危机巨变的2022年推动国际政治从"和平与发展"的主旋律朝着"战争还是和平"的主题转变，远离主要工业文明区域的战争再次猛烈地回归，对人类未来的悲观也遮蔽着全球，预测这一年是以往最糟的一年，也是未来最好的一年的分析家大有人在。

我们已经习以为常的规则正在从根本上被摧毁，国家中心主义在回归，基于零和博弈理念的地缘政治在回归，民族主义和民粹主义在回归，冷战思维在回归，"大国政治的悲剧"似乎难以避免，有序的、共赢的、有效的、持久的合作正在渐行渐远。一方面，美国等西方国家安全公共产品供给的能力和意愿同步下降，全球安全治理体系明显过载，集团政治和军备竞赛卷土重来，国际安全风险的多样性、联动性、普遍性特征更加突出，新的脆弱点、冲突源、动荡带不断涌现，人类持久和平的基础遭到显著削弱。另一方面，正如惠誉国际信用评级有限公司所指出的，全球贸易战、新冠肺炎疫情和俄乌冲突的三重危机叠加，导致当前世界经济"可能处于二战以来最具经济破坏性的时期"。受此影响，全球产业链、供应链、价值链的脆弱性显著提升，世界经济复苏更加失衡，东、西和南、北矛盾同步增加，各国内部经济和社会矛盾加剧，人类可持续发展的基础遭到严重削弱。联合国发布的《2022年可持续发展目标报告》指出，气候危机、新冠肺炎疫情和世界各地日益增多的冲突使17项可持续发展目标全部处于危险之中。2022年全球难民人数达到创纪录的103 000 000人（1亿零300万人）。俄乌冲突加剧了最贫困人群面临的粮食短缺问题，新冠肺炎疫情加深了全球教育危机和教育领域的不平等，发展中国家的债务负担进一步加重，撒哈拉以南非洲的国家债务与国民总收入的比率急剧上升。

  整体而言，全球范围内的"和平赤字""发展赤字""治理赤字"以及"信任赤字"不断滋长，冷战后各国得以巩固信任、加强合作的和平繁荣景象，其存在显得过于短暂，这一年新冷战在强行推动新冷战的政客的否认中成为客观现实，人们对"无序世界"的担忧和恐惧与日俱增。有美国学者认为，当今世界格局与第一次世界大战前极为相似，世界有进入新一轮热战的巨大危险！

（二）世界持续和平与发展需要人类文明新形态

  两千多年前，古罗马的诗人感叹"人对人是狼"（*homo homini lupus*）的时候，他们相信人与人为牟取各自利益会尔虞我诈，英国人霍布斯由此奠定了西方"所有人对所有人战争"(bellum omnium contra omnes)的政治哲学基础。尽管按照这一学说，人与人的战争本能经由国家制度得到限制，个人在国家中实现其生存利益，但国家与国家之间却始终难以避免为实现和扩大利益而进行的无序争斗。丛林法则，强权为王。这样的信念至今体现在美国对外政策中"和平源于力量"(Peace through Strength)的原则上。北约最新战略中也强调，"让军事同盟更强大"(Making Alliance Even Stronger)。以美国为首的西方集团似乎在表达，只有通过强大的军事力量才能获得和平。的确，历史地看，自兴起于欧洲的工业革命起，跨大西洋西端不断壮大，成为世界文明在物质、精神和安全方面的主导者，借助炮舰以资本主义的生产方式向全球输出其制度，为世界建立规则，信奉唯其是尊的国际文化和政治原则。

西方的模式为人类带来了繁荣，也造成了深重的损伤。在人与自然的关系上，消费导向、利润驱动、资本控制的社会大生产方式几百年来无限制地攫取自然，利益最大化的过程也是对自然最大程度的破坏过程，导致当今世界进入空前的生态危机。在人与人的关系上，财富制造和财富持有失去平衡，贫富两极分化日益严重，导致欧美国家社会分裂。在国家与国家的关系上，利益至上、强权为王、唯我为先、唯我独尊的观念曾经给世界许多民族和国家带去剥削和压迫，近年来又在快速复兴，国家和国家集团对绝对安全的追求导致冷战后最危重的俄乌冲突，而且战争仍在欧洲——欧洲与北美之间不断升级，其对生命和世界秩序的毁坏程度还难以估量；国家和国家集团推行绝对价值正确，导致制度之争达到冷战至今的顶峰，世界处于意识形态冲突险境。西方主导的模式在呈现出历史的优越性之后，也积累了深巨的社会张力，并将此外溢到其对外关系中，波及世界秩序，世界正变得日益不稳不安。

一个形象的事件是，欧洲依然以其制度吸引着世界各国的人民前往，有些人到达了欧洲，开启"欧洲式生活"，成为新欧洲人，甚至主导一些欧洲国家政权；有些到了欧洲，但他们多数处于政治和社会的边缘，是"客籍工人""福利游客"，或是难民；有些再也不能到达，他们在赴欧洲追求心中幸福的路上失去了生命，过去5年，25 000多条生命在逃往欧洲的路上永远消失了。欧洲使一些人实现了梦想，又使更多人的梦想毁灭。该反思了！

从文明形态演化的长时段视角看，人类正处于又一次"全球转型"的关键节点上。英国国际关系学者巴里·布赞（Barry Buzan）曾经指出，当今世界的基本面貌是由以工业化、理性国家建设和"进步"的意识形态等三要素为内核的19世纪全球转型所导致的深刻变革塑造的。在某种程度上，人类还处于"超长的19世纪"之中。但西方主导的发展模式现已走到极限并暴露出其日益难以克服的弊端。工业社会开始向后工业社会转变，理性国家逐渐被民粹主义、极端民族主义绑架，进步主义意识形态日益极化。从历史的长时段看，在"东升西降"的"势变"作用下，过往数百年由西方主导的"中心—边缘"格局开始日益"去中心化"，人类需要在新的历史转折点找到替代西方中心主义发展路径的文明新形态。超越民族-国家视野，基于全人类共同价值和人类命运共同体的基本立场，创造共通性和独特性相统一的人类文明新形态，是化解当前多重危机的一个可能方法。

（三）基于中国先哲思想的文明新形态具有普遍主义价值

中国的先哲两千多年前提出"人之初，性本善，性相近，习相远"，他们把注意力集中到使人向善的教育和修养上，坚信以此可以使国家达到善治，并由此实现天下大同。"远人不服，则修文德以来之"，"以德服人，天下欣戴，以力服人，天下怨望"，这些信念在华夏大地生生不息，绵延千年，在现如今新时代中国"为人民谋幸福，为民族谋复兴，为世界谋大同"的政治理念中，人们仍能感受到华夏悠久文明的勃勃生机。习近平主席提出"构建人类命运共同体"，有着深厚的中国文化历史渊源。

同时，"人类命运共同体"也是以《联合国宪章》为基础，以现行国际秩序和全球治理体系为基础，它强调人类是不可分割的安全共同体，是互利共赢的发展共同体，是将人类作为一个整体携手应对全球挑战的利益共同体。在百年未见之剧烈的全球性挑战面前，人类更加命运共同。由此可见，人类文明新形态不仅具有民族传统根基，同时也具有世界历史意义。曾经借鉴世界各国现代化经验的中国式现代化也通过自身的改革开放实践创造了新的路径、新的经验，同样也可以为世界各国基于自身的国情自主选择使用。

与中国式现代化同构的中国式文明观认为，"没有任何一种文明能够凭借一己之力谋求自身的绝对繁荣"，独守文明"安全的孤岛"，只会给人类文明带来难以估量的灾难。因此，尊重人类文明的多样性，倡导文明交流互鉴，进而实现共同繁荣，才有可能建立"真正的共同体"。

这一文明新形态不仅仅包含了系统的全球治理观，也蕴藏了可操作的合作议程。中国领导人站在世界发展大势和维护全人类福祉的高度，结合马克思主义理论、当代中国实践以及世界人民对安全和发展的诉求，郑重提出了全球安全倡议和全球发展倡议。

中国坚持安全和发展优先，回答了和平与发展是否仍然重要的时代之问，明确了和平与发展仍是当今世界的核心，强调了二者构成了解决一切全球治理问题的总钥匙；反思了西方中心主义，提出了以共同、综合、合作、可持续的安全观和包容、共享与可持续的发展理念，实现了从"国际安全""国际发展"向"全球安全""全球发展"的范式转型。

在此意义上，人类文明新形态是中国站在人类文明发展新的历史起点上，弘扬中国先哲的思想文化，结合中国改革开放实践经验，为其他文明发展、为人类文明共同进步提供的可能选择。

（四）推进基于文明新形态的全面合作需要国别区域全球知识的战略支撑

全球安全和全球发展问题涉及多个学科、多个领域，涉及在具体国别和地区的落地落实。没有可靠、可信的区域国别知识做支撑，很难做到精准实施。换而言之，世界持续和平与发展需要人类文明新形态，而基于人类文明新形态促进不同国家、不同地区之间的文明互鉴及务实合作都离不开区域国别知识的支撑。因此，我建议把区域国别研究和全球安全及全球发展研究作为一体两面、相互支撑的研究范畴，中外合力加强知识交流，真正跨学科、多视角地共同使全球安全及全球发展问题在理论和实践层面上提质增效。

我所在的上海外国语大学的特色之一是培养"会语言、通国家、精领域"的区域国别学人才和开展区域国别学术研究与国际合作，追求"诠释世界、成就未来"的远景，即在探究世界、与世界互动相识中，成就我们学生的未来，为国家发展和人类进步做出贡献。2018年在教育部、上海市政府的共同支持下，我们成立了上海全球治理与区域国别研究院，作为上海地区的平台，服务于上海高校和研究机构在区域国别研究和人才培养方面开展交流与合作。上海是中国改革开放的排头兵，致力于建设国际大都市，上海外国语大学期待着与全球区域国别学共同体的专家、学者、高校合作，增进相互认知，为世界持续和平与发展做出贡献。

（本文根据笔者 2022 年 12 月 18 日在北京外国语大学全球区域国别学共同体研讨会上的发言整理而成。）

浅论区域国别学的功能与建设路径

关于我国区域国别学科的内涵、外延、功能和建设，各方展开了广泛讨论和深入论证，学界的基本共识与政策层面的总体要求比较集中地呈现在国务院学位委员会办公室和教育部发布的两个文件中：一是2022年9月发布的新版《研究生教育学科专业目录（2022年）》，二是2024年初发布的《研究生教育学科专业简介及其学位基本要求（试行版）》。随着第一批学位点的设立，我国区域国别学交叉学科就进入了机制性建设和发挥作用的阶段，上述两个文件是学科建设发展的出发点。本文围绕区域国别学的功能和路径对学科点如何建设做简要讨论。

（一）区域国别学交叉学科建设的基本内涵与功能

学界的基本共识是区域国别学作为交叉学科具有很强的战略性、综合性和集成性特点，是一门围绕国家战略发展和战略传播需求，服务中国与世界各区域和国家互动、服务中外文明交流互鉴、服务人类命运共同体建设，以全球各区域各国家即外部世界的普遍性和特殊性、趋势和相互关联为研究对象的学科。它发挥不同学科的理论、方法和知识之长，通过对对象国家和区域的政治、经济、文化、社会与对外关系等领域进行综合性、专题性和比较性研究，在应用和积累的基础上，形成区域国别学的知识体系、理论体系、方法体系、培养体系和服务体系。支撑整个学科体系的主干领域是区域国别学的理论与方法，对目标国家和区域的综合研究、专题研究和比较研究，中外文明交流互鉴研究以及全球和区域治理研究等。与欧美等地多数国家的区域国别学偏于地缘政治的内涵理解不同，中国区域国别学二级学科中设立了中外文明交流互鉴。它有别于欧美区域国别研究的创建和发展是为了满足殖民扩张与帝国霸权的需求这一历史事实，体现出了中国对共建人类命运共同体的政治主张和价值追求。在学理上，彭树智提出的"文明交往论"和"文明自觉论"，阐述了当代中国对国与国关系"由对立、对抗走向合作与对话"的理想，体现出中国传统文化中世界大同的理念。出于这一考虑，教育部发布的相关文件中，"区域国别学"的英文翻译没有采用学界习惯使用的、源自美国战略和情报部门在20世纪50年代推动的概念"Area Studies"，而是创译英文为"Country and Region Studies"。这一"创译"和"正名"经过法学界和翻译界多位专家的反复论证，得到较为一致的认可，最终体现在政策文本中。有学者担忧政策文件规定的区域国别学只在经济学、法学、文学和历史学范围内交叉是否范畴太窄，或者担忧区域国别学学科边界不够清晰的问题会影响其发展路径。客观地看，上述四大学科门类包含10多个一级学科及90多个二级学科，诸如法学门类就包括法学、政治学、社会学、民族学、马克思主义理论、公安学等多个一级学科，其中政治学一级学科下又设有政治学理论、中外政治制度、科学社会主义与国际共产主义运动、国际政治、国际关系和外交学等8个二级学科。这些学科资源为区域国别学交叉发展提供了很大空间。此外，2024年《研究生教育学科专业简介及其学位基本要求（试行版）》还提及了区域国别学与更多学科如教育学、民族学、地理学、管理科学与工程、工商管理学、公共卫生与预防医学、环境科学与工程学科交叉的可能性。这样做的目的在于对特定国家和地区进行研究的过程中，能够让现有各学科发挥所长，共同聚焦于某区域、某国别，形成多学科的研究合力，发展集成出新的知识，构建中国区域国别自主知识体系，实现区域国别学的功能。这一知识体系应有的整体性不应被学科特殊性所割裂。约翰斯顿（R. J. Johnston）认为，"把知识分解为各种学科是人为的，而且在某种程度上是武断的"。这一点值得学界在讨论学科内涵和外延时充分关注。学界越来越普遍的共识是关于自然和社会的知识本身是整体的，学科分野不是为限制人对自然和社会的认知，而是为深入、精确和系统探索提供理论和方法指引。过度学科化思维将导致认知孤立，只见树木不见森林；过于学科化的建设可能使区域国别学处于四分五裂的状态，各相关学科各自为战，难成合力，无法获得关于国别和区域的整体知识，或是处于孤军奋战的境地，一个学科点看似包含了多个学科，自成一家，但最终难以走出以往区域国别研究"小而散"的窘境，获得的国别和区域知识也可能支离破碎。学科是否有生命力取决于其解决现实问题的作用，对于区域国别学而言首先是其支撑决策、培养人才的贡献度。

（二）区域国别学交叉学科建设需要创新人才培养模式

古今中外，区域国别研究已经有很长的传统，但把区域国别研究、相应的人才培养和服务决策统合在一起作为系统的学科来建设促进，则为发端于近现代的欧洲，兴盛于二战之后的美国，其历史并不太长。其中，系统的、跨学科的人才培养是标志性的特征之一。建设好我国区域国别学需要创新人才培养模式，配置高水平的师资和建设高质量的课程体系是基础，目标是培养有坚定政治定力的"国别通""区域通""领域通"的人才。北京大学钱乘旦教授提出，课程表是关键。一张课程表展现出来的是学科点人才培养的目标、路径和支撑系统，从中可以看出是否为此实现了各相关学科的内容交叉，各相关学科的师资是否实现了人员交叉，培养过程是否理论与实践密切结合，学生的田野工作能力是否得到充分训练，培养目标是否能够实现"国别通""区域通""领域通"。交叉学科的专业课程要在经济学、法学、历史学和文学等"母学科"中有所侧重，确立专长，使学生能够"一专多长"，避免泛而不精、博而无长。实现"一专多长"，需要各学科点统筹谋划，突出各自的特色和优势。以文学学科门类为例。文学是区域国别学的"母学科"之一，其下设一级学科中国语言文学、外国语言文学和新闻传播学的理论、方法和知识对研究国别和区域有重要价值。从认识论和知识论的角度看，语言文字具有描述和建构功能，人类以此认识已有现象，预测未来事件，由此产生定义现在和叙事未来的行为。人对客观物质现象的认知、对主观精神活动的感受、人的认知过程和知识世界均在语言中形成和存在。从区域国别学角度看，语言就是嵌入对象国家和区域政治、经济、文化、社会各领域中的符号；掌握其语言，就等于获得解读这些符号的密码，打开了进入研究对象的大门。在语言教学实践中，外语学习就要在听说读写译的传统交际工具式教学的基础上更进一步，把相关语言学习与它承载的内容和意义融合在一起进行，让语言成为观察和感受研究对象的学术资源，成为与研究对象建立起密切互动关系的社会资源。通俗一些说，区域国别学框架内的外语教学不再是主要教授听说读写译的语言工具课，而是要与专业课的内容密切结合，植入外语、外国和外交应用场景和知识背景，使培养出的人才能够用相通的语言展开专业交流，做到"听得懂、说得清、谈得来、写得出"，成为"精语言、通国别、会专业"的区域国别人才。这意味着，在外语课中融入区域国别学专业内容，以及在专业课程中借助语言功能，将使语言的交际功能、学术功能和社会功能统一起来，呈现出区域国别学课程体系的显著特色。语言类高校建设区域国别学可尝试从"区域国别学语言学派"的角度系统规划，办出自己的特色，为国别研究、国际传播和相应人才培养做出特色贡献。从文学门类拓展到其他"母学科",是否可以设想有区域国别学的"经济学派""法学派""历史学派"?我认为是可以的。各学科点应做出尝试,在建设区域国别学学科中创立各自的特色,达到培养"一专多长"人才的目标。

(三)区域国别学交叉学科需要有服务实务决策的意识和能力

与我国学科体系内现有的一些传统学科建设显著不同的是,区域国别学既要解决学科问题,又要及时、准确、有效地回应政策层的决策需要。因此,推动学科建设和发挥学科决策作用相伴而生,一并成长,是这一学科发展的显著特点和基本任务。与以往学科建设不同之处还在于,区域国别学建设需要综合配置资源,综合协调资源,形成合力,后者甚至更大程度上决定了学科建设效果。这意味着区域国别学建设从一开始就要在学科点内有序推进人才培养、决策服务、机构建设和制度健全等诸项协作,各相关学科、院系所,各行政环节和机构要密切协同;在学科点外,要有效建立与实务部门的制度性沟通与协作渠道,以实务决策需求为导向,推动学科的基础和应用研究,以及在此过程中培养人才。在学科交叉、院系所协同、跨机构协作基础上建立这样一个区域国别研究、人才培养与决策服务"三位一体"的架构,是构成区域国别学学科功能结构的核心之所在,是建设好这一新设学科的基础。这需要学科点所在学校有效地协调各方,鼎力推进。这是学科创建和有效运营的关键,考验着学科建设运行单位的整体资源调配能力和效率。若在这点上缺位,尤其是若不形成学科建设的管理实体,学科建设就很难落到实处。同时,交叉学科的特点又要求区域国别学的实体是一个开放和集成的平台,使校内相关学科和院系组织区域国别研究和人才培养成为可能。一方面,学科点和决策组织者要领会悟透区域国别学建设的目标要求和指标路径，对照政策文本的要求施策是迫切需要做的功课；另一方面，具体实施者也要勤于通报，主动沟通，让决策者和协作者及时了解情况，共同推动工作。区域国别学作为交叉学科兼顾科学研究、人才培养和决策服务，具有鲜明的基础性、政策性、应用性和组织性，这与传统上基于学科本位的高校人文社科自主科研活动方式有较大不同，需要管理者和参与者改变理念、创新机制。对研究者而言，学科性研究和决策性研究有很大区别，各有不同的研究范式：学科性研究要说理，得出的结论需要逻辑自洽、自圆其说，是长周期的基础研究；决策性研究要说事，把事说清、说准，所提建议要基于事实逻辑，是"短平快"的时效性应用研究。区域国别学者还要从事时事性应用研究，及时准确向公众提供各国各地区正在发生的事件的信息和分析观点，为培养大国公民的家国情怀和全球视野提供服务。当然，两种研究相互关联着，没有扎实的基础研究，就无法开展有效、可信的应用研究；没有长期积累，很难形成对特定国家与区域的系统知识积累，很难在众多事件中把握本质，看到趋势，准确地说明事件、展望趋势、提出建议。优秀的区域国别学者应是二者兼通，擅于在研究的团队中取长补短，自觉地在问题中确定主题，有组织地开展协同和集成研究。两种科研活动需要有区别的科研能力、成果评估和激励体系，这对当前以传统学科研究为主的管理体系是一个很大的挑战。建设好区域国别学需要各学科点和各相关高校协同合作，共同发展，形成高水平的全国性区域国别学学术共同体。在这方面，北京、上海都有著名的智库可以依托。比如，上海国际问题研究院是有重要影响力的区域国别学重镇，经常有外国领导和著名学者造访该院，开展交流。为更好、更大范围地发挥"国际交流资源"的作用，上海国研院每有重要来访，均邀请上海各高校和研究机构的学者参与其中，一起与外国专家深入地讨论交流，开展二轨外交，为上海地区区域国别研究营造了珍贵的协同环境。上海国研院模式既服务于国家总体外交，使外国政要或专家更深入地了解中国，也为更多区域国别学者创造了在地"田野研究"的机会。这一模式也说明田野研究既可以在对象区域和国家进行，也能够在"自家门口"开展，利用与各类来访、留学、工作的国际人士交流合作的机会开展区域国别研究。作为交叉学科的区域国别学建设刚刚起步，其内涵与功能路径需要在建设中不断探索、完善。本文挂一漏万，供参考批评。

（本文曾发表在《国际观察》2024年第4期。）

— 下 篇 —
高等外语教育管理

第五章

高等教育管理

以党建引领发展　培养"多语种+"卓越人才

习近平总书记指出,坚持马克思主义,坚持社会主义,一定要有发展的观点,一定要以我国改革开放和现代化建设的实际问题、以我们正在做的事情为中心,着眼于马克思主义理论的运用,着眼于对实际问题的理论思考,着眼于新的实践和新的发展。马克思主义中国化的过程就是不断解决实际问题的实践过程。高校的党的建设把对"立什么德""树什么人"贯穿于学校全部工作。进入新时代,提高我国参与全球治理能力,加强全球治理人才队伍建设,突破人才瓶颈,做好人才储备,我们要大力培养"会语言、通国家、精领域"的"多语种+""+多语种"卓越人才。党的建设一定要**与中心工作有机结合,与师生发展有机结合**;所谓有机结合,不是简单地用党建工作"配合"中心工作,也非机械地"整合"既有块面工作,关键是"融合",通过党建最终形成风清气正的氛围和文化,形成师生行动的自觉。

坚持高校党建的整体性,深入推进协同育人。高校的党的建设要围绕"立德树人"这一根本任务开展,党的建设成果集中体现为学校发展的文化风气,体现为师生行动的自觉。一是把党建工作与思政工作、教学科研、学科建设、国际化办学、智库建设、文化传承创新、管理服务等同部署、同落实、同考核,协同推进,增强各项工作的育人功能。党的工作必须有机融会贯穿于各项工作之中,党的建设从根本上是为推动和保障学校中心工作和师生发展服务,一定要克服"两张皮"，杜绝形式主义；所谓同部署，不仅是同步同时部署的意思，更是融入，是有机结合，紧紧围绕谁来抓、抓什么、怎么抓，采取扎实有力的措施，将全面从严治党的要求和责任落实到每条战线、每个领域、每个环节，层层传导压力，认真压实责任。**抓党建关键是看中心工作的落实成效，看师生的满意度，不在于一时的热热闹闹、一事的轰轰烈烈，而是要建立起长效机制，持续起作用，通过加强党的思想、组织、作风、干部队伍等建设，把方向、稳大局、促改革、调结构、保落实、惠师生。**二是提高基层的党的建设的针对性和有效性，基层组织要与学校党委"同频共振"。在传承提升好的做法和经验的同时，基层组织须适应新形势新任务新要求，坚持问题导向，不断创新方式方法，不搞"单打单"，力戒"空对空"，通过解决问题提高党建效能，通过党建形成行动的自觉；谈工作不谈是非，谋发展不谋恩怨，通过党建最终形成风清气正的氛围和文化，使党的建设与中心工作有机结合，相互促进，共同发展。随着人类对语言本质、语言获得、语言应用等研究的深入，高等外语教育迎来新机遇：一是教育理念的革新为"多语种＋"卓越人才培养机制创新提供了理论支持和现实动力；二是互联网技术极大地丰富了教学手段，提升了多语教育教学的效率，为个人提升多语能力提供了物质支持；三是外语基础教育的迅速发展对高等外语教育的转型升级提供了现实基础；四是语言智能等的进步对高端外语人才培养提出了新需求。高等外语教育亟须通过转变教学理念、规划教学语种、创新教学方法、重构教学组织、丰富教学手段、优化教学过程、运用教育技术等全方位进行变革，提升教育对象的语言能力。

坚持高校党建的实践性，不断解决实际问题。"要立足我国实际，以我们正在做的事情为中心，聆听人民心声，回应现实需要，深入总结中国特色社会主义实践，更好实现马克思主义基本原理同当代中国具体实际相结合，同时也要放宽视野，吸收人类文明一切有益成果，不断创新和发展马克思主义。"没有脱离党务的业务，也没有脱离业务的党务。权力为学校发展服务，资源为师生成长配置，高校党建要通过加强业务与党务部门的干部交流、工作交流、活动交流等，促进高校党务工作与业务工作的融合。懂党务会提升、促进业务，精业务让党务更有力、更到位。**要避免两种倾向：一是党务与业务"两张皮"，党务形式化、刻板化、空心化，脱离了业务的党务事倍功半；二是业务与党务貌合神离或者生搬硬套，机械生硬地组合只会适得其反。**要准确把握党务的"虚"/隐性与业务的"实"/显性之间的平衡，"虚""实"结合，"虚"的效果体现为"实"的提升，"实"背后有"虚"的存在。要固本强基，提高基层党组织的凝聚力、战斗力和创造力，强化高校基层党组织和师生党员责任，增强工作的紧迫性、主动性、联动性，通过督促检查，加强培训，开展面对面的指导，切实解决好一些基层党组织不会抓、抓不好的问题，避免把党建技术化、活动化，确保基层党组织建设健康有序发展。时代发展和全球性问题的涌现，使以学科为基础划分专业院系、进行招生和培养这种高等教育的人才培养方式受到越来越多的质疑和挑战，正在开展的新文科建设为高等外语教育的转型升级提供了机遇。一是准确认识教育理念从以学科导向、教师"教"为中心到以专业导向、学生"学"为中心再到以问题导向、课程"建"为中心的变化。围绕时代需求、国家经济社会发展、未来发展方向、新技术最新前沿，从质和量两个方面增加课程供给，包括课程设置、课程内容、授课方式等，以增强课程供给为核心，全面升级人才培养方案。二是科学应对教学理念从知识传授到素质教育再到价值引领的变化。深刻认识课程思政的意义，准确把握课程思政的内涵，科学运用课程思政的方式；促进思想政治理论教学与专业课程教学的有机结合，切实发挥课堂教学作为思想政治教育主渠道的作用。三是主动推进从大类招生到平台课程再到专业设置等各方面的培养理念变化。在"双一流"建设中突出人才培养第一导向，以一流学科建设促进学科交叉融合，带动相关学科关系生长，实施大类招生，拓展平台类课程，科学设置专业。

坚持高校党建的特色性，促进治理能力现代化。建党百年来，经历了革命、建设和改革开放，中国发生了深刻变革，中国高等教育取得了巨大成就，这一切都是坚持党的领导、加强党的建设的成果，而之所以"能"，原因就是我们党始终站在时代潮流的前头，始终坚持用马克思主义观察时代、引领时代，顺应世界大势，掌握规律，科学对待世界各国文化，用人类创造的一切优秀思想文化成果武装自己；始终坚持把马克思主义基本原理同中国具体实际紧密结合起来，要以更加宽阔的眼界审视马克思主义在当代发展的现实基础和实践需要，科学对待民族传统文化，坚持问题导向，坚持以我们正在做的事情为中心，抓住机遇，加快发展，不断开辟马克思主义发展新境界。只有民族的才是世界的，只有引领时代才能走向世界。作为党的建设的重要领域，高校党建是推进国家治理体系和治理能力现代化、构建中国特色现代大学制度的核心内容。高校党建要深刻认识高等教育的普遍规律，自觉地扎根中国大地办大学，把高等教育的普遍规律体现到办学治校的特色中，以特色创一流，结合学校学科特色和专业优势，选准着力点，抓住重点，突破难点，形成增长点。

面对中华民族伟大复兴的战略全局和世界百年未有之大变局，高等外语教育必须勇担新使命，以党建引领教育教学改革，以党建促进学校整体发展，不断提升治理能力，以特色创一流，构建全球高等教育的亮丽风景线。

对接国家战略、推进人文交流：
努力提升高校国际化办学能力和水平

今年是新中国成立70周年，也是上外建校70周年。可以说，上外是在党和国家实施教育对外开放、推进教育现代化的过程中逐步建立、成长和壮大的。自建校伊始，作为"国家队"的一员，上外始终坚持"诠释世界、成就未来"的办学理念，始终把服务国家发展、服务中外人文交流作为我们大学的重要使命，并为此孜孜以求、逐道而行。从建校到改革开放之初，为配合国家外交外贸工作需要，上外先后设立了俄语、英语、缅甸语、越南语、印度尼西亚语、德语、法语、日语、阿拉伯语、西班牙语等语种，主要是培养翻译人才，学校的单科性较强。从改革开放到党的十八大，上外顺应对外开放大势，积极开展与国外高校、科研院所的交流合作，向多科性应用学科发展，先后与60多个国家和地区的400余所大学、科研机构和国际组织建立了合作关系。党的十八大以来，上外的国际化内涵建设取得了新的突破，如成立的中阿改革发展研究中心，招收中国学专业硕博士研究生和"中阿汉语翻译联合培养项目"译员班学员，讲授中国治国理政理念，主动参与构建"有益滋养中国哲学社会科学"的全球知识体系和话语体系；还积极对接"一带一路"教育行动，在中东欧、中亚、东南亚、中东、拉美等沿线重点地区初步完成国际合作战略布局。70年来，上外与共和国同呼吸、共命运，同频共振，休戚与共。

可以说，上外的发展历程，也是中国教育现代化的一个缩影，经历了"跟着走"到"并排走"再到"局部领跑"三个阶段，特别是越来越多的来华留学生攻读学历课程，标志着中国高等教育事业已经步入合作与引领的新阶段。据最新统计，上外共有来自100多个国家和地区的1 927名留学生，其中学历留学生多达951人。

近年来，中国已经成为世界经济增长的重要引擎，对世界经济增长的贡献率持续保持在30%左右，中国的对外贸易额位居世界第二，为世界其他各国提供了更多的发展机遇；中国大力倡导构建人类命运共同体，提出了"一带一路"的伟大倡议，积极参与全球治理体系改革和建设，使中国日益走近世界舞台中央。在新的历史时期，随着中国国际影响力的不断提升，世界渴望对中国的政治、经济、文化、科技、学术、生活等方面深入了解，体现了对中国政治结构、经济体制、人文关系、生活方式等各方面的需求，并呈现出规模大、需求旺、时间久等特征。同时，留学方式也呈现多样性需求，包括攻读学位学历、强化汉语能力、体验中国文化等，也有短期的、长期的。留学作为一个价值综合体，包含人类、国家、高校、个人四个层面的价值追求。其中，推动人类命运共同体建设，提升国家全球治理能力，为解决人类问题贡献了中国智慧和中国方案，这是我们的政治取向；讲好中国故事，传播好中国声音，促进中外人文交流，提升国家软实力，这是我们的政策取向；培养师生的全球话语能力，提升国际化办学核心竞争力，这是我们高校的目标取向；拓展国际视野，增强就业能力，追求美好生活，这是个体的价值取向。从某种意义上讲，留学体现了马斯洛需求层次理论中的"自我实现的需要"。

对此，上外通过"讲、看、做"三步走，实现留学中国、留学上海、留学上外的"三融合"，满足留学生的多层次需求。"讲"就是优化课程体系，开设的英语授课课程每学期保持在10门左右，推出了"中国学""国际关系""跨文化交际""中国媒体与全球企业传播""工商管理"五个面向留学生的全英文硕士学位项目,积极招收区域国别研究等学科的硕士博士留学生。"看"就是实地考察,带领留学生到上海乃至长三角周边地区参观,看中国传统文化,看中国改革开放40年来所取得的伟大成就,看中外人文交流。"做"就是鼓励留学生直接参与到学校科研工作,开放适合留学生的特色研究领域,鼓励留学生参与本土科研,打造中外学术共同体。

推进教育现代化,建设教育强国,是习近平新时代中国特色社会主义思想的重要组成部分。前不久,中共中央、国务院印发了《中国教育现代化2035》,提出面向教育现代化的十大战略任务,并把"开创教育对外开放新格局"作为一项重要的战略任务来抓。目前,中国已成为世界最大的留学输出国和亚洲最大的留学目的国,留学工作取得丰硕成果。仅上外而言,2018届本科生在学期间赴海外交流学习的比例已占毕业生总数的42.5%。

在看到可喜成绩的同时,我们也要清醒地认识到留学工作的短板和不足。借此机会,我提两点建议:

一是进一步重视特色留学。来华留学人员的出发点和愿望具有多层次、多样性的特点,高校自身的特色优势也各有不同,要从重点到特色,从单向到融合,放大"留学中国"的品牌效应。一方面,进一步扩大招收外国留学生资格高校阵容,重点扶持中西部特色鲜明的高校,采取更加灵活的模式,在提高来华留学生供给的同时,进一步增强留学生与高校两者之间的契合度。另一方面,要打破来华留学生的身份管理,强化学科、专业、课程甚至吃住等方面的趋同管理,推进中外学生的交流融合,进一步打造国际化校园,使高校真正成为文化的整体、学术的整体和生活的整体,进而提升高校国际化办学能力。

二是进一步统筹区域化留学。目前,对区域化留学的重视程度仍显不足,高校"单打独斗"现象严重,没有形成区域化留学的整体合力。因此,要整合区域内高校的优势资源,发挥资源杠杆效应,促进融合发展。一方面，要进一步打破区域内高校之间的课程壁垒、教材壁垒、学分壁垒、师资壁垒，使区域内高校的学科、教材、课程、生活设施、学风体系等相互融合统一，并形成联动机制，打造区域化留学的新模式。另一方面，要制定区域化留学的相关标准体系，便于加强管理、指导工作。同时，开展若干区域化留学试点工程，如"留学长三角"工程，积极探索可复制可借鉴可推广的经验，努力把留学工作推向更高更广的台阶，为实现国家战略发挥出更大更强的人才支撑性作用。

（本文系笔者2019年3月22日在"2019中国留学论坛"上的主旨发言。）

高校国际化评价指标

我国高校国际化进程是从学习到合作，再到主动参与、积极引领为世界做贡献的过程。中国高等教育在自身发展起来之后也可以为世界教育贡献中国智慧和中国经验。如果说我们过去更多地在进行"国际化"的实施，现在则要进入"化国际"的阶段，也就是从具体项目到理念层面、思想层面都开始有更多中国声音。例如新冠肺炎疫情期间20多位阿拉伯国家驻华使节访问上海外国语大学，了解中国高等教育、中国大学是如何组织和开展工作的，等等。作为中国高校，我们也有责任去与其他国家分享我们发展教育的一些经验。

教育评价事关教育发展方向，有什么样的评价指挥棒就有什么样的办学导向。大学应该是一个特色鲜明的教育机构，而不是一个培养千篇一律、整齐划一人力资源产品的场所，人才培养不能搞批量生产，因此大学的国际交流合作方式和内容都应该体现其个性化和主体性，都要有自身特色。

就如何科学评价我国大学的国际化能力这一问题，本人认为，在当前来看，如果我们能用全球通行语言研究全球问题，即人类普遍面临的问题，相关研究成果能够在国际上得到认可，并发挥影响力，这是真正的国际化。另一方面，如果我们能用对象国语言或全球通行语言来讲述中国故事并得到国际理解和认可，也是考察高校国际化程度和国际化能力的一个非常重要的标准。习近平总书记特别强调要讲好中国故事、传播好中国声音。能够把中国故事讲得出去，传得开来，对象国受众能听得进去，这样的全球话语能力考察在高校国际化评价系统中需要加强。

目前的评价标准通常是鼓励学校作为个体来争先创优，这有利于每个学校都把自己的事情做好。但未来应更多考虑以评价促推高校间协同合作，共同开展国际合作，形成中国高等教育国际交流合作的合力和团队精神，从而提升高校整体服务国家、服务社会的能力，提高立德树人的能力。期待在未来高校国际化评估体系里这一点也能有所体现。

以英美为主导的指标体系与以欧洲为主导的国际化评估体系在评价目的、指标设计和权重上各有特色，任何一个国家的大学国际化目标动因，都与该国所处发展阶段和高等教育发展阶段、特定需求直接相关，不可能放之四海而皆准。作为大学的管理者，对这些国际评价既要重视，也要保持距离，要注意对欧美大学评价体系，如对那些体系固化了高等教育弱国向强国单向流动而形成的学术霸权保留批评意见。大学评价体系并不是简单的教育问题。因此，在制定我国高校国际化评价体系时既要吸收借鉴，也要保持自信。要扎根中国，立足我国高等教育、发展战略和特色发展需求，科学地制定国际化评价体系和实施路径。

高校国际交流合作是促进高等教育高质量发展的助推器，因此好的评价标准至关重要。从中外互动的角度看，现代意义上的中国教育历经160年发展，完成了从"欧化"，到"西化"，到"国际化"，再到"全球化"的历史演进。在此过程中，中国高等教育始终保持着与世界高水平教育间的密切互动和相互塑造。1862年成立的京师同文馆开启了中国教育现代化的进程，当时提出的理念倾向于"欧化"，主要是向欧洲学习。一次世界大战前后学习的空间从欧洲扩大到美国，提出了"西化"，到20世纪80年代以后教育对外开放围绕着"国际化"开展。改革开放以来，中国高等教育逐步从全面向以美国为主的发达国家学习先进技术和科学管理经验等，发展到相互交流合作。十八大前后，党中央提出，要适应经济全球化新形势，积极参与和大力推动全球治理改革，高等教育要围绕"全球治理能力"来培养具有全球视野和世界眼光的卓越人才。习近平总书记强调，参与全球治理需要一大批熟悉党和国家方针政策、了解我国国情、具有全球视野、熟练运用外语、通晓国际规则、精通国际谈判的专业人才。高校要为此做贡献，这就为高校国际化指明了战略方向。

改进高校国际化评价，一要看到评价的综合性，包括决策层面的政策和高校的具体实施。二要看到评价的多元分类，促进高校能够根据自己的特色和需求，以及可能性和资源开展有效的国际合作，能够对提升自己的学科专业能力有明显的贡献。三要树立目标导向，以提升高校办学力量、增强服务国家的人才培养能力为根本目的，当前培养能够参与全球治理的人才的能力应成为评价的重要视角。四要着眼于国际化和化国际，鼓励和促进中国高校为推动世界高等教育治理与发展做出贡献。

（本文摘自笔者2021年3月9日参加中国教育报刊社"2021两会E政录"融媒体访谈直播就"如何破解高校国际化评价难题"这一话题发表的观点。）

从世界看世界、从世界看中国

——中国教育在线专访

(一)回首过往,撼动心灵的人生镜头

陈志文:回顾过去,假如像回放电影一样,有哪几个镜头给您的印象最为深刻?

姜锋:第一个印象特别深刻的镜头是上大学的时候。那时我17岁,自己扛着一个大木头箱子去赶火车。火车上挤满了人,几乎没有站的位置,座位外的过道上,甚至厕所门口都站满了人。经过十二三个小时的颠簸,终于抵达了上海。下火车后,突然感觉到了另外一个世界,然后就在晕头转向的状态下到了学校。我大学专业是德语,是我自己选的。那时年纪小,不懂事,有一点小狂妄,觉得中学已经学过英语了,在大学里要学另外一门语言。

陈志文:您为什么选了德语作为专业?

姜锋:实事求是地讲,其中一个原因是考进上海外国语大学非常难,考入英语系更难;第二个原因,如刚才所说,特别想学一门英语以外的语言,所以想到了学德语;第三个原因是德国在当时影响力大一些。父亲书架最前面放着马克思和恩格斯撰写的《共产党宣言》,还有《哥达纲领批判》等,上面记满了密密麻麻的笔记,出于好奇,

有时我会翻看这些书籍，觉得马克思是德国人，学德语应该是很有意思的。

陈志文： 还有哪些让您印象深刻的镜头？

姜锋： 第二个印象深刻的镜头，是在我大学二年级，老师给我们上课时说，词典里一个例句的介词搭配错了。当时我们用的《简明德汉词典》是广州编的。我很惊愕，词典怎么会错呢？我们总觉得有些事情自然而然就是对的，比如觉得词典代表着语言权威，也应该是对的。那堂课对我的震撼很大，颠覆了自己固有的认知，觉得很多事情都需要自己去思考一下，确认一下。

陈志文： 您的专业是德语，在工作中也与德国颇有渊源。您觉得德语或者德国，给您带来了什么？

姜锋： 学习德语以及在德国工作和学习的经历，促使我不断反思、观察自己，包括我的家乡是什么样的，中国是什么样的。我的家乡百年前曾是德国人传教的地区，传教士们留下了很多描绘当时情况的文字，阅读这些文字也是深化自我认知与作为中国人的民族和国家认同的过程。

陈志文： 德语不仅是一种语言，也是文化的一部分，更强调人的自我反省。比如，我是谁，我从哪里来？

姜锋： 您说得透彻。和德国人交流合作很有意思。我的印象是，德国人也非常愿意跟我们交流合作。不少德国朋友认为，我们的知识、话语体系和思维逻辑对他们的认知是有补充的，中德之间有很多相近之处。交流合作多了，德国人会意识到中国的面貌很多元，人类价值标准不单单是欧洲的，德国的，德国学者一度主张在不同文明间推进"学习文化"。

另外，德国人很注重独处的能力，德文叫 Einsamkeit，人生要时常自己和自己对话，类似我们中国说的"君子慎独"。中国的"君子慎独"更强调的是一种道德观念，而在德国，独处是一种生活状态和生存哲学，这对我影响很大。

陈志文：能够让人静下心来，就像中国人讲的打坐一样。

姜锋：是的。

陈志文：您对德国的教育或者说高等教育，有怎样的认识？

姜锋：我的理解是，德文中的"教育"（Bildung）有很强的人文内涵，不仅是技能的获得，教育的内容与个人、国家和民族的命运密切关联，这是"洪堡时期"教育理念的突出特点，影响至今。大学要对国家的未来负责，对民族负责，对学生家长负责，更要对个人命运负责，因此要有长远的计划；大学的院系、教师、学生能够承担责任，独立自主地办学、治学、学习是非常核心的一件事。

德国高等教育中，实践导向是很重要的，"理论是灰色的，生命之树常青"，他们往往是先发现问题，然后再看怎么解决，我称之为"实践联系理论"。我们的高校往往把学科放在第一位，强调"理论联系实践"，有时我们会忽略，学科研究也是为了解决问题而不是划定方法界限。另外，我很欣赏的一点是，德国大学并不富，教授收入也比不上英美，但德国高校无论在科研还是创新上实力都不弱，整体上办得水平比较好，支撑了德国世界瞩目的创新实力。这给我的启发是，钱多和大学好并不必然关联，大学还是要有学术使命和社会责任构成的文化和精神。

在德国，教育是全社会的责任，而不是全社会把责任都给教育。社会，各个部门、机构，都抱有一种"为大学、为教育做些事"的心态，比如许多企业主动给高校提供实习机会、有实践经验的指导老师以及其他帮助；博物馆中专门设有教育部或教学部，针对学生服务；电台要有近四分之一的内容涉及教育和科学知识，如会把深奥的哲学以儿童小品的形式展现出来，以引导孩子理解，还专门为儿童开设了新闻频道，让孩子尽早了解天下大事。你会感到，社会的其他部门都在试图为教育做贡献，教育是学校内外构成的一个大体系。教育是全社会参与过程,并不仅仅局限在学校里,他们是"为生活学习,不是为学校学习"。

(二)改革开放40年,一部波澜壮阔的教育变迁史

陈志文: 您曾就职于教育部多个部门,也曾担任驻外工作,然后又到了学校,这些丰富的经历让您拥有了不同的视角。对于改革开放这40年,有一个成语我特别喜欢,叫"波澜壮阔"。在教育方面,您觉得特别重要的成就有哪些?

姜锋: 改革开放,从中国人民的思想解放开始,演绎了一部波澜壮阔的教育变迁史。中华民族经历了从站起来、富起来到强起来的伟大飞跃。中国的教育事业是与这40年的伟大变革同步开始、同步进展的。改革给了我们挑战,开放给了我们机遇。

改革开放初期,我在教育部高教司工作,见证了高等教育工作者如饥似渴地借鉴学习发达国家的先进知识和经验,大批量地引进、消化和实践我们认为是国外先进的教学理念和制度。

在教育经费方面,当时有些国外的机构要投放发展资金进来,大家很紧张,认为这样的资金带有资本主义性质,我们拿不准能不能要。我记得当时部里的领导说过一句话,他说:"'魔鬼'的钱都应该可以用,用来发展我们自己!更何况是朋友的钱。"

此外,还引进了国外先进的教育模式。比如,80年代初,教育部派代表到德国巴伐利亚州学习教育政策和管理,重点是职业教育,连续待了几个月,考察了解每个环节。他们回来后,教育部就组织大家一起讨论如何把德国的教育模式"移植"过来,尤其是职业教育,并且能融入中国的价值观。当时,还邀请德国人来中国,在几个中学做了试点,教育部也曾请德国专家做政策顾问。

就是在实践过程中,通过兼收并蓄不断地摸索,我们教育制度不

断完善。80年代中期，高等教育领域各学科专业的教材编写组，也就是现在的教学指导委员会等各类教育研究组织不断涌现，各个学科的教学制度、教学计划、教学大纲等应运而生。一个生动的例子是，高教司针对外语学科建设可以就教学计划和教学大纲的区别召开专题会议进行深入探讨，教学质量很受重视。

90年代初，教育进入了广泛立法的阶段，开启了教育立法高潮时期，接连制定了五六部教育法规。我参与了1996年的《职业教育法》和1998年的《高等教育法》等的部分调研过程，为全国人大编译德国相关教育立法情况的资料。教育立法工作从一开始就是开放的，通过不断地学习理解和文化转换，形成了我们自己的制度。

陈志文：然后就是高校的合并。

姜锋：对，高校的合并，那更是波澜壮阔。当时，在高校合并之前，我记得高教司做过一次统计，我们每所高校的学生平均数量不到1 500人，但是每所高校麻雀虽小、五脏俱全，整体办学效益不高。

陈志文：是，那时候我印象也特别深，高校的各个部门院系分得特别细。

姜锋：确实是的，后来开始大合并，包括院系合并及功能合并。我觉得院系合并工作做得比较好，从规模上来说，我们合并了很多大学；但功能合并到现在还需要继续深化。

比方说，后勤的社会化，原来计划在北京中关村为附近各个高校建立学生宿舍、食堂、体育场所等公共设施，那样就不需要各高校再单独建设了。后勤对高校的拖累其实非常重，欧美大学多数不管后勤，集中精力办学，德国是我们学习借鉴的榜样。那时，教育部条件装备司负责这项工作，我参与了收集整理和组织考察德国经验的工作，印象很深。

陈志文：对，也是由于当时特殊的国际环境和实际的安全问题，高校功能合并最后没有进行下去。

姜锋：非常可惜。我觉得，到现在这也是我们高等教育发展中应该解决的问题，否则会影响学校的发展。高校部分功能的社会化和现代化建设是有必然联系的。如果各大学都自成体系，这与中国实现现代化的目标是不一致的，现代化的程度与社会化大分工的程度密切相关，大学个个五脏俱全，就意味着"社会孤岛"林立，难以形成社会有效分工、社会资源有效分配。

陈志文：您说得很对。如果不能实现功能整合，就会限制大学的效益。

姜锋：是的，也会限制大学理念的实现。现在，有很多课题需要多个学科、多所大学进行协同。而学科固化、圈子固化，使得学科、大学之间的协同变得非常艰难，这就限制了适应现实变化需求的新知识、新学科的产生。当前，中国的高等教育要走内涵式发展的道路，要提高教育质量，这是非常重要的一个环节，希望能引起国家和教育主管部门的高度重视。

但无论如何，中国高等教育这40年的发展，很多领域都是白手起家，真正体现了"波澜壮阔"。

（三）高等教育的国际化，中国教育改革的胆量和魄力

陈志文：在高等教育40年的发展中，国际化扮演了很重要的角色。

姜锋：对。中国高等教育的国际化是一件了不起的事情，体现了改革的胆量和魄力。我对高等教育国际化的第一个印象是，20世纪80年代国家逐步开放了自费留学，而以前留学是国家行为。1984年12月，国务院颁布了《关于自费出国留学的暂行规定》。我也参与了相应的政策制定，虽然当时阻力非常大，但是我们的步子还是很大。

第二个印象是，部属高校的教授、副教授出国原来是需要通过教育部审批的，但后来逐步取消了。我觉得，这体现了党和政府对高校

的充分信任。在高等教育国际化的进程中，建立起了党和国家、政府和高校之间相互信任的关系，众志成城，为同一个目标努力，这是很令人激动的。

第三个印象是，在20世纪90年代，我们邀请国外的机构、专家一起来参与中国高校的评估。这是个非常大胆的决定，我们非常坦诚地敞开了中国高校的大门。

陈志文：高等教育国际化还有一个很重要的方面，就是来华留学，您怎么看？

姜锋：是的，在过去很长一段时间，我们主要是单向地派遣留学生。1996年，清华大学和德国亚琛工业大学建立交流合作关系，开设了汽车制造和机械制造两个双学位专业，双方学生互换交流。大家都知道，德国的工程师教育非常优秀，当时教育部的领导提出，要把德国工程师教育的课程引进来。

当时我是这个项目中教育部工作小组的参与者，经常要到清华大学调研，原本以为清华大学作为一所高水平的高校，这应该是一件很简单的事情，然而，在项目进行中才发现有很多困难。比如，当时清华大学的几位教授告诉我，开出一个用英语上课的专业是做不到的。我说，不是有这么多人都懂英语吗？教授们说，开两三个小时时间的讲座是可以的，但是开不出来两三年的用英语教授的专业课程体系。但是，德国亚琛工业大学已经有了用英文开设的专业课程。第一届，清华大学派出了30名学生去德国亚琛工业大学，而德国亚琛工业大学只有3名学生来了清华大学。那时候就知道了这件事有多重要，建设有国际水平的课程体系有多困难。当然，现在的情况有了根本改变。

陈志文：到现在，这也是来华留学最大的问题。理论上，来华留学的学生目前已经接近50万人。而我们的大多数高校，还开不出用英语授课的专业课程。

姜锋：是的。我到上外就任时，也曾认为用英文开课应该是一件轻而易举的事情，但是来了之后才发现，用英文开设一门或几门课程是可以的，但是开一个系统的专业项目还是有难度。所以，这两年上外也在积极推进这项工作，现在我们已经能开出多个面向全球招生的全英文硕士项目。

陈志文：吸引来华留学其实是一件非常重要的事情。

姜锋：我国大学在国际上的吸引度和课程供给方面还是比较薄弱的，但我们很重视。在清华大学和德国亚琛工业大学的合作上，教育部在资金和资源等方面给予了大力扶持，专门设立了奖学金。当时清华大学负责学生事务和教学的王大中校长和梁文龙副校长都曾亲自过问与德国亚琛工业大学的合作以及学生交流的问题。我记得当时还专门拉了一根网线，把中国教育和科研计算机网（CERNET）与德国科研网（DFN）链接起来。项目举办两三届以后，德国学生来清华的人数慢慢多了起来。

陈志文：您曾提到对现在来华留学生不太熟悉"中国当代政治、文化领袖"的隐忧。您为什么会有这样的担忧？

姜锋：近年来，上外来华留学人次多年稳居国内院校前列；留学生结构不断优化，学历留学生比例逐年上升。我刚到上外时，常常问留学生的一个问题是——"你最熟悉的中国人是谁？"学生们提到最多的是孔子、孙子、老子这些中国的古人，还有演员，但对中国当代政治、文化、国家领导不太熟悉。

陈志文：您认为，为什么会出现这样的现象？面对这一现象，高等院校可以在哪些方面做出努力？

姜锋：我认为，出现这一现象有两方面的原因。第一，话语供给不足，中国故事还没有被充分地讲述。我觉得，现在中国在世界上的话语权力很大，世界想听中国故事，但是我们的话语供给不足。

举个很简单的例子，几乎所有政府部门的网站都有英文网页，但是差不多有一半的英文网页多年不变,不更新,犹如僵尸网页,有互动功能的更不足3%,只有极个别的政府网站开通多语种网页。所以,上外正在努力为政府部门做一些英文网页和多语种网页,这项工作的工作量很大,责任也很大,但是我觉得非常值得去做。

作为外语院校,服务中外人文交流,讲述中国故事,分享中国智慧与方案,这是我们天然的责任。

陈志文: 这是最基本的中国声音。

姜锋: 是的,不然,世界了解中国故事的途径就会受到限制。中国人要主动讲述中国的故事,主动建构中国的叙事,否则外国人特定的视角下的中国叙事容易使国际舆论一边倒,对中国的国际形象极为不利。

其次,外国留学生在中国真正的文化融入不够。我觉得,因为融入不够,导致了外国留学生在文化、心理或生活上,仍然觉得他们在中国之外。我们高校要在体系内开放,课程应该面向全部学生开放,学生不应再分成国际学生和中国学生。中国高等教育的开放,对外方面成绩很大,但是内部开放还不够。

近年来,上外加强了"上外国际学术共同体"建设,把国际学生和教师纳入了学校的整体教学科研工作中,通盘考虑,系统推进,全面提升学校国际化水平。首先,在已有的以汉语教育为主的课程基础上,根据多学科国际化战略布局,先后开设了适合国际学生选学、英语授课的"中国学""国际关系""跨文化交际""全球新闻与传播"和"高级翻译"等硕士课程,将提升来华留学质量与学校国际化人才培养战略密切结合,相得益彰。在科研方面,配合学校区域国别研究的战略,鼓励有能力的国际学生直接参与到与其相关的国别、区域研究活动中去,使其成为学校科研的生力军,拓宽了研究的信源和视野。在人文交流和社会实践方面,学校开设了多语种网站,鼓励国际学生把他们对中国文化和社会生活的感知记录下来并发表,不仅加强了其对学校的身份认同，还提升了他们的学习和研究的成就感，由他们讲述的中国故事就有了自身真实的体验与情感。由此，中外人心相通在日常学习与生活的点滴之中积累。

（四）立足中国大地，上外人要去看世界风云

陈志文： 1949 年，上海外国语大学的创建是为了服务国家需要。在新的历史时代，您是怎么理解上外使命的？

姜锋： 作为新中国成立后由国家创办的第一所高等外语学府，上外是中国高等教育的"国家队"，一方面我们必须勇担国家责任和民族使命；另一方面，我们要立足上海作为全国改革开放排头兵、创新发展先行者这一区位优势，服务社会进步。

中国正在为全球治理提供更多的中国智慧和中国方案。由于文明多样性的存在，文明交流、文明互鉴、文明共存亟须全球知识的供给，新时代中国高等外语教育大有可为、必须有为。

总结创校近 70 年的历史经验，适应新时代中国对外开放新要求，上外把办学使命凝练为"服务国家发展、服务人的全面成长、服务社会进步、服务中外人文交流"，这是我们的立校之基。

陈志文： 您对上海外国语大学未来发展的愿景和目标是什么？

姜锋： 一方面，上外人要观察世界风云，要构建中国视角的国别区域全球知识，这是我们的理想和梦想。

陈志文： 立足中国大地，看世界风云。

姜锋： 对。在我们观察世界的同时，世界也在看我们。所以，另一方面，上外人也要向世界讲述中国故事，贡献中国视角的全球知识和智慧。从这两个方面，我们期待着上外能够为构建具有中国特色的、系统的"国别区域全球知识"体系做出我们上外人的贡献。根据国家战略发展新要求、落实中国高等教育发展新部署，建成"国别区

域全球知识领域特色鲜明的世界一流外国语大学",这是我们的奋斗目标。

陈志文:具体的时间进度和规划是怎样的?

姜锋:要进行结构性改革。在制度方面,我们已经成立了海外调研基金、田野调查基金进行支持。今年起,我们计划逐步完成中亚和欧洲地区各国家的概况。

我们希望上外的学者,不仅仅是翻译、研究西方文献和档案。在这个过程中,一方面,我们要立足中国现实,借鉴西方优秀的研究成果;另一方面,要用上外学者的方法、视角来体验、检验、观察和探索世界,贡献出我们的知识。

陈志文:2018 年,上外的斯瓦希里语、乌兹别克语、捷克语专业首批新生入学。对于战略语言专业的开设,上外是如何进行判断的?

姜锋:上外着力推进战略语言建设,为国家和地方发展提供最急需的关键人才储备,现已开班授课的语言数量已达 40 种。不管一门语言是不是官方第一语言,只要在中国国家战略层面或者在世界局势、人类发展角度有着重要地位,就很有必要针对性地开设这一语言的专业,并进而以构建全球知识为方向开展相关区域的研究。

陈志文:在战略语言专业建设中,您认为最大的困难是什么?

姜锋:最困难的往往是师资,有时候全国普遍缺乏相应的人才。上外现在是三条腿走路:第一,国内有的,配置好相应条件,尽快请过来;第二,扶持和激励其他相近语种的老师掌握新的语种;第三,与国外大学合作,通过引进外国专家,并辅以来华留学生,开设新语种课程。

近年来,上外为打造"战略语言人才特区",推出了加强人才引进和人才培育的系列举措,赴北京等地召开非通用语种人才招聘及宣讲会,发布战略语言人才招聘启事,招聘希伯来语、豪萨语、斯瓦希里语等 12 种语言专业教师，等等。未来还将继续引进海内外高层次人才和培育、用好现有人才，构筑"一流师资"人才高地。

陈志文：一般来说，外界往往认为上海外国语大学只是一所外语学校，但从你们的角度来讲，显然不是。

姜锋：对上外来说，"诠释世界、成就未来"是我们的办学理念。语言不仅仅是一种交际工具，更是知识工具，是价值载体。"会语言、通国家、精领域"既是我们在教学、科研和社会服务中的鲜明特色，也是我们追求的卓越品质。对于上外人来讲，语言是我们生活的状态，但我们用语言去获取新知、创造新知。

陈志文：上海外国语大学已逐步建成了眼动、脑电技术等实验场馆，上外做这些事情的初衷是什么？

姜锋：有人拿语言来研究上帝的存在，而我们要通过语言来研究人是怎么观察、描述和分析自然及社会的。人工智能时代，外语教育正面临着更多挑战，高等教育的发展必须与科技革命和产业革命趋势紧密结合，找准方向，抓住机遇，做好规划，主动作为。这方面，我们正在布局，已经有了初步的成效。

陈志文：语言的背后其实是人的思维方式。

姜锋：我们对外国语言文学学科的理解是，不仅包括文学、语言学、翻译学、比较文学与跨文化、区域国别研究五大方向；同时，在各细分方向上，上外也给出了不同的定义。比如，我们对语言学的理解：语言学也是语言科学与技术，不局限于传统的语言教学。再比如，我们把文学与"一带一路"和"人类命运共同体"相关联，从文学的视角来看国家的"一带一路"战略和"人类命运共同体"，因为文学是民族精神状态表现和记录最集中的地带。而文学、语言学等最终都能够服务国别区域全球知识的生产。如前所述，学科应该是为传承和构建知识存在的，不是相反。

再比如，人工智能的核心要素之一是语言智能。语言与智能技术的结合,已经超出了传统语言学的概念或者拓宽了语言学的定义。目前,上海外国语大学正积极推进学科发展与人工智能等前沿技术的融合,加强翻译学科、语言学科、管理学科等与人工智能、脑科学、认知科学等的产学研深度结合,推进前沿研究和融合应用,探索专业建设、人才培养与人工智能技术的有机结合。新的发展挑战着我们的学科观念,转变需要坚定的耐心和规划,需要扎实的工作。

有人认为光学外语没有用了,但我们觉得,这恰恰是学习语言发挥创新才能的机会来了。

陈志文:衡量社会科学发展的一个重要标准,就是为社会进步、国家发展、政策决策提供怎样的支撑。

姜锋:大学一定要有项目和成果的体现,包括承担重大课题或者发表论文,也包括为国家的决策提供服务或是为企业的发展提供支撑。

在服务国家这一点上,上外在"资政、咨商、启民、育人"等方面都做出了积极的贡献。目前,上外的"人工智能与数据科学应用重点实验室"与"脑与认知科学应用校重点实验室"都得到了教育部、上海市政府等的大力支持,主持了国家、上海市等多个重点项目。上外与科大讯飞合作成立的智能口笔译联合实验室,一年多以来持续探索"人机耦合"方式,让机器作为助手,帮助人来学习、完成口译任务,更由此开发了一款辅助口译员的工具。经过多次试验和改进,不断打磨,在最终的实验结果中,以专有名词为主的口译信息完整度从 88% 提升到了 97%;并且据调查显示,口译员由于有了参考信息,工作压力下降了 20%。目前,双方正在进一步探索如何将这一成果推向应用落地。

陈志文:在高等教育方面,如果与美国或欧洲相比,您觉得我们最大的不足是什么,优势又是什么?

姜锋:对于上海外国语大学来说,我们最大的优势就是办学定位比较清晰，大家对工作方向高度认同，学校资源配置不断优化集中，大家携手逐梦而行。但最大的不足，就是跨学科的交流和融合比较欠缺，应该打通学科之间的障碍，使各个学科能够协同创造新知识，不让学科的边缘成为限制我们观察事物、创造新知的边界。

陈志文：到现在为止，您多次强调了学科融合的问题。上外在这方面，做了些什么？

姜锋：我们在这方面做了一些努力。比如，开设了欧亚文明研究特色研究生班。在开设这一项目时，我们首先坚持了问题导向，我们关于欧亚地区的人文、地理、政治、经济各个方面的知识都比较缺乏，所以就瞄准这一方向去做。该项目由国际关系与公共事务学院和俄罗斯东欧中亚学院共同开办，也意味着外国语言文学和政治学两大学科参与其中。而参与这个项目的人员也拥有着不同的学科背景，师资来自国内外各个高校，包括欧亚地区和国家的高校。我们希望，这个项目在未来能够产生新的知识。

另外，我们也进行了机制上的改革，使之能配合学科上的融合，如奖励制度、人事制度等。奖励制度方面，原来是各个部门、学院单独申报奖励，现在允许多个部门、学院一起申报。人事制度的改革比较艰难，但是一定要推进。其实，一位教授在多个学院任职，在国外高校是常规的现象，但对中国高校来说还是很有挑战的。

我们尝试在上外打破一些固有的东西，也希望能为中国高等教育的改革做一点贡献。

陈志文：现在各高校纷纷在抢人才，您觉得上外怎样去吸引人才，怎样留住人才？

姜锋：工资待遇等物质条件各高校都差不多，上外至少不会比其他大学差。我觉得最关键的，是要让人才能够拥有工作的激情。这种激情的根基就在于老师和学校有共同的理念，如对研究国际问题的志向、创造新知识的渴望、把教学和科研与多语种优势有机结合的能力等等。这样，人才在上外才有用武之地。他们想从事教学、科研，或是到海外做调查都可以，上外都会支持。

陈志文：给人才提供做事的平台和空间。

姜锋：是的。上外吸引人才、留住人才的核心并不仅仅是给多少钱或者多少帽子。当然，这些方面上外也不会差。但如果人才仅仅是为了这些来上外，我会比较担心。

陈志文：您曾就职于教育部高教司、国际司，也曾担任过驻德教育处公参，现在是上海外国语大学党委书记，经历非常丰富。这些经历对您做学校的党委书记，管理一所学校有什么好处？

姜锋：对我的帮助很大，让我拥有了广阔的视野，立足国内外、校内外视角看待问题、分析工作，始终怀有对国家的责任和对民族的使命，服务国家发展、服务人的全面成长、服务社会进步、服务中外人文交流根植于心。我也让同事们经常提醒我，当书记一定要去想去琢磨学校在5年、10年甚至20年以后会是什么样的状态，做出相应的构思和准备。

（五）用心观世界，高等教育路在何方？

陈志文：回顾过去，其中一个很重要的目的就是要展望未来。您的经历很丰富，在高等教育的未来发展上，您有些什么样的建议？

姜锋：我觉得高等教育对外开放的程度已经非常高了。在下一步的发展中，体系内的开放非常重要。

第一，从机构上来讲，各类大学之间的通道应该打通，不应该按照层次来区分大学。现在我很担忧地看到，高校被分成三六九等，身份固化，身份管理在成为资源配置的基础。随着老龄化问题的出现，人口压力将会越来越大，越来越需要高水平的智力开发，需要"不拘一格降人才"，中国必然要成为一个智力大国。所以，从机构或体系上来讲，高等教育应该是平等的结构，而不应该像一座金字塔。我很担心，大学的身份固化导致社会上的"文凭主义"，限制了人的社会上升的通道，长期下去导致社会活力受阻。

第二，目前我国高校在学科和专业上的划分相对固化，在学科领域内自成体系，体系内外缺乏互动和协同，不利于新知识的产生。知识，原本是一个发现问题、解决问题的过程。在学科固化的情况下，人们往往会更关注体系内的问题，而难以发现社会中的其他问题。我们还很少注意到学科治理问题，这方面的挑战可能越来越严峻。

陈志文：当前社会发展的现实，也是迅速地交叉和融合。

姜锋：世界上的主流趋势确实是这样的，但我们还未达到应有的程度。我觉得，在人文社会科学领域，这一问题尤为严峻。我们现在面临着一个事实，人文社会科学中的大多数术语和概念体系，是基于西方学者对西方社会的观察分析而总结得出的。

由于中国拥有与西方不同的文化背景、社会制度、政治制度，套用西方的理论体系来分析中国的现状，就不那么适应，这是结构问题。

陈志文：我们还没有建立起基于中国社会的人文社会科学理论体系，还在大量套用西方的理论范式。

姜锋：对，不只是在理论层面，在知识层面也如此。上海外国语大学要建成"国别区域全球知识领域特色鲜明的世界一流外国语大学"，其中特别提出了"国别区域全球知识"。目前，关于国别概况的书，中国作者写得不多，绝大部分是引进的，要么是哈佛的，要么是牛津、剑桥的。

以欧洲史为例，西方学者们用历史构建了自己的文化认同，很多知识都是经过过滤和铺垫的，引导着读者的视角。比如，我们往往会自然而然地认为欧洲文明就是基督教文明，而实际上，基督教文明在欧洲占据统治地位是公元五六百年以后的事情了。但中国的很多学者还没有意识到这一点。

陈志文： 对高等教育未来的改革开放，您有怎样的理解？

姜锋： 我们身处于这样一个历史时代，国家要进一步地发展，就必须改革开放再出发，对于高等教育来说，同样如此。

在过去，改革开放已经积累了很多宝贵的成果，而这很容易让我们满足、举步不前，对于新的挑战很容易产生一种畏惧的心态。目前这个阶段，既是成果积累的阶段，也是对未来发展的攻坚阶段，挑战很大，甚至可以说很危险。

但我觉得，这是历史给我们这代人的使命和担当，也是民族和国家发展的一个历史机遇。在目前的国际大环境下，容不得我们很庸俗地去享受，否则不进则退！所以，我们不光要改革，还要革命！

（本文系笔者2018年12月接受中国教育在线总编辑陈志文先生的采访稿，略有修改。）

从"国际化"到"化国际"

习近平总书记指出,办好中国的世界一流大学,必须有中国特色。没有特色,跟在他人后面亦步亦趋,依样画葫芦,是不可能办成功的。国际交流合作已成为高等教育的基本职能,中共中央、国务院印发的《关于加强和改进新形势下高校思想政治工作的意见》指出,高校肩负着人才培养、科学研究、社会服务、文化传承创新、国际交流合作的重要使命。《统筹推进世界一流大学和一流学科建设总体方案》《统筹推进世界一流大学和一流学科建设实施办法(暂行)》《关于高等学校加快"双一流"建设的指导意见》等文件将推进、深化国际交流合作作为"双一流"建设的重要改革任务和建设内容。近20多年来,大学国际化作为中国高等教育发展的核心概念之一,经历了从引进来到走出去、从理论到实践、从追随西方到扎根本土并与国外广泛合作的过程。

20世纪末21世纪初,随着中国高等教育"211工程""985工程"的建设,"国际化"成为中国高校发展的"热词",从"面向国内"到"面向世界"成为中国高校的一种普遍价值追求。虽然有不少理论研究者和包括高校领导者在内的高等教育从业者对大学国际化的内容、路径给予了很多前瞻性的展望,并进而指出了大学国际化过程中应避免的问题,但在实践层面,先是学生出国率、海归教师比例,后来是国际发表率、来华留学生数量等成为衡量大学国际化水平的重要指标,与发达国家高校"接轨"、以发达国家高等教育设定的标准为参照系在不自觉中成为大学国际化的路径。概言之,上外确定了"面向世界"的价值理性,但对"面向"的具体目标、指向内容和实践路径等还在不断探索中。

进入新时代,我国日益走近世界舞台中央,不断为人类做出更大贡献。从"面向世界"到"走近世界舞台中央",从学习借鉴到做出更大贡献,这是"双一流"建设首先要准确把握的时代背景。

面向全球的原创知识供给是"双一流"建设的重要环节。新时代大学国际化的第一个追问是我们如何向世界提供更多的知识产品?知识创新和人才培养是大学的首要职责。面对百年未有的世界大变局,时代呼唤认知范式的创新,人类需要更多原创性知识的供给。我们需要从中国看世界,也需要从世界看中国。

2018年9月,上外开设了欧亚文明研究特色研究生班(以下简称"欧亚班"),欧亚班通过跨学科、跨院系、跨语种的课程设置,跨学校、跨国界、跨行业的师资配置,并通过开展海外实地田野调查等,努力培养能开展原创性区域国别研究的专业人才。2019年9月,欧亚班招收了第二届学生。通过开设学术俄语、乌兹别克语和哈萨克语等语言课程,开设宗教研究、文明研究、政治哲学、国际关系研究等跨领域、跨学科的理论课,赴哈萨克斯坦、乌兹别克斯坦、俄罗斯等国开展田野调查等,聘请包括英国剑桥大学、美国哥伦比亚大学、瑞典乌普萨拉大学、日本东京大学、俄罗斯科学院等高校、机构的学者到校做访问学者或开展讲座,聘请上海合作组织秘书长、乌兹别克斯坦前外长、哈萨克斯坦国际事务委员会主席、俄罗斯科学院世界经济与国际关系研究所所长等开课或做讲座。我们希望通过这种人才培养模式的创新,让欧亚班的学生们在理智主义(intellectualism)的引导下,做出有深度的(in-depth)研究,得出富有洞察力(insightful)的原创性结论;希望欧亚班的同学们可以有全球性(globality)的视野,有本土（ground）的关怀，并在二者之间找准重心（gravity），找到平衡。共同的师资，共同的课程，中外同学共同研修，在教学互动中相长共进，知识不再仅仅是可检测、衡量的标准，而是中外青年面对生活的共同经验，是人类共同命运的细节。

2014年底，上外开设了面向全球招生的"中国学全英文硕士项目"，并整合校内外资源，努力在传统国学和西方汉学间开展学科创新，研究对象是当代中国政治、经济、外交、社会、法律、文化、民族、宗教、教育等各领域的问题，其目的是在全球文明交流的背景下深入探讨中国的发展和中国的现状，向世界主动提供关于中国的认识供给，以具体的行动去消弭对中国认识的"认知赤字"。自2014年以来，上外已有四届"中国学全英文硕士项目"的国际学生毕业，学生来源包括突尼斯、美国、摩洛哥、伊朗、西班牙、泰国、捷克、荷兰、比利时、意大利、罗马尼亚、斯洛文尼亚、阿塞拜疆、阿根廷、墨西哥、俄罗斯、哈萨克斯坦、吉尔吉斯斯坦、孟加拉国、坦桑尼亚、日本、波兰、白俄罗斯、英国、法国、巴林、埃及、约旦等五大洲28个国家；上外还招收了三届中国学博士生、两届中国学硕士生。

互联网为中国高校面向全球提供知识供给赋予极大便利。2015年，上外"跨文化交际"课程在国际慕课平台FutureLearn上线，上外也是在该平台上开课的第一所亚洲高校。作为首门培养学习者跨文化素养的国际慕课，"跨文化交际"课程每年开放两轮选课，至今已吸引了来自近200个国家和地区的5.1万多名学生注册学习。上外选择"跨文化交际"作为第一门上线的课程，希望通过一种非西方文化视角，聚焦国际背景下的身份认同及跨文化交际能力培养，鼓励多样的交流方式，帮助学习者觉察自己的交流行为偏好与文化价值观。至2019年7月已经完成的8轮课程中，近3万名学习者通过课程视频、文章、练习和讨论活动与同伴进行在线互动，在评论区各抒己见，从文化冲突的经历、对不同生活形态的理解、对文化的重新认识等方面进行讨论并反思，共计发布了 10 万余条评论。越来越多的学习者在合作交流中提升了自身的跨文化理解与交际能力。2019 年 10 月，"跨文化交际"课程开放第 9 轮选课，此轮课程首次与校内研究生公选课结合，进一步推进教学方式与学习方式的变革，力争打造线上线下"金课"。2014 年年底，上外还上线了 20 多个语种的外文门户网站，由师生共同运营，向世界讲述关于中国传统文化、中国改革开放、中外人文交流的故事。网站上线以来，多次被包括德国、法国、日本、瑞典、乌兹别克斯坦等国家的政府部门、高校、新闻媒体等转载。

向世界贡献中国智慧是"双一流"建设的重要目标。2018 年 7 月，习近平主席在中阿合作论坛第八届部长级会议开幕式上的讲话中指出："文明的活力在于交往交流交融。历史上，中华文明和阿拉伯文明交相辉映。今天，我们要更多向对方汲取智慧和营养。我倡议成立的中阿改革发展研究中心运作良好，已成为双方交流改革开放、治国理政经验的思想平台。今后，中心要做大做强，为双方提供更多智力支持。"2017 年 4 月，习近平总书记倡议，外交部、教育部、上海市政府共同主办，上外承办的中阿改革发展研究中心成立。近两年半来，中阿改革发展研究中心共培训了来自 22 个阿拉伯国家及阿盟的 238 名高级官员及政党领导，培训课程包括中国国情、中国改革开放与治国理政经验分享、中国民族宗教政策解读、中国对阿政策解读、中国企业境外投资模式解读、扬州老城区改造和新城建设经验等讲座课程，组织参观上海、扬州、义乌、苏州、杭州等地，学员通过实践考察了解中国发展现状。我在与他们授课交流的过程中发现，他们绝不仅仅是好奇，他们非常急切地想要理解并学习运用中国的经验和智慧。而要让他们更好地理解中国方案，我们往往不能以我们习以为常的思维或表达方式去和他们交流，必须换位思考，了解他们的思维、他们的文化、他们对世界的认知。这绝不仅仅是话语表达方式的简单转变，更多的是思维认识层面乃至世界观层面的交流。

正如习近平总书记指出,"越是民族的越是世界的。世界上不会有第二个哈佛、牛津、斯坦福、麻省理工、剑桥,但会有第一个北大、清华、浙大、复旦、南大等中国著名学府。我们要认真吸收世界上先进的办学治学经验,更要遵循教育规律,扎根中国大地办大学。"作为与新中国同龄的上海外国语大学,红色基因和胸怀天下是学校的本色和特色。从20世纪的"面向世界"到新时代中国日益走近世界舞台的中央,从面临百年未有之大变局到构建人类命运共同体,时空的变换对高等教育提出更高的要求,从"国际化"到"化国际",不忘本来、吸收外来、面向未来,"双一流"建设要抓住时代机遇,承担起应有的责任与使命。

(本文曾发表在《神州学人》2019年第12期。)

为世界提供学习的机会

新中国成立66年以来的岁月里，到中国留学的各国年轻人经历了丰富多彩的历史变化：20世纪五六十年代来的东欧社会主义国家和亚非拉国家的学生是"同志+兄弟"；20世纪七八十年代来的少数西方学生被称为"冒险家"，在西方人眼里，中国是另外一个神秘世界；改革开放之初来的被称为"苦行僧"，中国的生活条件相比西方发达国家而言还十分艰苦；中国改革开放高速发展时期来的被称为"时尚者"，那时欧洲流行"向中国学习就是学习成功"的口头禅；进入新千年来的被称为"追赶者"，中国在全球的政治、经济和文化中影响日盛，"再不来就落伍了"。

留学中国一路走来，时至今日已不再神秘，也不再苦行和冒险，已经成为各国有志向、有能力的青年学生人生规划的一部分，成为各国政府促进自身发展的政治意志。世界迫切需要了解中国，分享中国改革发展的知识。中国承担着为世界提供更多教育和知识公共产品，为各国年轻人提供更多机会的责任。中共中央办公厅、国务院办公厅今年印发了《关于做好新时期教育对外开放工作的若干意见》(以下简称《意见》)，其中就明确了做好来华留学工作的大政方针，以最高的国家意志统筹谋划向世界学习和为世界提供学习的机会。来华留学进入一个新的历史时期，来华留学的战略意义已经明确，关键是推进"全链条来华留学服务管理体系"，提供更好的供给，为教育对外开放的整体布局进行全方位部署。

（一）全方位之一：统筹双向留学

2014年底，习近平总书记在全国留学工作会议上做出重要指示，强调新形势下，留学工作要适应国家发展大势和党和国家工作大局，统筹谋划出国留学和来华留学，综合运用国际国内两种资源，培养造就更多优秀人才，努力开创留学工作新局面。这一重要指示确立了双向留学的理念，来华留学工作受到空前重视。

目前，我国已成为世界最大的留学生源国和亚洲重要的留学目的国，但来华留学和出国留学在规模上还有较大差异，出国留学人数明显多于来华留学人数；出国留学的目标国别是以美国、英国、法国、德国、日本、加拿大、澳大利亚为主的高等教育发达国家，前往留学人数占出国留学生总人数的70%以上；而来华留学的主要生源国为亚非两洲的广大发展中国家，其来华留学人数占来华留学生总数的70%以上。这一差异在一定程度上显示出我们国际教育供给结构还不平衡。来华留学工作还有很大上升空间。

改革开放之初，高等教育的国际化以吸收、借鉴为主，以出国留学为主。经过30多年的发展，中国的高等教育站在新的起点上，高等教育国际化需要转变思路，以双向互利为原则，通过"双一流"建设和对外开放，进一步巩固、做强中国教育，全方位地为世界提供学习机会，更加重视吸引更多发达国家学生来华学习，为他们提供有针对性的"产品"。通过统筹规划出国留学和来华留学，推动留学工作由增加数量向提高质量转变，由局部向全面转变，实现更高层次和水平的教育对外开放。

（二）全方位之二：完善服务和管理体系

《意见》提出，做好新时期教育对外开放工作要以提质增效和完善治理为重点。因此，做好来华留学工作，特别是服务和治理体系的构建，要有层次分明的系统设计、分工明确的执行方案。总体来说，就是"政府统筹谋划，各方协调参与实施"。

在政府层面上，来华留学工作的政策设计日趋完善，资源投入逐步提高。2015年7月，教育部、外交部、财政部、公安部、人力资源和社会保障部等五部门印发了《2015—2017年留学工作行动计划》，明确提出打造来华留学国际品牌，规划到2017年，来华留学生总人数达到45万人，其中就包括相关管理办法和建成一批来华留学示范高校及英语授课品牌课程等，基本形成统一高效、国内外（驻外使领馆）协同的资助支持出国留学和来华留学工作的国家体系。就经费投入而言，政府奖学金有力推进来华留学的规模和质量共同发展。在2015年近40万名来华留学生中，接受中国政府奖学金的人数为4万多名，占来华留学生总数的10%以上，若加上各部门和地方政府的奖学金项目，获得奖学金人数的比例还会加大。奖学金获得者中的大多数是学历生，层次较高，提升了来华留学生的整体水平。在国家政策的指导和鼓励下，各地也高度重视来华留学工作。以上海为例，市政府建立、健全各项政策，加大支持力度，逐步完善奖学金体系，开发有针对性的课程体系，建立"留学上海"的信息体系，加强来华留学生预科培养体系建设，建立外国留学生辅导员制度，创建"上海外国留学生服务中心""外国留学生文化体验基地"和"外国留学生社会实践基地"，全方位的来华留学工作服务和管理体系日臻完善。

在实施推进和组织落实方面，国家留学基金管理委员会具有十分重要的作用，是全世界留学中国的名片，是世界各国青年来华留学最重要的服务窗口，是中国政府各部门和地方及各类机构实施来华留学工作的重要平台，是中外合作推动留学中国的重要渠道。信息服务是做好来华留学工作的基础环节，国家留学基金委设立的"留学中国"官方网站，提供了全方位的信息资源，包括中国政府各类奖学金、中央政府各部门奖学金、孔子学院奖学金、各省市政府奖学金、外国政府奖学金、各高校奖学金和企业奖学金等项目，为有志来华留学的世界各国青年提供了良好的指引。同时，日益完善的包括各地方、各高校的信息和课程数据库，为来华留学生选择学习内容提供了精准的帮助。令人鼓舞的是，来华留学宏观管理服务在向纵深推进，包括学历学分互认、就业服务和留学后续联络等与来华留学生个人利益密切相关的事项受到更多重视，全链条的服务和管理体系正在形成中。

在高校层面上，虽然在管理与服务方面积累了多年的经验和基础，但客观地看，其离《意见》的要求仍有距离，主要表现在信息提供、管理过程、后续工作等各个环节上，需要高校从国家战略和学校发展的大局出发加以重视和落实。仅从信息工作来说，各校有关来华留学的信息网络平台所提供的信息数量、质量参差不齐，国际化程度和来华留学"国际营销能力"需要提升。信息工作是一个学校来华留学工作和整体国际化水平的晴雨表，折射出学校各项相关工作的开展力度。

（三）全方位之三：提供课程、科研和社会活动内容服务

课程和科研机会是来华留学的"供给产品"，整个服务和管理工作围绕于此开展，这是提升留学中国吸引力、规模和质量的关键，也是高校作为供给方应下大力气投入的领域。当前的重点集中在语言预备和国际课程上。要向世界提供优质的、国际认可的产品，应该找准工作中的薄弱环节。这需要高等院校在国家战略的指引下，根据自身的发展定位、学科特色、留学生需求和所在地区条件等要素，统筹设计、突出特色、扎实推进。

以上海外国语大学为例，学校提出要建立"上外国际学术共同体"，把国际学生和教师纳入学校的整体教学科研工作中，通盘考虑，系统推进，全面提升学校国际化水平。近年来，在已有的以汉语教育

为主的课程基础上，根据多学科国际化战略布局，先后开设了适合国际学生选学、英语授课的"中国学""国际关系""跨文化交际""全球新闻与传播"和"高级翻译"等硕士课程，将提升来华留学质量与学校国际化人才培养战略密切结合，相得益彰。在科研方面，配合学校区域国别研究的战略，鼓励有能力的国际学生直接参与到与其相关的国别研究活动中去，使其成为学校科研的生力军，拓宽了研究的信源和视野。在人文交流和社会实践方面，学校开设了多语种网站，鼓励国际学生把他们对中国文化和社会生活的感知记录下来并发表，不仅加强了其对学校的身份认同，还提升了他们的学习和研究的成就感，由他们讲述的中国故事就有了自身真实的体验与情感。由此，中外人心相通在日常学习与生活的点滴之中积累。

国家来华留学工作的大政方针已经确定，政策、资源、环境空前优越，留学中国的新时代已经开启，需要全方位推进落实，高等院校面临新的历史发展机遇，也肩负着重要使命和责任，需要服务国家发展大局，结合自身发展特色，着眼于国际需求，全力以赴为国际学生全方位提供高效、优质供给。

（本文曾发表在《神州学人》2016年第8期。）

第六章

高等外语教育的历史与现实

坚守与创新

——王季愚外语教育思想的启示

我于1980年考入上海外国语学院（1994年更名为上海外国语大学）德语系学习，迎接我们入校的是校长王季愚。到今年5月6日，老校长去世整整33年。如今，我毕业30年后又回到母校工作，读到的第一份校史资料就是关于王校长的纪念文集。阅读前辈们撰写的纪念文章和她的遗稿，我依然感慨良多。

王季愚是人民教育家，是新中国外语教育事业的奠基者和开拓者之一。在办学治校的几十年间，她坚守政治信念，坚持办学规律，忠诚外语教育事业，提出了一系列开创性的办学思想，并付诸实践。她认为，"外语水平是一个国家、一个民族文化水平的标志之一"。要把外语教学办好、办活，"必须加强党的领导、改善党的领导"，要求"在外语教学战线上的干部要学习、研究外语教学规律，要深入教学实际，按教学规律办事，切不要瞎指挥"。这些思想对于当今的高校办学与管理仍然具有重要的借鉴意义。

（一）思想政治教育与外语专业学习同样重要

王季愚特别重视外语类院校的学生的思想政治教育工作。早在新中国成立前担任哈尔滨外语专科学校的领导时，她就在学校设立了专门的教研部门，鼓励同事并亲自讲授政治理论课、形势与任务课，开设社会发展史、《新民主主义论》和中国近代史等的课程和讲座。

王季愚认为，让学生树立马克思主义世界观的根本方法是掌握系统的理论，这也是思想政治教育的根本任务。她曾把世界观、人生观形象地比喻为外语教育中的"方向盘"，并重点抓师资队伍建设。她对教师强调两点：一是认真阅读马克思主义原著，掌握理论的精神实质，掌握研究问题的立场、观点和方法；二是理论课教学一定要先了解学生的思想实际，针对每一批学生的不同思想实际有针对性地开展思想政治教育。她做报告，不讲抽象的大道理，也不提空洞的政治口号，几乎不用"必须""应该"这类词语。当时的学生至今回忆说，听王校长的思想政治理论课是"一大享受"。

外语专业的思想政治课如何结合外语教育特点开展，体现外语院校特色，王季愚的探索和做法给我们留下很大启示。她非常注重把外语专业的学习与思想政治理论的学习有机地交融在一起。当时，《论人民民主专政》《中苏友好同盟条约》刚发表或公布，其俄文文本就被用来作附加教材进行教学；国际上的一些最新的重要文件或文献，如斯大林的《论马克思主义和语言学问题》《苏联社会主义经济问题》、爱伦堡在世界保卫和平大会上的发言等原文都被用来作为思想政治理论课的资料来学习。

这种以外文学习重要时事文献的做法，将外语学习与思想政治理论学习有机结合，从而有效克服了两者简单割裂的教学方式，尤其值得我们今天借鉴和发扬。

（二）学习外语要多读原文，这是个规律

王季愚在主持哈外专的初创时期，充分利用了哈尔滨苏侨多的优势，聘用苏侨来校工作，除了专业课的主讲教师，学校里的助教、体

育、舞蹈、音乐、美术等课程的教师,甚至学校打字员、保洁员、医务员等,都聘用苏侨,目的就是创造学习外语的环境,"用俄语教学俄语","随时随地说俄语"。学生几乎整天处于"只讲俄语"的会话环境中,真正使俄语教学融入了学生的日常生活。这种做法是非常成功的,为新中国的建设事业培养了大批政治素质高、俄语技能强的人才。

"文革"后期,外语教育受到冲击,有人认为学生不应读外文原文,王季愚却坚持原则,大胆直言,"学习外语要多读原文,这是个规律"。改革开放后,她就要求尽快聘请外国专家,引进外国先进教材,采购外国图书,与外国大学建立校际关系;还要求学生收听外国广播,多看外国电影,开展外语课外活动,记外文日记,用外文撰写论文,参加外语实践活动等。

王季愚坚持外语教育规律必须从中国实际出发,认为无论何种教法,一要注意结合中国实际,符合中国师生的特点;二是符合外语教学的科学规律。

新中国成立初期,苏联专家为我国俄语专业制订了统一教学计划和 15 门课程的教学大纲。王季愚对此很有保留,不主张全面贯彻。她认为,这些计划和大纲,一没有把俄语作为外国语的特点充分体现反映出来,有许多地方是直接借用苏联俄语作为本国语的教学经验,与我国实际情况完全不符,不能全部照搬;二是苏联的外语教学法"自觉对比法"有其合理的成分,也有过于强调系统理论知识、热衷于翻译对比等缺点,因而要有分析地"择适者采用之"。后来的实践证明,老校长的见解是非常正确的,在 50 年代末,高校不得不对俄语教学进行了全面改革。

(三)汉语教学与外语教学同等重要

王季愚认为外语教育的最重要规律之一就是母语学习和外语学习

同等重要。

新中国成立初期,她就开创性地在外语学校内设置语文教研室,请周艾若(周扬的儿子)和李人纪(李立三的儿子)来校教中文,系统讲授中国文学基础知识,提高学生的中文表达能力。她多次强调要正确处理母语与外语在外语教育中的关系。为了加强学生的中文功底,她还请戈宝权先生到学校讲课。

1980年,王季愚还提出"汉语作为外语教学的问题",认为应该将此列入外语教育的发展规划里。当下中国海外孔子学院的兴办是30多年前她这一远见的最好注脚。

30多年过去了,外语教育已经从主要"引进来"步入"引进来"与"走出去"并重的新时代,要向世界讲述中国故事。如何能够使外语人才贯通中外、胜任新时代要求,成了我们面临的新课题。这要求外语院校从外语教育规律和国家"走出去"战略的需要出发,在教学科研中牢牢把握一个"外"字,保持和发展外国语言文学领域的传统专业优势和学科高峰的地位,兼顾其他学科发展;同时,要强化一个"中"字,丰富学生的中国文化底蕴,培养其沟通中外、讲述中国故事的能力。目标是实现"中"和"外"统一,使二者在学科和专业建设全过程中协同发展,保持我国高等教育体系内不可替代的特色。

33年前,老校长在弥留之际仍眷恋着她终生热爱的教育事业,叮嘱"好好教书"。大学本业在于"立德树人",当今多元价值观取向和复杂的利益结构越来越严峻地考验着我们对理想信念的坚守,考验着我们对创新进取的勇气和担当,老校长的办学思想和理念继续引导我们前行。

(本文曾发表在《文汇报》2014年5月5日。)

感念几位学术前辈

1984年秋,我从上海外国语大学毕业后被分配到教育部工作,年底进驻北大参与高校哲学社会科学规划工作组,配合做外语文学科研规划工作,为此得以有机会拜访季羡林、冯至、朱光潜、罗大冈诸前辈,求询其对外国语言文学研究应如何规划等意见,其间所闻,至今难忘。

访季羡林先生是在他北大的办公室里。季先生身穿蓝色中山装,整齐地扣着领口,胸前可见一些饭渍余迹,坐在四周满柜图书的房间中央。谈到对外国语言文学研究的态度,老人说,可以有不同的方法、不同的观点和结果,这样研究才能丰富活跃。他提到在全国人大的一次经历:当时人大刚装电子表决设备。一次表决时,显示器上显示有人按了反对票,他身边一位老大姐惊讶地说:表决器出问题了,怎么会有反对票?季老讲完这个经历沉默片刻,之后也没评说。但他的意思十分明了。

朱光潜老人当时走路已显困难,校园内偶遇,崇敬之至。他的《谈美书简》在20世纪80年代初的上外德语系同学中几乎人手一册,启蒙着人们认识美学。老先生听说我是规划组的工作人员后,竟自我批评起来,说自己对马列研究还不够,尤其需要学好外语,以便全面领会马列原著真义。他提到《路德维希·费尔巴哈和德国古典哲学的终结》,认为"终结"的德文是Ausgang,是"出路"之意,译成"终结"是错的。先生的严谨让我十分感慨。

　　拜访罗大冈正值他获法国巴黎第三大学荣誉博士称号不久,他的著作《论罗曼·罗兰》再版。这部著作首次出版于1979年,当时科研条件十分简陋,今非昔比。罗先生表示,书出后称赞和批评都有,甚至有指责,但他不想急于反应。研究者关键是认真收集、整理材料,这是真功夫,不能马虎,至于结论则见仁见智。

　　拜访冯至先生是在他建国门外永安里的家中,房间四周书架整齐地摆满书籍。冯先生当时已患眼疾,他在访谈的某一刻望向窗外,茫然深远的目光给我留下很深印象。他感叹:研究文学要关心科技发展,有人要用基因把动物转变成人,那以后该怎么定义"人"呢?!一位大文学家,深切地关心着科技变化,思考着其对人类的影响,这在当时超乎我的想象。

　　季先生的宽容,朱先生的执着,罗先生的坚守,冯先生的人文视野与关怀,感念与几位先辈一生仅有的一次相遇。此后再无相识的机会,但其精神却如镜在前,经年不忘。精神是点滴实践的沉淀和积累,不是呐喊和规划的成品。评说先辈精神时,我们已把自己放在旁观者的位置上,但被旁观一定不是先辈所需要的。他们期待的是同路人。

(本文曾发表在《环球时报》2014年2月14日,原题为《近距离对话翻译界泰斗》,略有修改。)

我与中国改革开放后外语教育的 40 年不解之缘

现在回想起来,当初与外语教育结缘多半是偶然,偶然中的必然是 40 年前开始的改革开放。改革开放带给中国的外语教育又一个春天,对我而言,由此学外语改变了我的人生。40 多年来,我从学习外语到使用外语,从参与外语教育规划到教授外语,从以外语作为工作语言直到今天在外国语大学工作、再次直接与外语教育改革如此紧密地联系在一起,最直接的体会是:首先,外语教育是国家政治大事,40 年来外语教育兴旺发达与中华人民共和国发展息息相关。改革开放的大背景使学习外语不仅仅是个人掌握外语技能,而且是作为国家人才和智力的一部分,受到举国重视,体现在人才和教育等各项政策中。改革开放总设计师邓小平对此就高度关注,由他提出的国家公派留学生计划中,外语人才的培养占据显著地位:1979 年国家计划公派留学生 3 000 人,按学科分布,理工科占 70%,社科类占 15%,语言类占 7%,科技与管理类占 4%,其他占 4%,语言类留学生的比重大到可以单列。其次,外语教育是教育制度中的"特区",比如那时考外语专业,高考总成绩中不计入数学分数,虽然这在全面教育理念中属于偏科,不利于人才全面发展,但能够体会到当时国家急需外语人才。免计数学成绩,为的是让学生能够专心致志地学习外语,"快速成才"。再有,外语教育管理体系层级高、机构体系化程度高。教育部高教一司专设外语处,负责综合规划和推进全国高等外语教育事业，中小学外语教育也有专人负责。20世纪80年代初曾有过关于成立外语司的讨论，足见当时对外语教育的重视。经过多年发展，我国大中小学的外语教育已经相当普及，进入21世纪后，随着中国不断融入全球发展，国家加强了英语等以外的"非通用语种"的教育。特别值得提及的是，在学科体系设置方面，我国的"外国语言文学"独立单设一科，这在国际流行学科分类中是独特的，这也体现了外语教育在我国教育体系中的特殊地位，尽管现在看来这样的学科划分有明显的局限。

40多年来，我的学习、成长和职业与外语教育密不可分，以下就以漫谈的形式说说本人有关外语教育的一些经历和感受。

（一）中学：外语教育的启蒙

对我们这一代很多人的受教育历程来说，1977年冬天恢复高考是决定性的事件。那时，我刚进入山东泗水一中读高中，朦胧地意识到以后不仅要"做个好人，还得有好成绩"，分数高低可能决定人生走什么样的路，这也是许多同学们此前不太思考的问题。学校开始按文理科分班，以应对不同科目的高考，我被分到文科班。

通常被认为数理化成绩不突出但整体成绩还说得过去的学生会被分到这个班，这样的看法使班上的同学承受着压力：一方面很羡慕理科班的学生，觉得自己比他们差了；另一方面为自己的未来焦虑，因为高考中文科生录取人数少，难考。那年是我平生第一次感受到竞争压力，对未来懵懵懂懂、忧虑而又不知所措。1978年夏天的高考使忧虑变得清晰实在了：必须得做点什么、确定方向，离参加高考的时间只有一年了。暑假过后回到学校，英语老师陈仁珠来找，建议我进外语班，考外语科，说是此前几年里已经有人考进了上海外国语学院，学外语机会多些。陈老师是上海人，操一口清脆的普通话，与当地人讲话的口音和表达方式都很不一样，富有感染力。于是我进入了外语班，那个班级里有 10 来位同学，这个班在大家眼里一定显得很怪。有一天，一位其他科的老师带着戏讽的口气说：连普通话都不会说，还学外语！后来听说，学校的领导也不看好外语班，但拗不过陈老师的坚持。外语班的同学很认真、很团结，紧紧地跟随着陈老师和她的先生曹老师学习英语。那个班上的同学后来大部分考上了大学或中专，升学率应该是远高于全校的。

40 年后回想当时学英语的经历，有几件事至今难忘：

首先是开口说英语的艰难。那时教学内容直接源于实际日常生活。开始时，陈老师让我们大声朗读，帮助我们克服了开口难的障碍，这对学外语十分重要。设想，在一个鲁西南方言的环境中，说几句英语是需要勇气的，因为那里那个时候说普通话都被认为很另类，何况外语呢！之后每课是单词、句型和课文，都是非常贴近我们那个时代社会现实和生活现实的内容，譬如课文的第一课是 "Long live Chairman Mao"。随后还有翻译成英文的口号如 "Long live the Communist Party of China" "We criticize Lin Biao and Confucius" "We serve the People heart and soul" "A foreign language is a useful weapon in the struggle of life" 等，这些口号是那时的学生非常熟悉的内容，用英语说出来很亲切。

其次是教材和师资的短缺。那时没有官方的大纲，没有官方的教材，没有音像资料，当然也没有权威的教学法，只有我们的英语老师陈仁珠和曹广初夫妇两位老师。陈老师自己想办法给我们弄来了北京市的英语教材和宣武区、海淀区的高考辅导材料，那是我们主要的教材。好像山东省那时还没有自己的英语教材。

有时，他们俩还要动手刻印一些辅导题分给大家做。因为我们只有那一种来自北京的教材，学习进度快的时候，下一册还没印出来，陈老师就带着大家温习已学过的教材，这样，多数课文我们都能背诵出来，有些至今记得住，比如"The cock crows at midnight"，是高玉宝的《半夜鸡叫》片段。中文版故事的内容很清楚，讲述高玉宝智斗地主的故事，阐述的是剥削和被剥削、压迫和反抗的阶级斗争道理。我们那时年纪轻，只觉得故事熟悉，即便有不懂的英文单词，也能连猜带蒙地弄得通，通了就很有信心，还觉得英文表达方式很新奇。尤其是周扒皮的那段话："Get up and go to work, you lazy bones!"同学之间常常用来开玩笑地说："You, lazy bones!"玩笑再开大点的会说："Stop thief!"或者"I will teach you a lesson!"这些都是课文里的句子，被同学们学以致用了或活学活用了。这对学习外语很有帮助。另外一篇课文是关于美国人Nathan Hale的，我们对他是何许人开始时并不关注，但课文中的一段话，是他就义前说的"I regret that I have but only one life to lose for my country"，让我们很感动，觉得他很英勇。因为觉得这是个英雄，我们就反过头去了解他，这时才意识到，原来在遥远的地方有个美国，那里有个民族英雄反抗英国人的压迫，被英国统治者抓住处死了。这是我第一次从文本上具体接触美国，此前关于世界的知识主要是朝鲜的卖花姑娘、珍宝岛畔的"苏修"、抗击美国的越南，还有欧洲的山鹰之国阿尔巴尼亚等。

再者是家里人对我学外语的极大支持。关于学什么，考什么，家里人都支持我的选择。具体支持的内容，可以用"五个一"概括一下：第一个是一本《新英汉词典》，这是家兄花6块钱买的，那时这个价格很贵了，他一个月的工资可能不到20块。这词典帮了大忙了！我随身带着，上学的路上也不断地翻阅，有趣的词很快就记住了，自己还定了个目标，每天记住50个单词，会用的20个。"会用"的意思，按老师说的，就是不仅记住了单词，还能造个句子，有句型。就这样，我的词汇量增长很快，一个学期下来比较熟练地掌握了2 000多个英语单词，此外还有一些生僻的单词。总之，我在词典里邂逅了不少稀奇古怪的单词或句子，而这些都是最能吸引我记住的，词典让我进入了另外一个文化世界和生活现实。第二个是一本英文的《非洲童话》，是家父从北京买来的，具体是什么内容，现在记不得了，只记得很喜欢。那时的县城里英文书籍极为罕见，有这么一本真是爱不释手。我不仅反复读而且还翻译出来，用针线缝成一本小书的样子，不仅自己得意，还拿给别人看。一天，有位家里的熟人看过后，建议我不要自己搞印刷品，"还好都是关于非洲的，"他说。现在想来，那一段时间里，我的日子更多的是在这两本书里游荡。当时我一人住在母亲单位离学校很近的一间宿舍里，过条路就是学校，晚饭后就全神贯注地翻译。有一段时间我每天都忙到很晚，在那个灯光稀少的时代，夜里总有个屋亮着灯是不太寻常的。很快，有人通报给家人。母亲得知情况后，一是要求我早熄灯，不要影响人家；二是要我每天早饭吃一个鸡蛋补养身体，这便是我想说的第三个"一"。是不是每天都吃了鸡蛋，也不记得了。但早熄灯的要求没有做到，没多久我就被召回家里住了。一个人住一间宿舍的自由时光不太长，但给我留下了深刻的印象。第四个"一"是录放机，这对学外语训练口语、思维和表达都很重要。那时，对县城来说，就没有几个人知道录放机是何物。洋电子产品刚进入中国，有一款是三洋的类似砖头的录放机，售价好像是200多块，那是普通职工几个月的工资！家兄买来一台给我用。我自然十分珍惜，拿到外语班上，同学们你一言我一语地录音、放音，平生第一次听到自己的声音，感到新奇怪异，大家一阵阵地笑着，学习就这样添加了不少乐趣。有一天，我把一篇英文课文念了一遍，录下来放给一个亲戚听，他不懂英语，听了之后连连称赞，觉得很像"洋话"，很神奇。这大概是比较早地在县城社会推广英语的形式了。第五个"一"是交直流电源的短波收音机。不知什么时候，家里有了这台收音机，不知什么时候，我到了晚上整点时就收听英语台，是 Voice of America。刚开始只要能够听懂个别单词如"thank you"我都很兴奋，觉得能够明白遥远而且模糊的远方的话，是不可思议的。收音机不断出现的"from Washington D.C."让我很疑惑：这到底是什么地方？"美国"是什么？这个世界上有这样的地方吗？1978年的县城里，人们对敌情还记忆犹新，对"敌台"也还普遍保持着警惕，所以，开始听美国电台时，很有听"敌台"的感觉，我还有些紧张。那台收音机的质量差些，噪声常常很响，还要飘飘忽忽的，一会儿有声一会儿没声，所以我常常要跑到离家很远的田地里去，躲开建筑物对电波的阻挡。当时就是这么想，有没有科学道理，没有去探究。一个人大老远跑到空旷的地里听英语电台，现在想想，真是有些听"敌台"的样儿了。好在，除了家里人外，没人知道。上面就是"五个一"了：一本词典、一本童话书、一个鸡蛋、一台录放机和一台短波收音机。对当时普遍不富裕的生活水平来说，这"五个一"是家人对我学习英语的奢侈的支持了。应该说，我学习的条件极好，也极其自由，因为关于学习的内容和成绩，父母基本不过问。

还有是以外语为专业的抉择。学习不到一年，我参加1979年高考就通过了一本线。但我拿定主意再考一年，因为感觉自己刚刚开始学英语，虽是考上了，但心里很没有底，觉得到了大学里也弄不好，不如再学学，别的没有多想。陈老师支持我的想法，家人也不反对，只有家父稍有担忧：明年考不上怎么办？对高考，我那时没想过考不上会怎么样。到1980年高考成绩出来后，我的名字与其他考上的同学的名字一起被张贴在城里的一堵墙上，很多人去看，我也骑着车去看，但没有什么大的兴奋，对考上大学没有感到意外。这一年，我被录取到上海外国语学院（后改名上海外国语大学）德语专业。学习德语，也是自己的选择，家里人依旧不干涉，只是家父出于马克思、恩格斯的原因对德国比较关注，也因此对我学习德语比较感兴趣。陈老师表示赞同，主要原因是选学英语专业可能竞争激烈，录取难度大，德语是小语种，零起步，竞争少。我选择德语的原因，主要是不想选择英语，自以为学了两年英语差不多了，应该学一门新的语言，要么是意大利语，要么是德语，法语也可以。最终选德语是由于家父书架里的马恩著作，它们对我产生了潜移默化的影响。还有，高考的英语口语考试在济宁一中举行，那个学校的前身是德国人办的，建筑很有德国特色，这让我很好奇。可惜的是，那时的德式建筑后来被拆除了，扩建了新的教学大楼。我的家乡周围地区曾经有德国传教士，小时候听到过关于这些洋人的传说。这些身边的事对我是个谜，也是选学德语的"无声的招呼"，至今，我仍在关注着这些故事，收集这方面的资料。

最后，还要提一提另外一本书，就是《知识青年地图册》，是我1979年在县城新华书店买的，由地图出版社编制出版，农村版图书编选小组编选。前言里写到"遵照毛主席'无产阶级必须在上层建筑，其中包括各个文化领域中对资产阶级实行全面的专政'和'要关怀青年一代的成长'的教导编制此书……读者对象是广大贫下中农、农村知识青年、农村基层干部和农村中小学教师"。这本给农村地区编写的书，是我拥有的第一本中国乃至世界地图册，我在封面书写上了geography，按旧式的拼音把自己的名字翻译成"Chiang Feng"，刻成石章，盖在书的扉页上，也用汉字签上自己的名"姜锋"。不知是哪位同学在"姜锋"下写上了"博士"。这是件奇怪的事，因为那时偏远县城的中学生并不清楚"博士"是什么，许多人就没听说过这个称号，那时中国的大学还没有恢复学位制度。不管怎么样，那时的一个"博士"涂鸦似乎预示着我将来要完成一篇博士论文，不过这是近33年以后的事了：2002年我在殷桐生教授的指导下获得北京外国语大学的博士学位，算是完成了少年伙伴们无意中的嘱托吧。这本地图册伴随我很多年，没事就翻翻，算是一本看世界的路标。我最热衷的是看航线，似乎是自己乘着船周游世界。在我的内心世界中，对地理的兴趣和学习外语相互促进，乐在其中。

（二）大学：外语作为专业的学习，"对德语不感兴趣，是对德国的事感兴趣"

1980 年我进入上海外国语学院德语系学习德语，这是我自己的选择，可是真学起来却高兴不了。和中学比，环境变化太大。第一节课上有的同学已经可以用德语打招呼了，自己却是地地道道的"零起点"，觉得差距很大。随后是一个多月的语音训练，天天是德语，我没想到大学里的学习是这么枯燥无味，感觉不到生活现实和德语有什么关联，因此我认定自己对德语不感兴趣，是对德国的事感兴趣，在德语上不愿多花精力，"自甘落后"，怀疑学德语的选择是否正确。与德语系不同的是，法语系那时几乎每周都放电影，这强烈地吸引着我，虽然看不懂，但看得起劲，城市的景象、海边的男女人物、大楼、汽车、公路，一幕幕的事物让我觉得神奇：有这样的世界吗？我对法国和法语的关注在那个时候就扎下了根，虽然至今我的法语水平还不到"半瓶子醋"，但心中一直念念不忘。

另外，让我着迷的是图书馆。那时的上外在给学生供给图书方面已经很先进，对学生部分开放图书，可以自由地到阅览室去阅读，但抢到座位不容易。没有座位只好站着看书，站的时间长了，累了，就要走动，在书架之间边走边随手翻阅感兴趣的书，主要是英语的，莎士比亚的作品就是那时这样读的，还有英文版卡夫卡的《变形记》等。德文的书印象最深的是一个德国人给高中生编写的读本，是各类名著的选段，包括尼采的《查拉图斯特拉如是说》的节选。现在我还记得选文很短，开头就是"Seht, ich lehre euch den Übermensch!"为了方便理解，也是出于好奇，我找来一本中文介绍尼采的书对比阅读，看到中文书把这段话译成了"看哪，我教你们超人"，觉得不够劲，应该是"听着！我教你们超人！"后来和班上同学交流，一位同学主张翻译成"呔！我教你们超人！"我暗自佩服这个"呔"字，这才叫霸气，有超人的样儿。还有一本德文书 Kleine Weltgeschichte der Philosophie（《世界哲学简史》）给我留下深刻印象，它对每个时期主要代表人物的学说介绍得言简意赅，在其中我第一次读到外国人介绍孔子的文字，这使来自孔子家乡的我深感亲切，借助文本回到了家乡。与此对照读的一本书是北京大学编写组"文革"期间出的《欧洲哲学史简编》。可能也是出于为工农兵服务的原因，该版中译本文字非常简练易懂，读之不累，即便是黑格尔和康德也被描述得很清晰，读时很快就可以把握大意，这对那时更多热衷于功利阅读的我是非常合适的。看来，图书馆里没有座位也有好处，就是得不断走动，不断换着书翻阅，正合"涉猎"的意思了。那个时代，不少书是为工农兵大众写的，文字简单，叙事扼要，容易阅读。现在，这样的书大概没人写了，也很少能读得到了。

20世纪80年代的校园里谈西方哲学的气氛浓厚，大家默认的规则是，不谈点哲学就显不出水平，所以西方当代哲学的书十分抢手。除了食堂大家不得不去那里吃饭外，要数校园里那间很小的书店最能吸引学生。大家在先睹为快地翻阅新书、预订新书、期待订的书早日到货之间度过时间，生活很新鲜，很有期待。新书来了读不读是一回事，但总要拥有，这本身就是谈话的资本，底线是要能说得出一两个基本流派，几个名字和几句名言，不然，就很难让人感受到你有品位了。德语系的男生们还因着德语有些骄傲，甚至目空一切，对其他系的人谈尼采很不屑，认为其不懂德语，怎能明白德国哲学的奥妙，如何懂得 Übermensch（超人）、Macht（权力）、Wille zur Macht（权力意志）的全部意义！现在想来，那是少年气盛，但从另一方面看，德语专业同学的专业认同度还是高的。因为把力气花在了德语以外了，德语专业二年级考试我竟然没有及格，这给我敲响了警钟，意识到了"对德语不感兴趣"是错了，要想毕业，想回家在父母面前有个像样的交代，就得认真对待德语，不能再自甘落后了。我的努力很快见成效，德语成绩起码不再是末流，大致进入了方队的前三分之一。

1. "美的事物也是或可能是危险的"

进入三年级后，学业开始变得有意思、有深度了，不再全是单纯处理语言现象。张振环老师的精读课上来就讲荷马史诗《奥德赛》的故事节选，是奥德修斯在特洛伊之战以后凯旋回家乘船遇到水妖的那段。奥德修斯让随从们塞上耳朵，并把自己捆在桅杆上，不让大家沉溺于歌声，避免船毁人亡。从语言角度处理完文本后，张老师让大家思考：奥德修斯为何让大家塞耳朵？为何把他自己绑在桅杆上？说明什么道理？讨论最终集中在一个辩证的结论上：歌声美妙，但可夺人性命，美的事物也是或可能是危险的。这样的认识对20世纪80年代初的青年来说是很震撼的，我至今印象深刻。张老师在课上有许多课外内容，诸如俄狄浦斯的故事与弗洛伊德的俄狄浦斯情结理论和弗洛伊德的精神分析理论等，都与当时流行的西方哲学热潮相对应，关乎我们学生们关心的问题。第一次听到男孩子都有恋母情结时，那是何等的震撼！我由此而去读朱光潜先生的《变态心理学》，得知至今被人们普遍认为变态的心理，其实是正常和原本的心理，而被认为是正常心理现象的却深藏着不正常的动机，有着Ich、Ego和Libido的关联。既然读到了朱光潜先生，那肯定离不开《谈美书简》和《美学》，由此扩展开来，我近乎着迷地涉猎钱锺书、宗白华、李泽厚、蒋孔阳、朱狄等大家们的美学作品，惊奇地发现他们的很多著作都深受德国的影响，钱先生的《管锥编》里甚至有很多德文注释，这些让我深感亲切。读那些文本，是我大学生活中难忘的内容，是深刻的那一部分，以往对人和生活的观念一个个被动摇更新，世界变得宽广起来，丰富起来。而且你会觉得世界上的谜你是能解的，这是青春时代的乐观精神。大学是激活这一精神的地方，对很多年轻人来说可能是唯一的地方。大学的课堂是直接的，对人的影响又是间接的，需要每个人自己去加工消化。张老师引导我进入了思想的世界。印象中，德语系办公室主任木春老师开设的心理学选修课也很"时髦"。在介绍心理学基本概念的同时，他还介绍过"爱情心理学"，这自然也离不开弗洛伊德的学说。

这两位老师的课相映生辉，一起回应了学生的生活现实，我很喜欢。读书是渴求知识，更是体验生活，是与自己内心深处的对话交流，是认识自己。

2. "词典错了！"

王志强老师的德国戏剧课也是我至今难忘的。他那时刚从德国留学回来，上课声音洪亮，激情满怀。刚来上课，他便和同学们发生"争执"，是因为一个介词搭配。有同学造句说"Ich habe keine Lust daran..."，王老师立刻纠正说，应该是"Ich habe keine Lust dazu"。那位同学不服气说："词典里就是用的 daran。""词典错了！"王老师毫不含糊地回答。现场翻《简明德汉词典》"对质"，里面白纸黑字的确正如同学所说，用的是"daran"。"这词典错了，你们要查原版词典，"王老师说。果然，原版词典里的确是"dazu"。这次小小的争辩让我感悟到，被认为是标准或是真理的词典也会出错，这动摇了我对权威的观念：不要轻信权威。上王老师的课，面对更多挑战：上课没有课本，而是根据进度发给复印的文本选段。老师上课没课本，这本身就很与众不同。而且，他给的德文文本很难，从亚里士多德《诗学》的悲剧篇开始，寥寥几页纸能让学生足足读几天，从古希腊的历史背景，到悲喜剧的不同发展与特点，做了简单的知识铺垫，然后才进入亚里士多德的悲剧理论。悲剧的要素是对情节的模仿，而不是人物，人物要服务于情节；情节制胜的关键是在观众中引起怜悯（eleos, Mitleid）和恐惧（phobos, Furcht），同情剧中人物的遭遇，害怕自己遭受剧中人同样的命运，在怜悯和恐惧中达到净化（catharsis, Reinigung），悲剧是引人向善的。至此，我明白了悲剧和喜剧的差别，甚至对悲剧怀有了崇高的敬意，对喜剧却不以为然，觉得它是肤浅的。

3. "记不清了"

文本阅读紧接着就到了莱辛的《拉奥孔》。现在想来，王老师这样的安排独具匠心，因为莱辛是亚里士多德悲剧理论的权威的解读者和发展者，也是创作市民悲剧的实践者，是通过文学推动社会革命的先锋。可以说，莱辛是革命作家和理论家。他的《拉奥孔》当然不容易读，但他托物讽世的寓言故事却是"短小精悍"的，语言浅显易懂，算是阅读他系统理论著作的有效辅助，对学习德语更加有益。我在图书馆里快餐式地读了几段莱辛的寓言故事，算是先初步了解这是何许人。寓言《猴子和狐狸》(*Der Affe und der Fuchs*)只有三句话，但痛快鲜明地表明了莱辛的主张：德国作家们不能跟在别人（主要指法国的古典主义）后面模仿，要独立自主。

《拉奥孔》便是对此展开的理论阐述。围绕《拉奥孔》的阅读和思考，我明白了绘画、雕塑等造型艺术的特点是题材在空间上的并列（Nebeneinander），文学的特点则是题材在时间上的先后持续（Aufeinander, Nacheinander），因此诗不可能，也不应该追求成为画，这对我在中学语文课上学得的"画中有诗""诗中有画"的观念是不小的冲击！这也是我第一次深刻地理解不同文学种类之间的差别，意识到这样的差别不仅仅是理论问题，在当时还具有反抗的力量，是一场斗争。读莱辛的《拉奥孔》还引出了温克尔曼，因为莱辛在书中批评他"高贵的单纯，静穆的伟大"（edle Einfalt, stille Größe）的古典主义理论，反对文学创作中的"高大上"，要求文学人物要有鲜明的个性和表达这一个性的情节。我只在那本德国高中生读本里找到了温克尔曼的片段，大意是关于模仿的，讲希腊艺术高不可及，胜过罗马艺术，差别是希腊人模仿自然，罗马则专注描绘人物形象，差不多前者入于神、后者浮于形的意思，后人要尽力模仿希腊方可达到极美的境地。那一段文字不长，我并未完全明白，只是懂了大意，这也是那时读书的功利习惯，浅尝辄止。有趣的是，我仅仅读了一点温克尔曼，就对莱辛产生了警觉，没有被他拉着完全照着他的路走，他反对温克尔曼，但我感到后者"高贵的单纯，静穆的伟大"是非常经典的审美理念，也是我至今不忘的一句名言。

2014年夏，就是在大学毕业30年以后，我带家人参观梵蒂冈博物馆，站在《拉奥孔》雕像前时，和他们分享了曾经在大学里读到的知识和感受。大学是阅读的地方，阅读不仅仅给了人知识，阅读对人生的影响在于它能够成为人生的一部分。在人生旅途的某个时刻，一些曾经在大学时代零零碎碎的阅读会聚合成一个崭新的形象出现在你的面前，让你兴奋不已，因阅历累积而已变得程式化的生活因此添加了新的活力。大学一起了头就没完没了了。

毕业30年后，我于2014年回到上外工作，和王老师谈起当年读《拉奥孔》、温克尔曼和市民悲剧的情景，谈到许多细节时，王老师疑惑地说："我记不清了。"老师可能记不住课堂的细节了，大学对人的影响却正是在不知不觉之中发生发酵，在无形之中塑造着一个个形象，这就是大学的魅力吧。

4. "粮食风暴"

上杨寿国老师的翻译课像是听神奇的故事，正课上教了什么和学到了什么不可能记住，但他在课堂上讲述翻译《阿登纳回忆录》的事，我至今仍记得很清楚。据说，那是北京下达的紧急任务，因为回忆录里记述了阿登纳1955年9月在莫斯科见苏联领导人赫鲁晓夫时，赫鲁晓夫表示中国人不可信，对苏联是个麻烦，希望德国帮助苏联对付中国。这样的信息自然引起了北京的重视，所以中央要求迅速把此书译成中文，供"内部参考"。那时，有不少书是供内部参阅或批判的。我们这一代人的中苏斗争意识很强，知道了很多苏联欺负中国的事，如1960年关系决裂，苏联单方面撤走专家，撕毁合同，不讲信用。听了杨老师的讲述，我还是觉得吃惊，没想到苏联早在1955年中苏关系还在形式上亲如一家、中国外交还一边倒的时候，实际上就已经不信任中国了，甚至要让德国帮助它对付中国。有意思的是，这也与当时正在读的霍布斯的"人对人是狼"的断言结合在一起理解。当时的印象是，苏联对中国的不信任由来已久，于是更觉得"苏修"的确很坏，也觉得杨老师他们能够承担北京直接下达的任务，很了不起。由此，讲到上外建校初期的学生由老校长姜椿芳带领北上，到中共中央马恩列斯著作编译局翻译马恩列斯著作的事迹，其中像《反杜林论》等译作都有校友参与定稿。这样的故事，让学生感受到了翻译的重要意义，甚至觉得很神圣。杨老师上课不苟言笑，文字也是极为认真的，告诫同学们翻译时要弄通原文。他举例说，有一本德国小说 *Sturm auf Essen*，书名被翻译成了"粮食风暴"，译者把城市名 Essen 望文生义地译成"粮食"（das Essen）了。小说描绘的是第一次世界大战后以埃森市为中心的鲁尔地区矿工闹革命的故事，小说开头是到前线当兵打仗的工人们战后回到家乡，家人惊喜高兴，孩子们期盼着父亲带回"神圣的面包"。这的确和粮食有关，但不能因此翻译成"粮食风暴"！故事主要发生在埃森市，这里有克虏伯等"反动派"恶霸们，是工人闹革命的对象，故事的结尾大意是革命没有成功，大众还更在乎"粮食"，吃饱肚子更重要。在杨老师的翻译课上，我们在文本和故事中实际和具体地接触了苏联和一战后的德国、西德、东德的生动侧面。也许，他是随意讲了些与课程相关的故事，但讲者无意，听者有心，老师的讲述激起学生的好奇和探索，这正是学生成长的道路。这应该就是老师"功夫在课外"的道理吧。翻译课是语言课，但又不仅仅是语言课，它让我们进入了语言所表达的生活世界，它离我们很远，但又近在咫尺，感同身受。

每个老师的课都像是一块马赛克，在学生的认知和想象中被一个个地拼构起来，形成学生自己的图像。尽管老师提供的材料是一样的，但经过学生的加工，却变成了各式各样的图案，这是神奇的过程，也是大学丰富多彩活力的写照。

5. "偷听课"

我还特别想写写大学时偷听过的课，印象深的是：首先是到英语系阶梯教室里听过"欧洲文学史"，有机会系统了解英国、法国、俄罗斯和意大利的文学，这补上了我仅仅在德语系学德国文学的短板，扩展了视野，由此激发出阅读这些国家经典文本的兴趣，把欧洲文明史中的代表人物拉入自己生活的景象之中，相互认识和交流，彼此之间有了关联，也由此对欧洲的精神和人文历程大致有个入门的了解。这门课程不在学校教学规定内，但给我的大学生涯留下了深刻的印记。可惜不记得老师是谁了。英语系的讲座也很多，诸如英语系同学自己举办和讲述的"西方美术史"等，记忆中的阶梯教室一直很热闹。

我还到音像中心听一位叫"哈桑"的美国学者讲文学。不知他是何人，但听说是讲现代西方文学批评的，我马上被吸引住了，要听。那天的讲座好像是在录像室，屋子不大，人也不多，我这位非英语专业的学生溜进去，乖乖地躲在后面听。印象中，哈桑很和蔼，语言出乎我意料地简明清晰，似乎他说的话我都能听懂，其实，单个的词句可能听懂了，放在篇章层面上还是听得稀里糊涂。事实上，听懂多少不再重要了，令我兴奋的是，我去了，我听了，而且获得几个新的词，哪怕是听错了，也是收获。那时，常拿"创造性误读"为自己的不求甚解作借口。我似乎听到哈桑教授讲到了文学批评中的解构问题，把作品相关的要素拆开来观察分析，是为了再组合起来得到整体的印象。这样去讲述作品分析的方法和途径，让我感到新奇，觉得像语言医生一样对各种句子做外科手术，打开了再缝合修复，这种想象持久地保留在我的脑海中。由此再去翻阅相关的书籍，我在德国格式塔心理学那里居然找到了对应。不同的是，后者认为人对事物的感觉是整体感觉，就像我们读书并不全是一字一字地读，而是成行地，甚至"一目十行"地读。再如我们对一个人的感觉，不是先去分别感觉其耳鼻喉面，然后形成关于他这个人的整体图像，而是上来就整体"扫描"他，感觉他。现在看，这样的理解过于简单了，但那时却为自己"发现"了新的关联、新的境界而兴奋不已。这和学习外语当然有关，那时读到一个用来反对语法教学法的故事：某人欲学会一门外语，得知其基本语法规则和词汇，以为掌握了这些便可会说这门语言，于是就全力以赴很快掌握了那些规则和词汇，但出乎他意料的是，他并不能讲那门语言。学习外语在于日积月累，直到某个时刻"猛然顿悟"，上一个台阶，突然觉得自己不再跟着语言规则跑，总怕得罪它，而是可以"随心所欲"地组合语言，让语言跟着自己的意思走。

由此再回过头来说说德语系的课。听当时很多老师的课，尤其是高年级的课，都是很享受和难忘的经历。我由衷地感激他们。例如，余匡复教授给本科生上文学史，不是面面俱到，而是突出重点，讲得风趣，上来就从中世纪骑士诗人（游吟诗人或爱情诗人或恋歌）Walther von der Vogelweide（瓦尔特·冯·德·福格尔维德，约1170—1230）讲起：

Du bis mein,	你是我的，
ich bin dein,	我是你的，
dessen sollst du gewiss sein,	你肯定知道这有多坚定，
du bist verschlossen,	
in meinem Herzen,	我把你锁在我心里，
verloren ist	

das Schlüesselein, 小钥匙却遗失了，
du musst für immer drinnen sein. 你永远要在我里面了。

爱情诗对年轻人当然有吸引力，抑扬顿挫的音调朗朗上口，易记易诵，文学变得很鲜活，岂能不喜欢！文学课，比较怕的是只讲道理，没有作品，应该是首先让学生品读文本，然后再讲文学理论和历史。

6. "罢课"

按规定，进入三年级后要学习第二外语，首先大家都要学习英语。出乎意料的是，英语课十分简单，几位同学不得不和老师"交涉"，但老师没有办法修改，原因是教学计划规定好了用什么教材，教什么内容，不可随意更改。交涉没有结果，我们只好"罢课"，然后去参加了一个考试，争取到英语免修。三外改学了法语，这是自愿的，学不学由自己定，因课程安排冲突实际上就不了了之了。大学里没有学好法语，是很遗憾的事。自己不重视是主要原因，但学校在排课方面没有提供时间条件也是客观原因。给学生提供学习多语种的可能和条件，至今仍是外语类专业面临的挑战。如何以学生为中心、以学习为中心地组织大学的活动和内容，这个问题至今还没能很有效地解决。

（三）工作：参与外语教育规划

1984年大学毕业后我被分配到教育部高教一司工作，在外语处工作了6年。现今回头看，那一段和外语教育的缘分让我很难忘：

其一，适逢国家改革开放大业起步，政府最高决策层对外语教育高度重视，比如先后召开了两次全国范围内的外语教育工作会议，一是1978年的全国外语教育座谈会，国务院提出为早日实现四个现代化，要把外语教育抓上去，多快好省地培养各类外语人才；二是

1982年的全国中学外语教育工作会议，教育部要求对全国中学外语教育全面规划，统筹推进。我刚到外语处，常听到这两个会议的内容，工作也是落实相应的事项。

其二，国家最高教育行政机关设有专司外语教育的机构，高教一司外语处系统负责全国高校（本科为主）各类外语教育事业的整体规划、政策指导、标准制定（如教学计划和教学大纲等）、学科专业布局（如新专业点审批）、学术组织（如各语种教材编审组和教学研究会等）、重点措施（如教材编写、师资培训和考试评估等）的实施等，是外语教育事业的"司令部"。我到该处工作的那段时间里，处长是蒋妙瑞，副处长任丽春、董威利，工作人员有许宝发、曾耀德、倪肖琳和我，主管司领导是付克同志。当时，领导们还在讨论成立"外语司"的可能性，把外语处主要负责"正规"高校本科外语教育事业的职能扩展到基础教育、继续教育和研究生教育阶段等，进一步统合各类外语教育，综合提升外语教育的水平。当时支持的观点认为，外语能力和计算机能力是横跨不同学科、专业和阶段的能力，应该系统规划，整体发展。不过，这一设想不符合此后国家机关精兵简政的大趋势，设立"外语司"的设想未能实现。到20世纪90年代，教育部高教一司外语处被撤销，外语教育的整体规划和布局的职权逐级下放或由相关领域及行业的职能部门分别负责。

其三，外语教育行政与外语院系互动密切。那时，外语教学的重镇如北京外国语学院、上海外国语学院、广州外国语学院、北京大学、清华大学、上海交通大学、同济大学等领导和专家是外语处的常客，经常可以看到胡孟浩、桂诗春和王福祥三位外语学院的院长，外语处与季羡林、许国璋、李赋宁、刘和民、严宝瑜、杨惠中、祝彦、殷桐生、梁敏等学者的联系也十分密切。当时我经常跟着领导骑自行车从北京西单（外语处）到魏公村（北京外国语学院）和中关村（北大、清华）找学者咨询、商议工作，时间晚了就住在北外学者家里，我曾在北外和北大多位学者家里"蹭饭"和过夜。本质上，这样的"工作关系"是管理层与专业界的互动，但那时却没有丝毫的"官民"区别，大家是一个整体，像个大家庭。外语处没有什么"好处"给大家，委托的项目钱很少或根本没有，大家参与几乎没有经济上的"意思"，报酬和名分的意义不像如今这么重要。

其四，各类制度和组织在建立中，教育理念方法在变化中，各类教材资料在建设中，各层级师资在培训中，各种外语考试（包括全国大学英语四、六级和英语专业四、八级考试等）开始设立，现在看，那是改革开放后外语教育的创制时期，能有机会参与其中，很幸运。这里举两个我在外语处工作时的经历，说明国家最高教育行政机关很系统、很具体地管理着外语教育，一个关于外国语言，另一个关于外国文学。教育部系统组织外语教育的全过程，包括理念、理论、方法和主要措施，可谓"一竿子扎到底"。1984年8月中，我到外语处工作几天后便平生头一次坐飞机到昆明参与组织举办西南片高校教师参加的大学英语研讨会。按当时规定，只有县团级以上人员才有资格坐飞机出差，而我只是个"新兵"，居然可以坐飞机出公差，可见决策者对此次会议的重视。那时才知道，大学英语就是公共英语，之所以改称"大学英语"，是提高了非英语专业英语教学的重要性，改变其在大学的从属地位。树立大学英语的概念在当时很难得，也很珍贵。那时，大学英语有了自己的教学计划和教学大纲，为整个大学外语（即公共外语）的教育理念、模式、方法和支撑奠定了基础。印象中，昆明会议有来自全国各地200多所大学的英语老师参加，主要听专家们讲解新的大学英语的理论依据和方法内容，交流各自的经验。在这次会议上，我第一次密集地听到关于外语教学法的各个流派的介绍，比如传统的语法教学法，新的听说法、情景教学法和功能交际法等。那是一系列培训活动的一部分，对革新全国的外语教育理念起到了很大作用，促进了外语教学水平的提升。新方法提倡使用真实的语言交际材料，大量原版和原文的内容由此进入了教育体系，使学习者在习得外语时，也能直接从文本上接触外部世界，打开视野。从这一意义上讲，外语教育是我国改革开放的直观部分和直接能力建设。那时外语学界已提出了跨文化交际的概念，认为这是外语学科的重要内容。现在看，那也是受了英美的影响，超越偏重语法的传统，进入文化和生活领域，使语言直接交际，嵌入英美日常，登入英美制度，在体验和感受英美现实生活中习得语言，培育起亲切的关联。积极意义上说，中国民众学外语，看世界，开阔了眼界，为改革开放奠定了知识和认识基础。当时英美两国驻华使馆和文化教育机构投入大量人力财力，协助中国推进英语教育，英国文化委员会的工作人员有的也是外语处的常客。他们中的不少人是语言教育专家，甚至是国际应用语言学界的著名专家。

20世纪80年代末，德国等国家的语言教育机构如歌德学院也进入中国，也都高度重视和外语处的合作，希望"在体制内发挥作用"。中德高校德语助教进修班就是教育部与德国外交部合作的政府项目，旨在系统培训德语教师的教学法能力。现在，高校外语教师系统的教学法培训少了，高校外语教师基本上是在干中学，他们大多数是语言文学专业出身，任教前没有接受过系统的教学法训练。对外国文学研究的系统规划和推动工作很细。1985年秋，我被临时调到"七五"全国哲学社会科学规划工作小组工作，地点在北京大学勺园，我主要参与的是外国语言文学部分，其中一项工作是跟着武兆令和严宝瑜教授征询学者意见，包括季羡林、朱光潜、罗大冈、冯至、绿源等，还要直接组织专家召开咨询会，协调上海的专家在上海举行咨询会，委托上海外国语学院召集，记录寄给北京。我的任务是记录、整理和撰写上报材料。这里，摘录一些我当时记录或保留的内容，作为史料，以飨读者：一是罗大冈先生的谈话记录，附在文后（今略）；二是委托上海外国语学院召集的咨询会，誊录在下。虽然已过去30多年，但不少内容仍有现实意义。上海地区专家咨询会于 1986 年 3 月 21 日和 22 日两天在上海外国语学院三楼会议室召开，为制订"七五"哲学社会科学科研规划出谋划策，国家教委没有派人与会，而是调取会议记录，收集专家的意见。记录和专家的意见由我整理上报处、司领导。

会议由上外胡孟浩院长主持，参加会议的有袁晚禾、龙文佩、林珂、秦小孟、朱雯、余匡复、王长荣、廖鸿钧、朱威烈、倪蕊琴、朱逸森、吴克礼、刘犁、胡孟浩和谭晶华。部分专家发言摘录如下：

> 朱威烈：阿拉伯文学在中国有很多空白要填补，然而这是仅仅停留在翻译方面，研究方面还做得很少。目前我们要编阿拉伯文学史，还需要资料。现在阿拉伯文学再不抓的话，很可能在中国又要出现像"大熊猫"的现象。研究阿拉伯文化，目前肯定要赔钱的，但我们不能因为赔钱就不搞，还是要搞。现在我们已经派人出去学习，相信若干年后会有起色的。社会主义文明很重要，精神文明需要抓。谈到开放，不仅仅对第一、第二世界开放，对第三世界也要开放，特别是他们的文化。对此，出版发行部门要支持，要支持杂志的发行。这方面国家教委也要支持，要保证学术刊物的发行。对于外国文学的研究介绍要同社会主义文明建设挂起钩来。
>
> 谭晶华：对日本文学来讲，现在学生讲是"没有劲"的文学，这与我们的研究介绍不够有关。根据目前对日本文学研究的情况，"七五"期间要抓紧，过去我们对日本文学的介绍比较杂，以后可以系统地介绍。
>
> 余匡复：对外国文学史的教材编写很需要，现在学生在这方面很感兴趣。对于外国文学的研究，当代比较文学的开展很重要。另一方面，资料工作也很重要，现在外国这方面就很重视。要搞研究就要有资料。要写评撰就要多看作品和资料；同

时在研究中要有自己的东西，要有突破性的东西。现在外国对中国的文学很重视，搞老庄的有，搞五四文学的也有，搞当代的也有。因此我们现在搞比较文学研究很重要。在搞这些工作的时候，教委要在物力、人力上给予支持。另一方面，学术讨论要给予充分自由，领导不要轻易在报上讲话。在文学讨论中，要有发表言论的自由，要有百花争艳、百家争鸣的气氛，错误的东西让发表出来也可以讨论批评。

朱逸森：现在对外国文学的研究还很不够。这次从上面来做很需要。对于外国文学的研究该怎样来做，我认为在评撰方面很重要。就我自己搞的苏俄文学来讲，现在国外研究很多，我们也用自己的人力、财力来进行更好的研究。我们可以抓住一个研究课题进行研究工作，以开拓新的研究局面，并在某一点上有突破。另外，文学批评也很需要搞，现在我们的评论工作也搞得不够，原因就是没有新的突破。对外国文学史的研究也很重要，首先我们要编写出文学史的书，要搞好资料工作。要重视资料工作的收集，没有资料很难开展研究工作。要组织一定的力量。去国外搞研究工作的人，回来时可以给一些钱，带些国外的资料回来。

倪蕊琴：我们中国人研究外国人的东西要有自己的东西。研究外国文学，要在方法论上有所突破。这就是要立足中国，在方法论上有所突破。在探讨新的方法论上，要担风险。我在学校教苏联文学，一讲苏联文学，学生们就要同中国的文学作品相结合来谈。因此，现在中国的"伤痕文学"已不讲了，现在只讲"转折时期的文学"。现在中国文学继承外国文学的东西已经比较多，因此在这方面的研究很重要，这就是现在的比较文学课题很需要。现在科研经费很少，搞比较文学就更少，搞个比较文学课题的研究很不容易。苏联的文化对于我们的影响比较大，因此苏联的东西很值得研究。现在西方对我们的文化比较感兴趣的方面是古典的东西。对于外国文学史，我们也应该搞，但要细致地搞，现在的学生教学对这很需要。这也需要一定的力量。师资问题，我们也要加紧培养。对于俄语来讲，现在30岁以下的，俄语好的很少。因此对苏联文学的研究很需要青年一代。这个问题，我们以后要采取一些行政措施。另外，翻译作品，现在很难被重视出版，一本书出来，订数很少，这也希望能采取一些措施。

朱雯："六五"计划的成就还是很好的，有几套丛书：一是马克思主义理论丛书，二是文艺丛书，三是外国文学丛书（略）。教材编写不足，"七五"计划中要加强，编写出质量高的外国文学史。另外，关于外国作家、作品的评论，我们做得也不多，是否规划对他们进行一定的研究，写出他们的传记和质量高的评论文章，要在翻译过程中同研究相结合。

胡孟浩：文科现在很穷，教委各方面要支持，也可以采取鼓励的办法，出些研究题目，哪个学校愿意承担，就多给一些经费。以后高校文科单位分配资金，我认为上海方面也可以出一个人。这次座谈会的很多意见，诸如外国文学史（通史、断代史、国别史等）被列入规划，受到支持和推动。与现在激烈竞争的热闹场面不同，当年是要"求"专家接受课题研究的，我就到北大西语系和北外求过。

（四）驻外：以外语为工作语言

1996年，我第二次被派到中国驻德国使馆教育处工作，任一等秘书外联组组长，任期4年，主要工作之一是开展德国教育调研，密切关注德国教育政策动态。那段时间印象很深的是，德国传统大学的汉学系经历着深刻变化，有的缩小了，如波恩大学汉学系；有的索性被取消了，如哥廷根大学汉学系；留下来的也被整合进当时流行的"区域学""中国学"（Regional wissenschaften, China studie）。整个专业分语言和专业两大部分，语言是基础，为专业学习服务，使学生在语言的基础上获得相关国家的地理、文化、社会、政治和经济知识，具有理论、方法和实践能力，也强调就业能力的培养。这与我国大学外语专业语言教学贯穿始终的做法很不同。在调研中，我曾以汉语为例介绍了德国外语教育的特点，特别强调外语专业应该注意借鉴欧美大学的做法，重视传授区域国别知识。2008年我第三次到驻德使馆工作，任公使衔参赞。"外语教育情结"仍然让我格外关注德国的外语教育，与多所德国大学合作，促进或协助其汉语和中国学专业，包括协助他们开设汉语师范课程等，与汉语界保持了十分密切的合作关系。此前，哥廷根大学停办汉学系曾让我很沮丧，2009年该校重开中国学，重点放在历史和社会方向，我与校长冯·费古拉（Kurt von Figura）教授、副校长卡斯帕-黑纳（Caspar-Hehne）教授密切合作，代表汉办提供了大力支持，按协议资助两个教席。汉办领导介绍，这在当时是中方单独对一所外国大学资助力度最大的。第三次在德国工作期间，我还关注了欧洲大学开设中国学的情况，专题报告并建议国家教育部分高度重视国外的中国学建设，在国内高校推动开设中国学课程，与国外中国学加强学科合作。

（五）再回母校：探索新时代外语教育改革

2014年1月7日，我遵教育部调派从德国回到北京，8日到上海，9日被任命为上海外国语大学党委书记。我本科毕业于此，现在又回到这里为母校服务，跟随至今的外语教育情结有机会进入实践。紧张深入地学习和调研之后，我认识到，我们的外国语言文学作为学科和专业与我30多年前所认识的变化不大，与我比较熟悉的德国大学外语教育和了解到的东京外国语大学以及韩国外国语大学相比，我们重视语言有余，但理论方法能力培养不足，区域国别知识供给不够，需要立足时代变化，着眼于国内国际理论和现实问题，推动外语教育的改革发展，其中，学科和专业建设是基础。欧美日韩外语专业结构改革应该是15年前的事了。

经过反复研讨，上海外国语大学于2016年7月正式确定把学校建成"国别区域全球知识领域特色鲜明的世界一流外国语大学"的办学愿景，强调要培养"会语言、通国家、精领域"的"多语种＋"卓越国际化人才。学校着力探索专业特色型、多语复合型、战略拔尖型三大类人才培养模式，打破原来的单一化、标准化人才培养机制，以学生为中心，增加学生选择的自由度，提供个性化、自主化的培养方案，优化、充实课程设置，基于"多语种＋"卓越国际化人才的培养目标，重新构建学生的知识结构。学校还开设了英文授课的中国学硕士学位课程，启动了多语种、跨学科、跨院系、国际合作的"国别区域特色研究生班"项目，希望以此为创新中国外语教育模式、培养具有新时代全球能力的人才做出上外应有的贡献。我国外语学科如何融合国内外丰富经验，面向未来，针对现实问题，主动回应国家和社会需要，创新学科内外发展，还任重道远。对新时代外语教育的思考可以另文撰述了。

（本文曾发表在上海外语教育出版社2018年12月出版的《往事历历　40年回眸——知名外语学者与改革开放》第3卷［庄智象主编］中。）

外语院校何去何从

——《新民周刊》专访

改革开放的 40 年是中国不断繁荣的 40 年,也是见证外语教育不断发展的 40 年。可以说,英语专业为改革开放做出了巨大贡献,功不可没。

但前阵子,有关"英语专业是不是对不起良心的专业""英语专业就是鸡肋"等的争议不断。事实上,英语专业的确也累积了诸多亟待解决的深层次问题。

近日,上海外国语大学党委书记姜锋接受了《新民周刊》的专访。在姜锋看来,否定英语教学和其历史贡献是不切实际的,而在语言作为知识工具的背景下,像上外这样的外语院校更是迎来了历史性的机遇,"传统的语言学要革新了"。

(一)语言是知识的工具

《新民周刊》:前阵子,社会上对英语专业乃至大学英语的批评与质疑之声不断,可谓一石激起千层浪。在您看来,我们应该如何看待英语专业,以及怎样看待一门语言?

姜锋:这里确实需要澄清一下:外语(语言)的实质到底是什么。

我们现在说的外语主要还是一个书面和口头交际的工具。但其实，语言是一种知识的工具，它传递和表达着关于世界的知识。举个例子，有统计表明，全世界90%的最新科技知识是通过英语发表的，这意味着如果你掌握了英语，就有可能直接获得全世界90%的最新知识。语言也是全球素养的载体。如果你多掌握一门语言，那么你就可以直接地去体验另外一种生活方式，能够更好地融入或应对。我们要从这些完全不同于传统观点的角度去理解外语和外语教育的意义。

《新民周刊》：不仅是英语，整个外语体系都应如此。

姜锋：对。另一方面，中国到底需要什么样的外语人才？他一定是既懂这个国家的语言，又懂这个国家的国情，还要懂这个国家的某一专门领域的人才。如果从这个角度去判断，全球都需要这样的人才。在全球化的今天，这也是一个全球公民所需要的素养。

由此，我们再来反观我们的外语教学，仍有很多需要改变改革的地方。你说，这是落后吗？当然是落后。最大的问题是把外语仅仅作为交际的工具来传授。时代永远是向前发展的，人们期待教育能够领风气之先，但教育制度作为生产关系和意识形态的要素往往滞后于生产力发展和社会生活需要。教育要反思，反思落后的原因，反思外语教学在时代深刻的挑战下需要怎样的变革，教育的改革往往需要社会发展的推动。当今时代，人工智能发展，机器翻译的出现与快速创新，打破了以往外语翻译"高高在上"的地位，翻译变得大众化了。这意味着机器正在替代人完成一般的翻译任务，但不是说机器可以替代语言的所有功能。笼统地说学外语无用，外语专业是没良心的专业，我不赞同。

《新民周刊》：那这些对于外语学习的负面评价是什么时候出现的？

姜锋：对外语的负面评价多年来一直都有，曾经有过"不学ABC，照样干革命"的说法，加上外语课从小学开到大学，甚至博士阶段，时间太长，但不少人还是"哑巴英语"，整体上看外语教育效率低，对很多人学而无用，这一直被人们诟病……还有，英语专业开设的成本太低。英语专业应该是全国开设最多的专业，作为专业是有些"滥了"。

尽管如此，我觉得否定英语教学和其历史贡献是不合实际的。改革开放没有外语教育是不可想象的。改革开放前期，公派出国人员的外语培训都要进行集中强化训练，至今这种集中强化培训的机制还有，没有这种大规模的强化训练，出国留学事业是不可能的，科技创新立国也很难。外语使改革开放有了耳目，能够听得更远，看得更远，学习得更快，这个功劳是绝对不能去否定的。

哲学家维特根斯坦说，我的语言边界就是我的世界的边界。反过来，多了一门语言，我的世界就多了一个。外语的历史贡献不光是翻译点材料什么的，它是使得我们开阔了眼界，让我们能够和外部世界建立起直接关联。

《新民周刊》：现在学习外语，和您当时学习外语有什么不同？

姜锋：我本科是上海外国语大学德语专业的。80年代初我们大学的条件比较简陋，不仅生活条件，学习材料也少，所以学生对材料有渴望，学得就很珍惜、认真。那时课程量不像现在这么多，学校给学生自主学习留的空间很大，学生有机会看自己感兴趣的书，去旁听自己感兴趣的课和讲座，在内容之间建立起很多的链接（connections），构建自己的大学时代。当时的大学里，老师就给你提供原材料，怎样加工成为自己的某种感受，全靠自己。当时讲座也不多，但每个讲座去听的人很多，举办一次讲座是很认真的事，听的人也认真。现在讲座繁多，学生目不暇接，有时也无所适从，有时还要下任务让他们去听，有老师形容这是"抓壮丁"。

现在外语专业的学生很辛苦，起码上外是这样，要很好地掌握两门以上的外语，还要有一定的相关专业知识，我们称之为"多语种+"

模式，总的课程量远超过我们当时的。各种材料多了，学生自主学习、自由学习的时间和空间就少了。看来，处理好"多"和"少"的关系是大学教育需要不断探索的议题。我想，大学生要有良好的思维能力，要有思想。思想是需要时间的，需要独立想象的空间。大学应该给思想更多的机会和时间。

还有一个很大的不同。我上大学时，就业是国家保障的，不愁没工作，这也是相对淡定的重要因素。

（二）外语类院校迎来了历史机遇

《新民周刊》：可能现在的问题还包括了高端外语人才的紧缺。

姜锋：所有学科都面临这么一个挑战。机器翻译的时代到了，原来那些工具性的东西都要被重新审视，如果外语还仅仅是一个交际工具，很快就会被翻译机取代。外语作为一般交际工具的时代快过去了，如果我们的外语院系、外语专业，还把它作为一个核心功能来对待，这就难怪人家说你落后，说你对不起良心了。你必须往前看，要识变、求变、应变，在其中找到新的机会和发展。

如果把外语当作知识的工具，那培养学生的方法能力就非常重要：怎么观察事物，怎么归纳总结，怎么去伪存真，然后从海量的信息当中搜索获得"珍珠"。在多数的外语院系里，对学生方法能力的培养还远远不够，首先是不够重视。很多人一说学外语，就光看pronunciation（发音），发音重要，但过分强调不行。一个真正有才华的人，语言是跟着他的思想走的。

《新民周刊》：上外也在朝这方面努力改进吗？

姜锋：是，还在不断尝试之中。首先得改变理念。现在国内很多大学的外语专业教育，到了三年级还在开处理一般语言问题的精读课程，那还谈什么系统的人文和方法能力！就算是精读课，也要把语言的知识功能和思想意义放到突出位置，像我们当年三年级也有德语精读，但老师会加入哲学、美学的概念，给我们在具体文本中讲哲学、美学，就很有意思，让我们结识基本的思想概念，又激发出我们的想象力。如果仅仅是在处理语法现象、词句法，一年级应该全解决了。两年级就是系统的经典文本阅读，现在还有三年级阅读一般知识性文本的现象，缺乏着眼于系统培养思维能力的材料。大学教育应该在技能和知识的基础上催生学生的思想。你看，专业的外语教育可以培养出有技能、有知识、有全球品格的"全人"，这样的共识当然令人振奋。

所以，我的建议是，如果要选择学外语，去一所好的外国语大学是非常值得的。如今，外语专业和其他专业的结合度越来越高，上外推出了"多语种+"，倡导跨语言、跨专业、跨院系的协同，给学生创造更大自主学习的条件，成为"会语言、通国家、精领域"的人才。就是说，你掌握了一门或多门外语，具备了沟通的能力，然后又能懂得讲这门语言的那个国家或几个国家的国情，并在某一领域成为专家。上外的多语种法律、经贸和新闻等专业课程体系已经初具规模，如果我有机会再上大学，我还会到这里来，选择这样的课程。

《新民周刊》： 外语专业应该和其他专业融合吗？

姜锋： 语言学本身是语言科学与技术，我们很多人现在把语言学看成是人文的，这是对的，但语言本身也是个自然现象，要用自然科学的态度和方法去对待整个语言的研究与学习。语言学研究与神经科学、脑科学等认知科学的研究结合得越来越紧密。人工智能在很大程度上依赖语言认知，语言智能是人工智能的一个核心领域。这对上外这样的学校，机会太难得了，是历史的一个机会。当然，这需要我们拓宽视野。

上外已经引进了很多相关领域的人才，我们已经建设并正在筹建更多相关的实验室，与科大讯飞等也在积极开展合作研究。我们正加快研究，增加相关课程内容，迎接人工智能时代。传统的语言学要革新了，并在革新中获得新的活力。

（三）站在世界角度讲好中国故事

《新民周刊》：我记得，您之前在公开场合还提到过，现在学习外语其实还有个很重要的作用，就是讲好中国故事。就像上外有一个最新办学愿景——建设成在国别区域全球知识领域特色鲜明的世界一流外国语大学。

姜锋：仅仅讲给自己听，那叫"自说自话"。讲好中国故事，就要从向内、向外两个方向来看。从外到内，我们说观察世界风云，贡献国别区域全球知识；然后讲述中国故事，这是从内到外，为的是提供中国的观点、智慧方案。这是两个方向。这就要求外国语大学外语学科的学生，对自己的文化，对中国，要有一个全球视野的了解，不能仅从中国来看中国，要站在世界的角度看中国。同理，也需要从中国的角度看世界，形成有中国特色的世界知识体系，为人类做出贡献。

《新民周刊》：感觉作为上外的学生责任重大。

姜锋：把中国的故事放在全球背景下讲，那可读性强，理解上就要容易得多。有了这样的想法，在教学的过程中，老师和学生都去努力，好多事情就自然而然能够做到。

中国话语不是一个空泛的概念，而是一个国别、语别的概念。同样一个中国人，在不同的文化和语言里，有不同的表达。但在这方面，我们的"通稿"太多，期待一篇稿子就能解答所有问题。但每个国家对中国的解读都不一样，交际和沟通中的障碍都是不一样的，讲好中国故事需要有国别、语别"供给效力"。

与此相对应的，我们现在在对怎么去解决这些语言上的障碍还做得很不够。所以对现在的上外来说,这已经不光是一个多语种的问题了,还应该是多视角、多元的综合话语能力的建设。

讲好中国故事,不能是简单的翻译,那是很初步的。讲好中国故事要站在世界的角度,这样才能引起共鸣,让人理解你。这也是现在学习外语的一个大挑战和机遇。

(本文系笔者2019年1月23日接受《新民周刊》的采访稿。)

我们的外语教育模式亟须改变

——《南风窗》专访

改革开放后，中国逐步走向国际社会，对外语类人才的需求越来越大。但在英语普及之后，加之人工智能的出现，高校外语教育及外语人才培养的发展方向也在发生变化。同时，随着中国国际地位的提高和中国文化走出去，学习汉语的人数以及来华留学生的数量不断攀升。

如何完善高校的外语人才培养模式？如何培养适应时代发展需求的外语人才？如何加强对来华留学生的引进管理和培养？对此，《南风窗》记者专访了上海外国语大学党委书记、德国研究专家姜锋。

（一）何谓世界水平？

《南风窗》：随着英语的普及以及人工智能软件的应用，外语类人才面临的就业环境较之前有所变化，我们高校外语教育应该怎样去完善培养模式、定位培养方向？

姜锋：当前社会上有一些声音，认为开展外语教育的高校数量庞大，社会上学外语的人也很多，这会影响到高校外语专业学生的就业。我的观点和现在很多文章的论述不太一样，我认为这没有必然的联系，社会对高层次外语类人才的需求依然巨大，关键在于外语专业教育的培养质量是否符合国家发展和社会建设的需求。

外语教育是有分类的，高校的外语专业教育与社会上的语言培训的区分在于学习的内容和方法，是业余地学、补充性地学，还是学一个专业、学一门学科。我们现在说学外语的人多了，但实际上学好、学精的还是不够。高校外语专业学生的学习内容和就业方向是不同的，在我看来，把外语作为一个专业来教学和应用，我们做得不是太多，而是相当不够。

我只举一个常见的例子，我们很多城市里的公共标识，错误非常多，闹了很多笑话，无论在厕所还是在车站。有一次，我在一个国家级博物馆看到，"出口"标识的英文居然被写成了"export"。由此可见，专业的外语人才其实还不是很多，外语作为一个专业的建设还不够，我们整体的外语水平还有待提高。

当我们把外语作为一个学科来考察时，理想和现实之间的差距就更大了。我们的老校长胡孟浩先生曾提过，我们的外语学科，要争取做到世界水平。所谓世界水平，就是你可以将外语作为一个学科知识去研究所在国家的情况，并且能够得到公认。

但是我们现在有多少外语学科研究者的研究能在语言所在国得到认可呢？因此，我们的外语教育不是过多，也不是简单地说存在就业危机，说极端点，这是一个伪命题。

其实我们这个国家非常需要更多的外语专业人才、水平更高的外语语言人才、更有权威的外语学科人才，来体现中国研究外国语言、文化、政治、经济及社会的能力，而恰恰在后面这一点上，我们还是滞后的。

我说的外语是从学科或专业角度说的，专业外语能力是要把外语作为一个学科形成系统的学科知识，有一整套研究视角、研究方法，对语言对象国以及本国进行系统的研究，并能够得到对象国乃至国际社会的认可。

此外，对外汉语和汉语是不一样的，对外汉语是用汉语对外表达和讲述中国与中国故事的一门学科，但是我们用对外汉语传播中国文化的语言基础，还是欠缺的。所以从整体上看，我们国家的语言能力建设还相当不足，问题的关键在于我们研究的力量不足。真正站在全球化的场景下来探讨、研究、分析我们国家的整体语言能力，还是相当薄弱的。

《南风窗》： 今年是新中国成立70年，也是上外成立70年。在过去的70年历史进程中，您认为外语教育的发展经历了哪几个阶段？每一个阶段，外语教育及外语人才的使命分别是什么？

姜锋： 新中国刚成立的时候，外语教育和外语人才有两个非常重要的任务。当时我国还处于战争状态，有抗美援朝战争要打，打国际战争就需要语言人才去服务战争，所以上外第一批毕业生就上了朝鲜战场。这是武的战争，还有文的战争。

新中国成立伊始，国家需要搞精神文明建设，需要建设一个不同于以往的政治、文化和精神体系，所以当时中共中央马恩列斯著作编译局需要外语人才开展翻译工作。此外，还有社会建设，当时我们和苏联的合作特别密切，我们的很多重大项目以及社会管理的各个方面，都有苏联专家在参与，专家的工作要翻译，专家带来的资料要翻译，整个建设过程也要翻译。所以我们的外语教育和外语人才在当时与新中国的命运是非常密切地结合在一起的。

改革开放以后，我国进入到学习国外先进技术和管理经验的阶段，这也是外语教育发展的第二个阶段。在学习阶段，要翻译引进各类资料，就要培养专业的外语人才。上外就从一个比较单一的外语类大学，向着人文、社科等多学科的大学发展。

老校长胡孟浩在建校35周年时非常明确地提出，上外在未来要发展成为一个多学科的、应用型的外国语大学。现在我们又往前进了一步，就是在应用的基础上，要强调学术。

几年前，我们提出了"多语种+"的战略，就是外语专业的学生不能只会一门外语，应该是会多种语言的（两门外语及以上），再加一个专业学科背景，这就需要学校为学生提供多种外语课程和专业课程。

第三个阶段的大背景是，中国在全球范围的存在感增强了，国际舞台上处处可见中国的身影，这个时候我们已经不能仅仅维持和满足一个学习者的角色了，还应转变为国际事务的参与者、合作者、贡献者，甚至是引领者，因此国家急需具备全面胜任国际事务的能力、参与全球治理的能力，既会外语，也懂相应专业知识，还能够建设我国对外话语能力的外语人才。

（二）大多数国家的外语教育体系已经变了

《南风窗》：您认为未来的外语院校应该是往什么方向发展？

姜锋：我觉得现在的外语教育模式还是有些落后，因为我们还没有清晰地区分外语能力中的语言能力、学科能力和专业能力，我们培养人才的层次结构也不清晰，到底是培养翻译人才，还是培养学科人才，还是培养一般性专业人才，这些都还没有划分清楚。

当然，不能说它完全不好。但现在国家急需的学科人才是紧缺的。就像我前面讲的，我们要借助外语去研究对象国，建构中国人自己的对象国知识和能力体系，并得到对象国甚至国际社会的认可。

所以，我认为我们应该区分语言能力和学科能力。如果把语言作为语言能力来培养，它的核心应该是语言应用能力，通过听说读写译技能培养，认认真真系统地培养尖端翻译人才，笔译、口译、会议翻译等。

而如果把语言和学科组合在一起，则学生先具备一般的语言能力即可，这就意味着语言技能学习要设置在基础阶段，建立语言学习中心；而专业学习在提高阶段时则应注重对学科知识和方法的学习，此时的语言学习是与专业知识和学科能力融合的。

这对外语学科是一个很大的挑战，那些教大三、大四语言课程的老师怎么办？包括精读、写作、翻译等课程怎么办？这是一个很大的重构。同时，在语言能力之上，就要培养学科能力，可以学语言学、文学，也可以学政治学、经济学、法学等。

这样就需要将整个外语院校或者高校的外语院系的教学组织进行再造，以人才和知识为导向进行组合。而相关的教师也要转型，不能只会教语言技能课程，要去研究国别文化、研究国别历史、研究文学等。

目前，我们的课程设置大部分还是围绕语言技能从一年级排到四年级，到最后就是什么都会一点，但是可能什么都不精，不利于优秀学科人才的培养。在国际范围来比，我们还很少用相关语言去研究该语言所属国家的情况并将之发表，因为学科的知识不成体系，方法不成系统，学者们看过很多现象，却没有精准深入的学理上的分析。

现象可以让记者来报道，但学者需要在这个现象之后问为什么，要找出某种规律性的东西，但没有学科的知识结构支撑和能力支撑是做不到的。当前需要高度重视的是，我们缺乏用外语讲述中国故事的话语能力，"对外话语赤字"很明显。

我们的外语教育应该由三根柱子支撑。第一根是注重对语言本身的学习和研究，既包括把传统的语言翻译人才推向卓越，也包括建设新兴的人工智能领域的神经语言学、语料库语言学、数据语言学、语言智能等。

第二根是把语言作为一个知识的工具，去和各种专业相结合，培养会外语的专业人才，其中要十分重视对外话语能力培养。第三根是把语言作为一个学科的研究大大地往前推进，进行理论创新和学理研究。

这实际上就是要求我们建立一个平台，在这个平台上，实现跨学科、跨院系的融合发展。大学一定要打破院系壁垒，新的知识往往是在不同学科交叉的边界上诞生的，但在大学"破墙"很不容易。让大家认同这个理念后，才能去实践。放眼全球，像中国这样设立外语大学和外语学科的已经不多了，大多数国家的外语教育体系已经改变了。

《南风窗》：您刚刚提到学习外语的人才一定要去到当地，去切身感受和学习当地的语言文化、社会文化。在选派交换学生或者留学生时，您认为最应该被看重的素质是哪些？

姜锋：我们并不指望每一个学外语的同学都去留学，一定是他有志于区域国别研究，或者要了解国外的情况才去。也并不是每个同学都希望到国外去，因为那很冒险。但是国家需要这样的人才，我们就培养这样的人才，鼓励这样的配套教学。

但说到选拔，我和我们具体负责的同志观点不太一样。我觉得，只要有志向，愿意去，就应该支持他们去。但是具体负责的同志总是觉得要选一些学习成绩好的去。我认为未来的人才不是取决于你在学校里面的考试成绩高低，而且上外的同学我觉得都不错，还选拔什么呢？

关键是志向。我觉得我们的同学之间的区别就在于志向不一样，那我们应该鼓励有出国志向的学生。但是落实到具体环节上，大家觉得应该选拔，我也认可。我认为最好的选拔方式就应该看这个人有没有志向。

《南风窗》：您认为外语院校培养的"外语+专业"人才，与其他学科具备相应语言能力的人才相比，优势在哪儿？

姜锋：当然是学了外语以后再去学专业知识会更好，更扎实一点。当然，同时融合地学最好，外语和专业相得益彰。比如国际关系理论，我们自己建构和提出的国际关系理论还不多，学的、研究的大都是西方的那些。

与其学习经过转手的知识，不如打好语言功底然后直接去学，是不是？所以有个非常有趣的现象，在国际问题的相关研究中，外语专业人才还是占了很大比例的。理想的状态是，要懂你所研究的那个国家的语言，这样可以直接地获得研究的材料，获得很卓越的研究成果。

（三）汉语的传播需要方法的支撑

《南风窗》： 前阵子有关留学生的争议之一是，有人质疑来华留学生的汉语能力不过关，对于这样一种情况，您怎样看待？

姜锋： 针对来华留学生，我们既应该重视对他们汉语的培养，也应该吸引一些不懂汉语但可以通过我们的全英文课程来学习学科知识的留学生。我们上外对这两方面都很重视。比如说我们既有汉语语言专业，也有金融、新闻等非语言类专业。

我们有个哈萨克斯坦的学生，他回国以后要帮助中国企业在当地做广告，他就很有针对性地学习汉语和相关的专业能力。而东南亚的学生大部分是计划回当地做汉语教师的，因为东南亚国家开设汉语课的学校很多，他们就会去学汉语教学法。非洲或者中东的学生喜欢做生意，他们就希望能学一点汉语，方便做生意。

我们是根据他们的不同需求去提供课程，同时我们也会开设全英文授课的课程，对那些一时半会儿学不好汉语的学生，我们用英语授课，这也是我们重视的。因为能够在学科和专业领域培养留学生，也是我们高校全球能力的体现。

但当前我们的对外汉语还缺少有效的语言学和教学法理论支撑，对中国文化向外传播的助力还不够。可以对比一下英语的传播，英语在全球的传播过程中，得益于应用语言学的学理上和方法上的支撑。不是说设定一个目标就可以的，它需要学理和方法的支撑。在英语的传播过程中，这一点体现得尤为明显。英语的传播是有语言学理论支撑以及教学方法的，比方说交际教学法、功能语言学等。我们现在只把它作为一种教学方法，实际上它是一种话语传播方法，或者可以说，是一种软实力提升路径。

原来我们学外语是要学大量的语法，将外语和汉语对照着学，当时叫语法翻译法，这是不利于传播的。所以，欧美的一些学者就提出来，语法这些东西不重要，语言的目的是交际，用交际法学会交际就够了，管什么语法对错呢？这么一改，理论上有支撑了，英语在全球范围的传播就变得非常快。

《南风窗》：对我国现在的教育和社会发展来说，吸引留学生来华留学的重要性是什么？

姜锋：我觉得吸引是一个方面，但很多学生来到中国，是因为符合自己的发展计划。比如中国已经是德国学生到海外留学的第二大目的地，这并不意味着，我们吸引德国人来中国留学，他们就来，而是因为他们来中国留学对他们本人的发展有帮助，抑或是他们人生的某种规划或职业规划与中国是相关的。

教育是国际公共产品，我们应该去提供这样的一个产品，这也是很重要的。其次，留学生数量的增加也体现了我们高等教育的质量有了很大的提高，我们所提供的课程能够吸引国外的学生前来求学。

再者，我们上海外国语大学每年有4 500名左右的长短期国际学生，你会发现校园里面的国际氛围非常浓厚，这有利于中外学生之间的交流，对增强学生的国际理解力很有帮助。

《南风窗》：您曾提到现在的来华留学生可能不太熟悉"中国当代政治和文化领袖"这些方面的内容，为什么会出现这样的现象？高校可以为这个方面做出哪些努力？

姜锋：最主要的原因是我们整体上的对外话语供给量不足，供给意识也没有达到相应的程度。很多事情我们认为是不言而喻的，但其实并不是这样。受语言和交际圈子的限制，很多留学生还是待在自己的圈子里，用他们自己的语言进行交际。

而我们也没系统地给他们介绍中国社会的发展情况。所以尽管人在中国，但是就生活方式来讲，他们并没有很好地融入中国，也就不了解中国。

在这些方面，我们也做了一些尝试。我们先从外国专家开始，举办"外国专家看上海"活动、开展 SISU Global Café 等俱乐部活动，给他们讲一讲中国近期发生了一些什么样的事情。最近我们在筹建一个名为 Global Village（全球村）的专门空间来开展国际交流。

此外，我们还在运营一个多语种网站群，邀请我们这些外国专家和留学生们参与进来，让他们用自己的母语来写一些小文章，在德语网就有德国同学写他们在中国的经历。我们鼓励留学生去观察、去表达，我觉得这非常有趣，也较为有效。但是我觉得我们做得还不够，我们应该更有意识地去做这件事，并形成一种制度性的安排。

（本文系笔者 2019 年 11 月 19 日接受《南风窗》
记者魏含聿的采访稿。）

办好新时代的高等外语教育

十九大报告指出，建设教育强国是中华民族伟大复兴的基础工程，必须把教育事业放在优先位置，深化教育改革，加快教育现代化，办好人民满意的教育。对外语类高校而言，我们要围绕新时代的外语人才观，牢记高校的使命和责任，紧紧抓住"为何"和"何为"两个关键问题，切实回答新时代的高等外语教育是什么？新时代的高等外语教育如何办？

立足特色，建设成在国别区域全球知识领域特色鲜明的世界一流外国语大学。新时代是"我国日益走近世界舞台中央、不断为人类作出更大贡献的时代"。作为以外国语言文学学科为特色的学校，我们强调要通过"双一流"建设真正把学科特色转化成为办学优势，聚焦区域国别研究和全球知识构建，把"建设成在国别区域全球知识领域特色鲜明的世界一流外国语大学"作为新时代的办学愿景。需要指出的是，这里的"区域国别研究"并非简单学科概念上的作为外国语言文学学科下设的一个研究领域的含义，而是从问题导向和目标导向强调其作为方法论的意义。中国共产党始终把为人类做出新的更大的贡献作为自己的使命，作为负责任大国，中国正在为全球治理提供更多的中国智慧和中国方案。由于文明多样性的存在，文明交流、文明互鉴、文明共存亟须全球知识的供给，新时代中国高等外语教育大有可为、必须有为。

实现内涵式发展，培养"多语种+"卓越国际化人才。总结近70年办学经验，面对中国外语教育整体水平提升的现状，适应国家战略需求，应对互联网+时代语言教学和知识获取方式转型的挑战，上外将"多语种+"作为新时代的办学战略。我们提出了新时代的中国高等外语教育的人才观：培养"会语言、通国家、精领域"的卓越国际化人才。着力探索专业特色型、多语复合型、战略拔尖型三大类人才培养模式，打破原来的单一化、标准化人才培养机制，以学生为中心，增加学生选择的自由度，提供个性化、自主化的培养方案，构建"听说读写译"五位一体外语院校特色思政体系。

勇担中国高等教育"国家队"的责任与使命，建设特色新型智库。上外是中国高等教育的"国家队"，一方面我们必须勇担国家责任和民族使命；另一方面，我们立足上海作为全国改革开放排头兵、创新发展先行者这一区位优势，服务社会进步。依托教育部人文社会科学研究基地（中东研究所）、国家语委科研基地和国家语言文字智库（中国外语战略研究中心）、外交部直接指导和支持的中日韩合作研究中心，教育部区域与国别研究培育基地（俄罗斯研究中心等17个）、教育部中外人文交流中心（中德人文交流研究中心、中英人文交流研究中心等）、中宣部舆情直报点（中国国际舆情研究中心）、上海高校人文社会科学重点研究基地（G20研究中心）、上海市社会科学创新研究基地（中外文化软实力比较研究基地、语言文化圈视角下的区域国别研究基地），以及外交部、教育部和上海市政府共同主办的中阿改革发展研究中心等研究平台，整合校内研究资源，推进中国特色哲学社会科学研究，发挥"资政、咨商、启民、育人"四大功能，加强中国特色新型智库建设。上外积极参与上海服务国家"一带一路"建设发挥桥头堡作用行动方案，在教育部、上海市政府的大力支持下，上海全球治理与区域国别研究院落户上外。

加快一流学科建设，提高中国高等外语教育在全球高等外语教育

中的话语能力。"双一流"建设为中国高等教育树立了新目标,注入了新活力。我们强调以"对标"和"特色"加快上外一流建设。"对标"是指我们必须从全球高等外语教育的办学现状和发展趋势上找准上外所在的方位。学校以"双一流"建设为契机,瞄准办学定位,以区域国别研究为方法,以全球知识构建为目标,凝练办学特色。"特色",一是指我们强调服务中外人文交流和中华文化走出去战略,"不忘本来、吸收外来、面向未来",以中国高等外语教育的积极作为站稳前沿、引领全球高等外语教育的发展。二是指我们必须扎根中国大地办大学,立足中国实际,坚持高校党建的整体性、实践性和特色性,把党建与师生发展有机结合、与教学科研有机结合,权力为学校发展运行,资源为师生需求配置,探索我们独特的办学路径,完善中国特色现代大学制度。

(本文曾发表在《光明日报》2017年11月10日,与李岩松校长合作,略有修改,已获得李校长授权收入本书。)

建党百年与中国外语教育新使命

约 160 年前，北京、上海等地先后成立京师同文馆、广方言馆等外语教育机构，开启了近代中国外语教育和教育现代化进程的先河。

自此，中国救国图强先进力量认识世界、学习世界的步伐大大加快，与外国列强和本国封建势力斗争的能力也不断提升。在民族危难之际，一批先进知识分子开始思考和探索救国救民的道路。正是在对世界的不断深入认识和快速学习过程中，马克思主义逐步成为中国进步思想界的主流。无论是翻译出版马克思主义著作篇章，还是 1920 年外国语学社成立以及赴俄学习、赴法赴欧勤工俭学，为中国共产党的建立进行思想和组织准备，外语教育都做出了历史贡献。

（一）外语教育在救国图存的背景下开启了中国新式教育

19 世纪中叶，中国开始兴办近代外语教育，1862 年北京开设的京师同文馆是中国人自办的第一所专门外语学校，1863 年上海开设了广方言馆，1864 年广州开设了广方言馆；湖北、湖南等地也都开设了类似的外语学校。此时的外语教育发展的主要动因是越来越多的外交事务需要外语人才。

近代早期外语教育有三个特点：一是开创了中国新式教育，包括教学方式、教学内容等，外语教育创新了中国传统教育的模式，可以说外语教育是中国教育现代化的发端。二是以专门类型学校的形式出现，即以教授和学习外语为主要科目和办学特色；同时，要特别指出的是，这些早期的外语学校除教授英、俄、德、法、日等语言科目之外，也开设天文、算学、地理、数理、格物、化学等自然科学和史地科目，也就是说，中国外语教育从一开始就不是单纯的语言教学，而是我们至今仍在倡导的"外语＋专业"的模式。三是办学目的是培养能读"西书"、译"西学"、学"西洋"的人才，以便"能尽阅其（西方）未译之书，方可探赜索隐，由粗显而入精微"（李鸿章，1863）"果能选择得人，查探彼国之虚实，宣布我国之事理，中外之气不隔，于通商大局，必有裨益"（李福泰，1867）。

（二）外语教育是中国共产党探求革命救国道路、建设新中国、推进开放事业的直接路径

1. 中国共产党通过外语教育培养革命需要的干部人才

1920年成立的上海外国语学社是在中国共产党早期组织（上海共产主义小组）的直接指导下创建的，以学习俄语为主，为青年革命者赴俄留学做准备；这也是中国共产党第一所培养干部的学校。学员"既是学生又是革命者，既学外语又兼学别样，团员与青年从学社中受到很好的革命影响，有助于他们树立革命的世界观和价值观，正确地认识和处理问题"[①]。抗日战争期间，中国共产党同样非常重视外语教育；1941秋在延安成立延安大学俄文系、中国人民抗日军政大学三分校俄文队（1944年改为延安外国语学校，是黑龙江大学、北京外国语大学和延安大学外语学院［现称外国语学院］的前身）。

这一时期中国共产党的外语教育有三个特点：一是外语教育直接

---

① 陈绍康：《上海外国语学社的创建及其影响》，《上海党史》1990年第8期。

与培养干部人才、探求救国道路、进行革命斗争紧密结合在一起，外语与专业密切结合。二是对人才培养的综合素质特别是思想政治素质要求更高。三是根据革命实际，规定外语教学内容，创新外语教育方法，充分发挥教师和学生的积极性、主动性和创造性，培养中国革命急需的人才，既要培养翻译人才，也要培养外交人才。

2. 外语教育是中国共产党建国大业的重要组成部分

1948年底，在解放战争初期成立的哈尔滨俄语专门学校改名为哈尔滨外国语专门学校，旨在培养"全心全意为人民服务的俄语翻译干部，要求学生毕业后能运用俄语从事军事、政治、财经、文化、宣传等部门的翻译工作和大中学校的教学工作"[①]。新中国成立伊始，周恩来等中央领导多次听取关于外语人才培养工作的汇报，做出指示，亲自解决外语教育教学工作中的具体困难，具体到学校的经费和学生的伙食。1949年一年里中共成立了包括华东人民革命大学附设上海俄文学校（上海外国语大学前身）等3所外语院校。1956年后，外语院校办学中开始发展西方语言（英、德、法、西班牙等语种）教学。1964年10月，《外语教育七年规划纲要》（以下简称《纲要》）提出新建和扩建16所高等外语院校等具体举措，对英语、法语、西班牙语、俄语、德语、阿拉伯语、日语等的师资发展规模提出了明确的目标。《纲要》指出，外语人才"在数量和质量上都远不能满足国家社会主义建设和外事工作的需要，整个外语教育的基础，同国家需要很不适应，呈现出尖锐的矛盾"，"既需要大力改变学习俄语和其他外语人数的比例，又需要扩大外语教育的规模，这样才能把外语教育的发展纳入同国家长远需要相适应的轨道，由被动转为主动"。

[①] 付克：《中国外语教育史》，上海外语教育出版社1986年版。

中国共产党在社会主义建设初期的中国外语教育发展中，所发挥的作用的特点可以归纳为：一是外语教育（包括语种专业设置）受到党中央高度重视，周恩来亲自过问，包括建立覆盖基础教育和高等教育的外语院校"一条龙"体系等；二是外语人才培养和外语教育政策已上升至国家内政外交的战略层面来集中规划实施；三是外语专业人才培养模式（包括人才培养目标、外语教学方法、教学内容、课程设置）等与社会主义建设事业密切结合，不断总结经验，不断完善。

3. 外语教育是中国改革开放事业的风向标

1978年8月底至9月初教育部在北京召开全国外语教育座谈会，会上提出了《加强外语教育的几点意见》[①]，指出，"迫切需要加强外语教育，培养大批又红又专的外语人才，高水平的外语教育同时也是提高整个中华民族科学文化水平的重要组成部分，是一个先进国家、先进民族所必须具备的条件之一"，"加强对外语教育的领导"，"努力创造外语学习的条件，让师生接触现代外语，迅速改变外语教育的封闭状态"，"千方百计地提高外语教育质量"。外语专业学生要"打好政治、外语和文化知识三个基本功"，"毕业时至少掌握两门外语"；努力把外语院校办成"既是教学中心，又是科研中心"；"语种布局要有战略眼光和长远规划"。

一方面，外语院校的快速发展推进了改革开放事业的发展。另一方面，改革开放也对外语院校的办学和外语人才的培养提出了更高的要求，"越是要搞改革、开放，对外事工作人员的数量和质量要求就越高"；"对外语院校来说，特别要加强爱国主义教育"，"在外语学院里，思想工作……有它更大的重要性，特别是民族自尊心对外语

[①] 《加强外语教育的几点意见》经国务院批准后由教育部于1979年3月向全国公布。

学校非常重要","学生毕业后都要接触外事工作,他们必须具有民族自尊心和民族精神,具有远大的理想、高尚的情操和高度的组织纪律性"。①

改革开放以来中国外语教育得到了长足的发展。一是外语教育与国家改革开放大局密切结合,更加注重外语人才培养的专业性和规范性,在外语专业教学计划、外语专业课程设置、外语专业教学大纲、外语专业教材编写等方面都取得显著的进步和成效。二是注重复合型专业人才的培养,不仅加强语言专业教学,同时开设了新闻、经济、法学、教育、金融等非语言类专业,注重制度性地培养复合型专业人才,传统的外语院校开始向基于外语教学与人文和社会科学相融合的多学科大学转变;与此同时,专业外语和"非专业"外语进一步融合,形成统一的外语教育体系。三是在强调教学的基础上,加强学术研究,成立了一批专门研究机构和出版机构,出版学术研究刊物,外语学科的学科意识和学科能力有了显著提升。

(三)新发展阶段中国外语教育须勇担新使命

新时代,中国在加速走近世界舞台的中央,立足中华民族伟大复兴战略全局和世界百年未有之大变局,中国外语教育须树立新理念,构建新格局,实现高质量发展。回顾建党百年与中国外语教育的历史,我们可以得到如下启示。

1. 扎根中国、不忘本来,超越学科边界之争,为党育人、为国育才

建党百年史与160年来的中国外语教育历史休戚相关,扎根中国大地,放眼世界,实现民族复兴、世界大同。一方面,在学习、接受

---

① 李传松、许宝发:《中国近现代外语教育史》,上海外语教育出版社2006年版。

和传播共产主义方面,外语教育做出过历史的贡献,一路走来,党以实现中华民族伟大复兴的中国梦为目标,百年风雨,初心不忘,外语教育不离其宗;另一方面,中国共产党始终重视、兴办和发展外语教育,培养开展革命、建设、改革开放需要的人才,通过外语教育开展革命斗争,建立新中国,建设社会主义,领导中国特色社会主义建设进入新阶段。

百年大党,风华正茂。在全面建设社会主义现代化国家新征程上,党和国家事业发展迫切需要外语教育有新的发展理念,做出新的贡献。优秀外语人才不是只会外语的人才,也没有只会外语的优秀人才,语言本身就是知识和专业的存在与表达形式,优秀的外语人才扎根中国大地,具有世界眼光,是融合语言能力、学科专业能力和话语能力的卓越国际化人才。

今天,我们要超越外国语言文学到底是学语言还是学文学文化,是做比较还是搞翻译,是做语言文学还是做国别研究之争,要超越学科内外的界限,回望来时之路,回到本来,回到初心,切实回应现实发展需要,助力探求强国富民之路,为党育人、为国育才,培养担当民族复兴大任的时代新人。历史地看,学科是人类认识世界和改造世界过程中积累的知识和方法体系,是过程和结果,不应被当作认知和实践不得逾越的出发点,不应成为认识世界、解决问题的障碍,更不应变成调解学科利益关系的内卷循环。

2. 世界眼光、吸收外来,超越东方、西方之争,胸怀天下、学贯中外

一个时代有一个时代的主题,一代人有一代人的使命。"面对复杂变化的世界,人类社会向何处去?""世界怎么了,我们怎么办",这是时代之问。中国共产党建党百年史与外语教育的密切关系充分证明了党始终是一个具有世界眼光的政党,无论是在党的初创期还是在革命最艰难的时期，中国共产党始终保持对世界的密切关注和与世界的紧密联系，始终胸怀天下，把民族主义与国际主义有机结合。

古往今来，人类命运共同。中国特色社会主义进入新时代，新时代是不断为人类做出更大贡献的时代。中国外语教育要有学理意识和实践意识，直面时代之问，体用相融，知行合一，要突破认识世界的传统理念和功能认知，站在助力全球资源配置的高度去思考外语教育的理念和功能，为世界贡献新的知识和方法。

语言是知识的存在形式和传播的方式。历史和现实一再表明，一种语言向其他语言转化的能力强弱，不仅仅是一个翻译能力问题，而且标志着这一语言使用者在世界知识图谱中的比重，也在一定程度上确定了其对人类知识体系的贡献度。

中国外语教育一方面要做好中华悠久传统文化知识的系统性、创造性转化和创新性发展，向世界讲述和贡献更多的中国知识和智慧；另一方面，要坚持外为中用，兼收并蓄，融通各方知识资源。同时"要从外国语言中吸收我们所需要的成分。我们不是硬搬或滥用外国语言，是要吸收外国语言中的好东西，于我们适用的东西"[①]，"世界所有国家哲学社会科学取得的积极成果，这可以成为中国特色哲学社会科学的有益滋养"[②]；要大力提升全民外语能力和由此养成的跨文化行为能力，为增强"大国公民"素养做贡献；要不断推进知识创新、理论创新、方法创新，坚持把马克思主义基本原理同中国具体实际相结合，不断推进和分享马克思主义中国化的研究和成果，为构建人类命运共同体做出应有的贡献。

---

① 毛泽东：《毛泽东选集》（第三卷），人民出版社1991年版。
② 习近平：《在哲学社会科学工作座谈会上的讲话》，人民出版社2016年版。

3. 全球话语、面向未来，超越人文、工具之争，脚踏实地、守正创新

面向未来，构建中国话语体系任重道远，外语教育要充分认识到对外学术话语能力与中国的快速发展和越来越重要的全球政治经济影响力不相称，要历史地改变这一现状，外语教育面临着时代的挑战和机遇。

世界越来越需要中国供给更多思想、方法和观点，中国悠久的思想文化传统和丰富的现代化实践需要理论提升和着眼于人类命运共同体的话语表述，"打造融通中外的新概念、新范畴、新表述"，"展现中国故事及其背后的思想力量和精神力量"。[①] 语言是思想的载体，是实现理论升华、话语转化和思想交融的过程与方式，外语教育要提升全球话语能力，超越人文、工具之争，借助于数据科学、计算科学、脑科学、神经科学、人工智能等前沿研究成果，在跨学科研究中探索语言规律，构建语言科学的中国学派。

伟大的思想是时代之声的回应，只有聆听时代的声音，回应时代的呼唤，认真解决重大而紧迫的问题，才能推进理论创新。正是在回应时代之声的过程中，中国共产党借助外语教育找到了马克思主义。建党百年来，我们在革命、建设和改革的过程中不断坚持和发展马克思主义，让马克思主义说"中国话"，运用马克思主义立场、观点、方法研究和解决各种重大理论和实践问题，为丰富马克思主义贡献中国智慧，产生了马克思主义中国化的最新理论和实践成果。从向内翻译马克思主义经典著作到向外传播马克思主义中国化最新成果，从"国际化"到"化国际"，构建中国特色社会主义全球话语体系，这是

---

① 《习近平在中共中央政治局第三十次集体学习时强调　加强和改进国际传播工作　展示真实立体全面的中国》，新华网，2021年6月1日。

中国外语教育的新使命；扎根中国大地，培养学生语言能力、学科专业能力，提升对外话语能力，这是中国外语教育的新任务、新机遇。

结　语

综上所述，中国近现代外语教育与中国文化传统、与马克思主义中国化、与中国经济社会现实始终密切结合，塑造着中国教育的现代化过程，直接推动了中国社会主义革命、建设和改革开放的现代化进程，也为不断形成完善中的中国特色社会主义理论基础和教育基础添砖加瓦。理论一经掌握，就会产生强大的内生动力。回顾建党百年历史，不难发现，中国现今的制度不是纯粹的舶来品，而是在"不忘本来、吸收外来、面向未来"的过程中不断演进发展完善而成，是体现中国特色的制度体系，它本身具有强大的内生活力。外语教育则为这一制度体系的发生发展做出了历史贡献。在全面建设社会主义现代化国家新征程上，外语教育需要新的发展理念，为培养能够为人民谋幸福、为民族谋复兴、为世界谋大同的时代新人做出新的贡献。

参考文献

[1] 陈绍康：《上海外国语学社的创建及其影响》，《上海党史》1990年第8期。
[2] 付克：《中国外语教育史》，上海外语教育出版社1986年版。
[3] 蒋妙瑞：《应运发展的中国大学英语教学——纪念改革开放30周年》收入庄智象：《外语教育名家谈（1978—2008）》，上海外语教育出版社2008年版。
[4] 李传松、许宝发：《中国近现代外语教育史》，上海外语教育出版社2006年版。

［5］李福泰：《李福泰复信并附条说》，同治六年十二月乙酉，收入《筹办夷务始末·同治朝》，中华书局 2008 年版。

［6］李鸿章：《李鸿章全集》，海南出版社 1997 年版。

［7］毛泽东：《毛泽东选集》(第三卷)，人民出版社 1991 年版。

［8］习近平：《在哲学社会科学工作座谈会上的讲话》，人民出版社 2016 年版。

［9］夏东远：《洋务运动史》，华东师范大学出版社 1996 年版。

［10］尹德翔：《东海西海之间——晚清使西日记中的文化观察、认证与选择》，北京大学出版社 2009 年版。

［11］赵劢坚、傅善卿、李良佑：《平凡人生——王季愚传略》，上海书店出版社 2006 年版。

（本文曾发表在《中国外语》2021 年第 4 期。）

中国高等外语教育当勇担新使命

人类的诞生以语言的产生为主要标志之一，作为语言符号的文字，其出现让人类文明得以不断延续。语言不仅是交际的工具，也是知识的工具，更是价值观的载体，体现了文明的多样性，让不同文明之间的相互交流沟通成为可能，让不同文明之间的理解交流交融有了必要。同时，语言也是解锁文明的密钥，通过探索语言的变化，我们可以从中发现同一文明的演进历程，也能比较不同文明的异同。正是借助语言的功能，人类文明从冲突排斥、非彼即此走向和平合作、开放包容、互学互鉴、互利共赢。

进入近代以来，对语言的探究成为科学界孜孜不懈的求索之一。语言是如何诞生的、人类是如何习得语言的、如何应用语言、机器语言的发展如何影响人类语言和社会、人类语言的未来是什么……作为兼具人文科学、社会科学和自然科学等特征的语言学科，在世界高等教育学科体系中，占有越来越重要的位置。

特别是今天，在落实"一带一路"倡议和构建人类命运共同体的过程中，语言在促进民心相通、服务中外人文交流等方面发挥了无可替代的作用，外语成为国家大事，中国高等外语教育也迎来了发展的历史机遇。

回顾新中国高等外语教育发展的历史，高校对语言的教学、研究和应用取得了显著的成绩，更是形成了具有中国特色的高等外语教育办学模式。以上海外国语大学为例，学校在新中国建设之急需中应运而生，创校宗旨即培养"革命的外语人才"，服务国家建设。经过大约 30 年的时间，学校从单语种的俄文学校发展为多语种的全国重点大学，人才培养的专业重点是提升学生的外语语言能力。改革开放后，响应国家对涉外复合型人才之紧缺需求，学校增设非语言类专业，培养复合型特色专业人才。再经过大约 30 年的时间，学校初步实现了从单科性向多科性外国语大学的转型，着重提升学生的语言能力和专业能力，同时注重学生跨文化交际能力的培养。

可以说，上海外国语大学的办学历史，反映了新中国高等教育的发展轨迹，是高等外语教育进步的缩影，学校外国语言文学学科建设的演变历程也折射了语言学学科的变迁。

进入新时代，面对世界百年未有之大变局，放眼全球，我们深刻地认识到，落实"一带一路"倡议，参与全球治理，构建人类命运共同体，需要一大批熟悉党和国家方针政策、了解我国国情、具有全球视野、熟练运用外语、通晓国际规则、精通国际谈判的专业人才。参与和推动全球治理，参与规则制定，所有的一切都源于沟通和交流，源于语言。但这不是回归原点，而是赋予语言更大的力量和全新的历史使命。教育工作者普遍认识到，我们对世界的知识供给之不足，世界对我国之认知，与我国日益上升的国际地位很不匹配。对此，既存在着相当大的"认知赤字"，也存在自身话语能力的系统性、学理性建设问题。我们应意识到，我们不是为了外语而学外语，不是为了跟随，也不是为了模仿，而是要创造自己的话语，在全球背景下建构自己的知识体系，提升中国的话语议题、规则、进程设置能力，形成有效的对外话语能力。教育工作者普遍认识到，对世界的知识供给与我们国家的地位相比，还存在着很大的"认知赤字"，我们亟须在人才培养和学科建设上提高自身的话语能力。

教育是提高人民综合素质、促进人的全面发展的重要途径，是民族振兴、社会进步的重要基石，是对中华民族伟大复兴具有决定性意义的事业。其中，外语教育的作用独一无二，不可替代。在新时代，它对于建构中国人自己的对外话语能力体系更是具有决定性的作用。高等外语教育，尤其要借助"双一流"建设的契机，抓住新机遇，勇担新使命。

我们把学校的人才定位调整为培养"会语言、通国家、精领域"的卓越国际化人才，致力于把学校建设成在国别区域全球知识领域特色鲜明的世界一流外国语大学。在推进"双一流"建设的过程中，我们提出"多语种＋"战略，即倡导跨专业、跨学科、跨院系的人才培养，倡导跨语际、跨国别、跨文化的学术研究，倡导骨干培养、团队协同构架、梯队建设的师资队伍建设，倡导多元、交融、合作的国际视野，倡导跨课堂、跨校区、跨社会的校园文化，倡导整体性、实践性、特色性的党建思政，倡导师生中心、制度建设、内涵质量的学校治理，积极探索中国特色的高等外语教育发展之路。

要通过一流学科建设，既促进外国语言文学、中国语言文学等相关学科的融合，也推动语言学与神经科学、数据科学、计算科学等的跨学科交叉。要聚焦中国的全球话语能力建设，不忘本来、吸收外来、面向未来，在文化的"创造性转化、创新性发展"和区域国别研究、全球知识构建方面积极作为，站稳前沿，以特色建设实现内涵式发展，引领中国高等外语教育的发展。

（本文曾发表在《人民日报》2019 年 12 月 8 日，略有修改。）

着眼于培育时代新人的高等外语教育

近来两件事让我更深入地反思教育，有焦虑感。一是俄乌冲突，二是还在蔓延的疫情，尤其是此次给上海带来的危机。我们习惯的平静生活随时可能受到自然和社会危机的冲击。一切需要我们教育者反思，教育应该回应这个巨变的时代，我们培养的人能否以及怎样胜任时代的要求，胜任非常规状态下的挑战，都需要回答。我们身在其中，深有体会，我们必须重塑我们的高等教育。作为外语人，我们需要回答高等教育到底要培养什么样的外语人才才能应对这一巨变。用总书记的话说，就是我们如何培养"堪当民族复兴重任的时代新人"。

（一）外语人才培养的历史性和时代性

回顾历史，中国外语教育在其诞生并发展的 160 年间，始终围绕"民族复兴大业"这一主线，立足不同时代的特有主题，为马克思主义中国化，中国社会主义革命、建设和改革开放的现代化进程培养急需的外语人才，为不断形成完善中的中国特色社会主义理论基础和教育基础做出历史贡献。立足当下，新时代对外语人才的能力素质提出了更高的要求，能够适应并满足时代要求的外语人才依然紧缺。面向未来，新时代呼唤高等外语教育的新范式，外语界应勇担新使命，努力为民族复兴大业奠定教育之基、人才之基。

对不同时代主要矛盾的把握和为之奋斗的努力构成了每个时代特有的主题。聆听时代声音，回应时代呼唤，中国外语教育在160年的发展过程中一直与时代的主题和需求紧密联系，为中国的革命、建设和改革开放事业培养了一批批"时代新人"，做出了历史性贡献。根据时代主题的变化大致经历了四个发展阶段。

其一，被动学习阶段：外语教育在救亡图存的时代主题下为中国与西方的"被动交往"培养"洋务人才"。鸦片战争的坚船利炮打碎了清政府闭关锁国的大门，也惊醒了一大批先进的仁人志士。19世纪60年代，京师同文馆、广方言馆等外语教育机构的建立开启了中国近代新式教育，外语教育成为中国教育现代化的发端。以读"西书"、译"西学"、学"西洋"为主要办学目的，近代外语人才被寄希望于"查探彼国之虚实，宣布我国之事理，中外之气不隔，于通商大局，必有裨益"。

其二，主动学习阶段：外语教育在改天换地的时代主题下为中国共产党探求革命道路、主动争取国际支持、建立社会主义制度培养"革命干部"。从1920年在上海成立的外国语学社，到20世纪40年代成立的延安大学俄文系、中国人民抗日军政大学三分校俄文队，再到新中国成立前后成立的哈尔滨俄语专门学校、上海俄文学校等，这一阶段的外语教育直接与培养干部人才、探求救国道路、进行革命斗争紧密结合在一起。新中国成立之后，外语教育（包括语种专业设置）受到中央高度重视，周恩来总理亲自过问，建立了覆盖基础教育和高等教育的外语院校"一条龙"体系，外语人才的培养和外语教育政策已上升至国家内政外交的战略层面来集中规划实施。

其三，合作交流阶段：外语教育在改革开放的时代主题下为"四个现代化"建设培养大批"又红又专""语言+专业"的涉外人才。以1978年8月底至9月初教育部在北京召开全国外语教育座谈会为标志，外语教育成为中国改革开放事业的风向标，获得了长足发展。从

20世纪80年代起，外语院校开始制度性地培养"语言+专业"的复合型人才，传统的外语院校在经济全球化和高等教育国际化的浪潮中，开始向基于外语教学与人文和社会科学相融合的多学科大学转变，为中国走向世界、融入世界培养各领域所需的涉外人才。

其四，合作引领阶段：在"百年未有之大变局"的时代背景下，外语教育心怀"国之大者"具有作为人类命运共同体的基础的重要意义。从翻译马克思主义经典著作到传播马克思主义中国化最新成果，从"国际化"到"化国际"，构建中国特色社会主义全球话语体系，这是中国外语教育的新使命；扎根中国大地，培养学生语言能力、学科专业能力和对外话语能力，加强国际传播能力建设，是中国外语教育的新任务、新机遇。

（二）重新认识外语教育和外语学科

随着全民外语水平的不断提升，机器翻译和人工智能的发展，不少人认为外语教育和外语学科在某种程度上有被弱化的倾向，受到其他学科以及交叉学科这一新的学科门类的双重夹击，特别是区域国别学作为单独设立的一级学科冲击着外语学科的"边界"。大家的感受似乎是，外语学科面临多重危机，不仅满足不了国家对外语人才的需求，自身也缺乏改革发展的动力。

当我们讨论高等外语教育和外语学科的时候，如果我们一直侧重强调"外"字，无法跳出外语教育以及外语学科中的"外"字的话，恐怕就没有抓住和理解外语教育及外语学科的本质内涵和核心要义，就很难找准我国外语教育改革发展的方向。总书记在去年北外成立80周年给北外老教授回信时强调："深化中外交流，增进各国人民友谊，推动构建人类命运共同体，讲好中国故事，需要大批外语人才，外语院校大有可为。"高等外语教育迎来了新一轮发展机遇，我们要深刻领会总书记对外语教育工作者的殷切期望,守正创新,加快推进外语教育的改革发展,在推动中国更好走向世界、世界更好了解中国上做出新的贡献!

其一,回归语言层面谈外语教育。无论是外语,还是母语,语言是我们认识世界的工具和方法,由语言构成的知识体系是我们对世界的认知体系。从这个意义上讲,语言即知识。语言体现的是一个国家、一个社会或者一个人的语言能力和知识体系。不同语言只是表示人们对客观世界的描述方式不同,就像罗塞塔石碑一样,由上至下共刻有同一段诏书的三种语言版本,那时的人们不会区分哪个是母语,哪个是外语,而是从使用者的角度来区分神明的语言、平民的语言和统治者的语言。

中国共产党第一次全国代表大会通过的《中国共产党第一个决议》有俄文本、英文本和中文译本。中国共产党第二次全国代表大会通过的《中国共产党第二次全国代表大会宣言》和制定的《中国共产党章程》有中文本和俄文本。没有人去突出哪个是外文版本,而是突出决议、宣言以及章程的不同版本。(可省:由此可见,中国共产党具有与生俱来的世界眼光,它表现为把握历史前进逻辑和时代发展潮流的清醒意识,表现为积极学习借鉴世界各国人民创造的文明成果的博大胸怀,表现为对国家现代化路径的积极探索和贡献,表现为对人类前途命运的深切关怀。)

不同语言表达形式有差别性、特殊性,但所有语言表达的内容有普遍性、知识性和真理性。让学生学习语言形式是现象的学习,而透过现象让学生掌握不同语言表达的内容和用不同语言表达立足中国的主体性内容,则是本质的学习。专业的外语教育应该从形式进入本质,是形式与本质的有机融合。

其二,外语教育要超越"学科"的边界。我对"学科"这一概念是有些纠结的,对学术学科的发展也是有纠结的。学科是人类认识世和改造世界过程中积累的知识和方法体系,是过程和结果,不应被当作认知和实践不得逾越的出发点,不应成为认识世界、解决问题的障碍,更不应变成调解学科利益关系的内卷循环。我想,这一点是我们外语界同仁在思考学科改革发展的时候需要特别注意的。近年来,学科交叉的概念非常重要,无论是在国际科学研究界,还是国内学术研究界,研究涉及重大人文和社会科学问题的时候,必然要求开展多学科的交叉研究。学科交叉在今天高等教育的发展阶段具有非常核心的意义,在外语学科这个领域,语言类和非语言类学科的有机结合赋予学科新的生机和活力。

其三,外语教育要有时代关照和现实关照。当今世界面对百年未有之大变局,国际格局发生变化,国际关系和力量的对比发生变化。在这个变化过程中,中国的崛起是最大的变量,基于我国政治、经济、社会等各个领域的发展,我们国家越来越靠近世界舞台的中央,这是一个基本现实。现实生活到了哪一步,我们的外语教育就应该到哪一步,人才培养和学科建设就应该跟到哪一步。

(三)新时代外语人才的基本内涵和能力要求

新时代是中国日益走近世界舞台中央、深度参与全球治理、以推动人类命运共同体构建为人类谋求更大进步的时代。外语教育必须在世界百年未有之大变局中确定发展的新方向,培养能够扎根中国大地、具有全球视野和世界眼光、能够参与全球治理和全球事务的卓越人才成为高等外语教育"培养堪当民族复兴重任的时代新人"的基本内涵。具体而言,政治定力、语言能力、学科能力和话语能力是新时代外语人才的能力素养要求。

其一,政治定力。政治定力的根本是主体认同(包括文化认同、民族认同、国家认同)与世界眼光的互构,是在扎根中国大地与坚持胸怀天下基础上形成的坚守与开放相统一的品质。语言是交际的工具和知识的存在形式，也是思想、价值、文化的载体，语言天然是了解他者、反观自己的镜子，具有知己知彼的深层意义。外语教学和外语课程思政改革要会利用之、善利用之，在语言的学习中培养学生对文化差异的自觉意识、批判意识与创新意识，提高对语言的文化普遍性和政治工具性的判断能力。

其二，"语言+学科"能力。中国外语教育从一开始就是"语言+专业"的学习方式，"不能只会外语，不懂外国"，"不会外语对不了话，只会外语对不好话"，"优秀外语人才不是只会外语的人才，也没有只会外语的优秀人才"。新时代的外语人才应当做到"会语言、通国家、精领域"，不仅要精通语言，还要通晓语言背后的国家和文化，提升某一领域的专业知识。语言能力是基础。要回归传统，把语言作为对象，创新语言系统研究；把语言作为内容，构建国别区域知识；把语言作为工具，提升全球话语能力。学科的能力体现的是内容能力，它包含了知识的视野、历史的视野和国际的视野。学科的知识要成为系统，要有历史的宽度，要从历史进程的角度去看待和理解这个世界。

其三，话语能力。对沟通来说，语言是交往交际的工具，话语则是文化思维的神经，语言能"通事"，话语则能"通心"。全球话语能力是打开不同国家和民族"心锁"的能力，包括全球理解力（听得懂）、全球表达力（说得清）、跨文化沟通力（沟通得了），是新时代外语人才素养的一项关键能力。概要地说，全球话语能力由外语能力和相关知识与场景经验有机生成，是融合语言能力与学科专业能力，并有针对性地运用新知之能力，了解处于异文化环境中的沟通对象感知世界的方式，并据此采取措施加强有效互动是其关键要素。

（四）以培育时代新人为目标的高等外语教育范式变革

从现象层面的学习朝着本质层面的学习的过程转变，是外语教育的一个时代特点，也是外语教育面临的根本性的范式变革。从形式与现象到内容与本质，从教授语言知识到教授语言背后的思想文化内容，再到培养掌握这些语言所表达的知识、技能和思想文化内容的国际化涉外人才，外语教育需要从以下几个方面进一步融合教育的普遍规律和外语学科的特殊规律，才能完成培育时代新人的目标。

其一，主体性。首先，围绕立德树人根本任务，外语人才的培养必须旗帜鲜明，坚持国家主体，树立国家意识，让外语人才扎根在中国大地上。外语人才首先要加强对本国语言、国情、历史和文化的学习和了解，增强做中国人的志气、骨气、底气，才能保持政治定力，增强判断能力，在世界眼光下增进文化认同、民族认同和国家认同。其次，从学术研究的角度看，主体性不仅是指我们作为学术研究的主体身份所要坚持的出发点，更多的是指我们的学术研究如何从西方构建的、以西方中心论为特征的哲学社会科学体系，逐步转向基于中国历史与现实以及中国视角的、以"人类命运与共"为特征的哲学社会科学体系。结合上海疫情，我还想说一点，就是我们的教育要培养学生的社会意识，社会责任意识与能力，特别是在非常规的紧急状态下有一种责任意识。也就是说，如何把握自己的生活，又能与集体和社会融为一体，形成集体共同应对危机，这种生存能力、维护共同生活的能力。这种责任意识的前提是独立自主。教育需要"去孩子化"。我们培养的学生如果没有主体精神，就没有自我组织的能力，就无法组织社会，也就不会成为贡献社会的群体。

其二，学术性。要着重解决好"外语与外国相割裂""学外语没学外国"这一问题，提高外语学科课程体系的系统与专通。在听说读写译这些基本语言技能训练的基础上，一定要强化语言是知识的存在形式和价值观的载体这两个更为重要的要素，并以此来构建包含哲学、逻辑学、历史学、地理学、人类学、方法论等的完整的外语学科课程体系，使语言能力得到学科的有力支撑。学科能力体现的是内容能力，它包含了知识的视野、历史的视野和国际的视野。学科的知识要成系统，要有历史的宽度，要从历史进程的角度去看待和理解这个世界。在新科技蓬勃发展的当下，外语人才要重点弥补在数据、信息技术和数学量化思维能力方面的缺陷，语料库、翻译的人机耦合、语言智能等已经成为新时代外语人才必须具备的基本能力。

其三，实践性。要着重解决好"外语与传播相割裂""会外语不会讲故事"这一问题。全球话语能力的培养需要我们从课程设置、课堂教学设计、课堂教学实践等环节多维度设置内容与场景，系统地培养学习者参与国际话语交融和交锋的能力；要在外语教学中，培养学生敢于表达自己的语言自信力，以及善于描述和分析问题的方法与技巧，增强对全球舆论的把控能力。所以场景化学习训练的意义更加凸显出来：多样化的学习组织形式，诸如合作学习、项目学习、探究式学习，以及多类型模拟交际场所，诸如各种辩论课、演讲课、模拟联合国、模拟国际法庭、模拟谈判、模拟新闻发布会等，都应该尽可能应用到外语教育人才培养方案和课程设计当中。

其四，国际性。要统筹国内国际教育资源，共建、共享卓越人才的全球培养体系和课程体系。加强引才引智工作，打造高水平中外合作师资科研团队，共建、共享全球教学体系和知识体系。积极拓展全球传播渠道，积极引导师生投入国际传播实践。从课程体系、教师队伍、管理文化、校园氛围等各方面提升大学的对外开放水平，使大学成为国际化的场景，让学生得到浸润式的滋养和锻炼。

（本文系笔者 2022 年 5 月 14 日在第十五届全国英语类专业院长/系主任高级论坛上的讲话。）

教育强国建设与外语教育的时代责任

外语教育与马克思主义中国化,与中国社会主义革命和建设以及改革开放的现代化进程密切关联,为中国式现代化道路的形成、发展和不断完善做出了重要历史贡献。当前,外语教育面临时代发展带来的挑战,同时也迎来崭新的发展机遇。深入学习贯彻习近平总书记在主持二十届中共中央政治局第五次集体学习时发表的重要讲话精神,切实把外语教育和外语学科放在世界百年未有之大变局、党和国家事业发展全局中来看待,外语院校需要从教育强国的时代要求和任务中去认识所肩负的使命责任,努力培养和造就国家急需的"会语言、通国家、精领域"的优秀人才,推动大国公民"国际视野"的养成,为国家对外战略发展和战略传播、参与全球治理贡献中国自主的国别区域全球知识,为教育强国建设提供人才支撑和智力支持。

(一)时代意义:重新认识语言和语言学习的价值

长期以来,虽然也认识到外语能力本身是国家能力和公民人文素养的重要组成部分,但社会上比较普遍的看法是,外语教育就是传授听说读写译等语言技能的教育,这一现象在一定程度上反映出传统外语教育缺乏专业知识的传授和能力的培养,需要切实改进。近些年,外语教育界越来越重视外语与专业、外语与国别以及外语与话语之间的内在关联，在学科和专业发展方面开展了顺应时代的改革尝试。新的共识是，新时代外语人才的培养不能拘囿于把外语作为交际工具来进行传授，还要认识到语言人文性和科学性的统一、语言工具性和价值性的统一，要进一步围绕语言作为知识、数据和价值载体的定位来培养新时代外语人才。

1. 首先，要认识到语言作为国家能力的战略价值

语言是交际工具，也是知识工具，是思想文化和价值理念的重要载体。一种语言对于知识、思想和文化等的承载量，在很大程度上决定了其在世界语言之林中的地位和作用。一个国家掌握他族、他国语言的能力和对外传播本族、本国语言的能力，是一个民族和国家综合实力的重要体现。中华民族伟大复兴需要借鉴其他国家优秀的思想和科技资源，同时也要与世界各国分享自身发展和世界认知的经验、知识和方案，贡献中国对于人类未来发展的理念和方案。这既是中华民族伟大复兴之于人类社会的重要意义，也是中华民族伟大复兴得以顺利实现的重要路径。

习近平总书记倡导以中国式现代化推动中华民族伟大复兴、推动构建人类命运共同体、引领世界永久和平发展的理想和理念，需要中国自主的知识体系和话语体系的支撑，需要用不同的语言表达、记录和传播，要让这些理念及支撑理念的知识和话语能够讲得出、传得开，成为全人类共有的知识资源和共同认知的话语。在此意义上讲，人类命运共同体首先是知识的共同体和话语的共同体，语言是支撑共同体构建的首要基础，是国家的战略资源。基于此，外语教育具有重要的战略意义，要求我们从更高的站位全面规划推进外语能力建设，外语院校要主动发挥战略作用。

2. 其次，要认识到语言作为底层数据的功能价值

以 ChatGPT 为代表的大语言模型技术的出现，更加凸显了语言作为人工智能时代底层数据的功能价值。长期以来，外语学科的学科功能偏重人才技能培养，学科定位偏向工具性，存在知识体系陈旧、学科发展模式单一、难以融入现代科技和经济社会发展的问题。数字与智能技术的进步越来越要求不同学科间交互融合发展，外语学科的知识生产和创新功能急需进一步挖掘，其人文性和科学性、工具性和价值性相统一的学科价值急需拓展。人工智能时代，语言科学将成为重要的支撑力量，有必要建立语言即数据的观念。一方面，语言学基础研究，以及语言学与认知神经科学、脑科学、计算科学等领域的交叉融合，为语言智能提供理论和方法，为智能领域的范式创新提供重要的学科基础；另一方面，语言数据的开发、供给、应用与研究是数字化时代的新兴战略资源领域之一，与科技创新和产业进步有着密切的关联。

目前，具有通向通用人工智能潜力的大语言模型技术，已经同时在软硬件两个方面对国家综合实力的激烈竞争产生重要影响。在现代技术的加持下，语言科学和语言数据之争进一步上升到事关国家发展和安全的高度。ChatGPT 在中文和英文内容生成质量上的明显差距，国内外大语言模型生成内容的不同意识形态倾向，提醒我们语言科学的交叉研究，多语数据的供给、开发、利用和保护，基于场景的语言数据运用等，对于国家战略发展和战略传播的重要意义。应深化对语言能力内涵的理解，强化语言科学和语言数据意识，不能再技术性地把语言能力仅仅看作人和人之间交际的工具，要强化学生创造性理解、掌握和综合运用语言技能及数字技能的能力。这方面的科学研究和人才培养才刚刚起步，外语院校和外语学科应抓住这一崭新的机遇。

3. 再次，要认识到语言作为思维素养的人文价值

维特根斯坦在《逻辑哲学论》中指出："语言的边界就是世界的边界。"ChatGPT 出现后，质疑外语教育重要性的声音不绝于耳，不少声音强调，与其花时间学习一门语言，不如把时间花在培养所谓的发现问题、提出问题、场景化问题的能力上，但这恐怕是本末倒置的想法。因为，发现和提出问题的前提是建立在良好语言能力基础上的认知与思维能力。学语言的人都有亲身体会，一种语言是一种体系化的思维方式和看问题的视角，能够对人的言行举止产生潜移默化的作用。"不识庐山真面目，只缘身在此山中"，问题往往产生于比较，因此对跨语言、跨文化、跨区域、跨国别、跨学科的知识体系的了解和把握具有重要意义。语言能力，特别是多语能力，不仅仅是一项交际的技能，更是了解人类文明丰富性和多样性、在自我与他者的比较中建立起关于世界的全面、系统、客观的认知所需要的基本素养。由于翻译的"不可译性"，无论是人工翻译还是人工智能翻译，都难免有"隔靴搔痒"之感，都替代不了语言学习在人类文明交流互鉴中的基础性作用。掌握一门外语，有助于拓展新的认知维度，有助于从别人难以发现的角度发现问题的底层逻辑和规律，提出解决问题的独特视角，并在跨语言的比较和结合中找到解决问题的新办法和新途径。从这一意义上来讲，ChatGPT 非但没有削弱，反而大大增强了语言能力之于人的全面发展的重要性和现实性。语言能力的强者，在人工智能技术的辅助下，其视野和能力都将大为拓展和提高。

（二）国际视野：国别区域知识体系发挥基础性作用

中国政府发布的《新时代的中国与世界》白皮书中指出，中国是世界的中国，中国的发展与世界紧密相连。日益走近世界舞台中央的中国与世界各国的互动不断加强加深，需要外语教育立足国家战略发展大局培养出大批"会语言、通国家、精领域",胜任全球范围内各类专业岗位的人才;立足国家战略传播大局培养出胜任中外文化交流、不同文明互鉴、不同社会相互理解、国际舆论斗争交锋等的专业人才;需要对各国知识体系有深入系统的了解,为全球知识体系贡献中国特色的学科体系、学术体系、话语体系。要做到上述各项,需要知己知彼,实现相得益彰;需要国际视野,筑牢中华文化自信,而国际视野需要中国特色的国别区域全球知识体系支撑,外语教育和外语院校在其中大有可为。

就战略传播而言,要实现中国故事和中国声音的全球化、区域化和分众化表达,离不开融通中外的高质量对外翻译和对外话语体系建设,需要强有力的区域国别知识作基础。

全球话语能力不仅需要高超的外语能力,还需要区域国别知识的支撑,即通过外语进一步了解世界历史、地理、经济与社会发展知识,理解不同国家和民族的政治制度、文化、习俗、思维方式和行为习惯等的差异,理解文化习俗对个体思维和行为方式的影响,尊重文化差异,同时深刻认识自己的文化根源与价值观,保持好奇和开放的心态。只有了解掌握目的语的区域国别"历史文化、民族特点、发展历程",针对性地建立共同关注的议题和采用自信得体的表达,才能形成基于国别、族别、群别、语别的分众化话语能力,特别是新概念阐释能力和融通中外的新范畴创造能力,从而实现听得懂(全球理解力)、说得清(全球表达力)和沟通得了(跨文化沟通力)的目标。

构建国别区域全球知识体系对我国现有外语教育体系是个挑战。外语类院校拥有外语和相关学科基础,但学科结构整体上相对单一,且传统上以语言专业划分院系和科研机构,学科专业和院系之间很难有机交叉融通,迫切需要立足语言优势,打通语言与相关学科的边界,强化构建国别区域全球知识体系和话语体系的时代责任意识,实现专业学科机构和资源配置的"跨""通""融",系统推进外语基础上的区域国别研究和国际传播的协同发展，夯实全球话语能力建设的传播学根基、区域国别知识根基、语言和翻译能力根基，形成相互之间的有效支撑。应将推动中华优秀传统文化创造性转化、创新性发展作为一项重要任务，向世界讲述和贡献更多的中国知识和中国智慧，在国际中文教育方面探索出外语类院校的特色路径。

（三）文化定力：培养学生对知识体系和话语体系的自觉意识和反思能力

习近平总书记指出，文化自信是更基本、更深沉、更持久的力量。面对世界百年未有之大变局，特别是国际环境可能出现的风高浪急甚至惊涛骇浪，培养具有文化定力，既善于学习借鉴，又敢于斗争、善于斗争，推动文明交流互鉴的人才，对外语院校具有非常重要的意义。

当前形势下，世界主要国家间的竞争越来越激烈，这也表现在知识体系和话语体系的竞争上。语言天然是了解他者、反观自己的镜子，具有知己知彼的深层意义。在外语教育中要培养学生具备扎实深厚的中华文化功底和政治理论素养，熟悉党和国家方针政策，了解我国国情，能够围绕中国式现代化和人类文明新形态准确、客观、生动地讲述中国故事，表达中国立场，表述中国理念；要培养学生敏锐的文化自觉，对语言的文化和政治属性保持敏锐的判断能力，对中外文化差异具有敏锐的自觉意识和批判意识，具有融通中外叙事的创新能力；要培养学生开放的文化自信，既扎根中国大地，又坚持胸怀天下，秉持坚守与开放相统一的文化品质，尊重文化多样性，以坚定的文化自信和海纳百川的开放姿态推动中外文明交流互鉴。

加强"会语言、通国家、精领域"的涉外人才培养，要融合培养学生的文化定力、语言能力、学科能力和话语能力，核心是培养学生的全球话语能力。坚持用习近平新时代中国特色社会主义思想铸魂育人，把文化定力的培养落实到培养学生对知识体系和话语体系的自觉意识和反思能力当中去，语言能力和学科（专业）能力的培养应该与国别区域全球知识体系充分结合，从而形成以政治定力、语言能力和学科能力为支撑的中外知识体系，提高话语体系的分析比较能力、转换能力、对问题和场景的发现能力。

新发展阶段赋予外语教育新的内涵和特征，外语教育更应肩负起新的历史使命，不断在理念、内容、方法、评价等方面实现系统重塑，在数智化水平、资源配置机制、治理体系和保障机制等方面主动适应教育强国的要求，增强对时代的适应性和引领性，在教育强国建设中展现外语院校新作为。

（四）上外实践：培养"会语言、通国家、精领域"人才，服务国家战略发展和对外传播需要

从2016年开始，上海外国语大学确立了"建设成在国别区域全球知识领域特色鲜明的世界一流外国语大学"的办学愿景和培养"会语言、通国家、精领域"的"多语种+"卓越国际化人才的人才定位，开启了以外国语言文学为根基，以外语院校特色的文文交叉、文理交叉、文工交叉为途径，以培养学生的政治定力、语言能力、学科能力和话语能力为根本，以构建中国自主的国别区域全球知识体系为目标的新的发展路径。

一是不断调整优化学科设置。大力建设区域国别学、国际传播学等交叉学科，强化翻译学科领先优势，系统推进语言学科守正创新，推动语言类学科与非语言类学科交叉融合，推动人文社科与现代科技融合。提升智库建设效能。统筹推进中阿改革发展研究中心、教育部中东联合研究院和中阿大学联盟秘书处建设。

二是创新人才培养。在语言能力培养的基础上，进一步建成区域国别、国际传播、专业领域、国际组织四大类760余门特色课程体系，贯通本硕博人才培养全阶段。突出区域国别田野调查能力培养，支持师生赴研究对象国和地区开展田野调查。建设"多语种+"区域国别、政治、经济、法律、新闻、金融、教育等特色人才培养项目。推动"翻译+科技/+国际传播/+国际组织"等高层次应用型翻译领军人才培养，与14家国际组织及其分支机构开展长期合作，建立起国际组织人才培养和输送的"直通车"。

三是以"三进"工作为抓手，融合培养学生政治定力、语言能力、学科能力和话语能力。大力加强马克思主义学院和思政课建设，特色开展《习近平谈治国理政》多语种版本"三进"工作，实现由"进"到"出"的知识转换和话语转换，提升学生融通中外的话语能力。

四是打造国际传播实践平台，让师生在对外传播实践中既锻炼话语能力，又坚定政治认同和情感认同。加强基层传播，与上海市松江区合作创办运营"上海松江"英文融媒体应用平台。全校师生每年在海外媒体发表评论文章，多渠道、多角度表达中国立场，表述中国理念，贡献中国智慧。加强专业传播，在教育部的领导和支持下，协助编辑运营教育部政府门户多语种网站。加强红色传播，完成中共一大纪念馆近40万字的展陈文本翻译任务，开展红色文化传播理论与实践的课题研究。加强品牌传播，受中国国际中文教育基金会委托编辑运营《孔子学院》11个语种的期刊，使之成为了解中国、理解中国的媒介。加强学理传播，以国际杂志为平台，上外学者构建国际学者、国际表述、国际共识的学术共同体，在理念上实践国际传播。

（本文曾发表在《神州学人》2023年第7期。）

第七章

他山之石

简论德国大学校长的权限

自 20 世纪六七十年代以来，德国高等教育经历了大众化和国际化演变。大学在国内和国际范围内与经济社会互动交融，从"象牙塔"的学府演变为现代大型"学术企业"。大学的管理理念、制度和结构在过去 20 多年中发生了深刻变化，其中，大学校长的地位和作用受到前所未有的重视。传统上主要由各学院教授轮流担任的象征性职位被赋予了领导和管理大型"学术企业"的重任。校长不再仅仅是学者，而更要具备优秀的学术和行政管理能力，要有展望区域、国家和全球趋势，凝聚全校思想与力量，引领大学在国内外"学术竞争"和"经济竞争"中立于不败之地的"领袖品质"。校长获得了前所未有的权力，同时也受到相应的监督。德国大学校长的角色发生了史无前例的变化。本文依据文字资料和笔者与部分德国大学校长的访谈，重点论述德国大学校长的产生、权力和受到监督限制的情况。

1. 历史的回顾：从学术和行政管理"双元"结构，到校长"一元化"领导体制；从象征性角色到"大型学术企业首脑"，"校长集权"与有效监督有机并进

传统上，德国大学实行学术和行政管理"双元"结构。大学在学术领域实行自治，主要由教授和各学院自行管理，重要学术决策由大学或学院两级教授评议做出，包括选举校长。校长候选人则在各院教授中产生，经由大学评议会选举确认，由各院推举的教授轮流兼职担任，任期1—2年，对内对外代表学校的学术形象。行政管理事务则由君王/国家/政府委任的"学监"（Kurator）或"校务长"（Kanzler）负责，即专员代表政府全权管理学校的行政事务，监督学校的运作。20世纪六七十年代，进入大众化发展的德国高校面临提高管理效益的挑战，经历了深刻的结构改革。1976年颁布的《联邦高等教育总法》首次规定了大学的领导结构，参照美国模式明确大学校长必须全职负责学校的学术和行政管理事务，对内对外统一代表学校，大学校务长（Kanzler）则须服从和协助校长负责行政管理，传统上大学领导层的"双元"体制开始朝校长集权的"统一行政"（Die Einheit Verwaltung）的"一元化"时代转变。21世纪以来，德国各州政府推行高教改革，向高校下放权力，强化高校自主管理，校长的重要性凸显，高教法规进一步扩大校长职权，大学领导"一元化"进程基本完成，校长和以校长为核心的领导班子集人、财、物权力为一体，校长则成为全面负责的学校法人、领袖和总裁，处于学校的核心领导地位。同时，德国各州教育部与所属高校制定高校发展目标，并以此监管学校运作。制度上，新成立的大学监事会（Hochschulrat）与传统上的学术评议会（Senat）联手对校长进行监督，法律赋予两个机构必要时与教育部协同罢免校长的权力，对校长的监督机制亦趋完善。

2. 校长的选任：继承教授校长传统，引进非教授任职校长新模式，学校推选，政府任命；政府在选任校长过程中决策力由"显性"转为"隐性"

传统上，只有大学本校教授有资格担任大学校长。20世纪80年代以来，《联邦高等教育总法》和各州高教法均改变了上述传统，规定大学校长可由本校和外校教授担任，也可以任用"接受过高等教育，基于多年在学术、经济、行政和司法领域从事领导工作的经历能够胜任校长职位者"，以引进大学以外和没有教授学衔的管理人才和管理资源，提升大学作为"学术企业"的管理效益。根据新规，汉堡州教育部于 1991 年任命于尔根·吕特耶（Juergen Luetje）博士为汉堡大学校长，成为德国新体制下第一位没有教授学衔的综合大学的校长。吕特耶在担任此职 15 年中大力改革完善学校管理，使汉堡大学成为德国高校改革的排头兵，一度在教学和科研方面处于领先地位。需要指出的是，虽然确立校外人士和非教授衔者有资格担任大学校长的模式，但绝大多数大学仍推举本校教授任校长。尽管各州对校长选任程序的规定不尽相同，当前通行的基本模式是由学校监事会物色推举人选，学术评议会确认，最后由州政府主管部门任命。依据州高教法，各校章程规定推举校长的详细程序。校长一个任期通常 4—8 年，可以连选连任。

新体制的特点是，由包括政府代表在内的大学内外人员组成的监事会因享有提名权而在选任校长方面发挥着关键作用；由大学内部人员组成的学术评议会则从校内各阶层的利益角度出发，审议重要决定，对监事会加以制衡，以体现学校各方利益；政府部门在物色人选和任用过程中起到决定作用，但不再身处台前，而是更多地进行"幕后操作"，由过去直接干预的"显性权力"转变成间接影响的"隐性权力"，增加了校长选任过程中的民主性，政府实质影响的可能性却没有变化，保持着有利的回旋余地。

3. 校长的职权：大政方针，全面负责

一般认为，除了法律明确规定由本校其他机构或职位行使的权力，校长全面负责学校的学术和行政管理事务，即"统一行政"，确定大政方针和分配管理任务。具体表现在组阁权（Vorschlagrecht），即校长对副校长和校务长人选有提名权或上述人选需经校长认可；议程权（Vorlagerecht），即校长有权向学校各机构和部门提议待商议或决定的

事项；否决权（Vetorecht），即校长可以根据学校整体利益或出于政治考虑否定和撤销其他机构做出的决定；知情权（Informationsrechte），即校长有权要求学校各机构和部门提供所需信息；委托权（Auftragsrecht），即校长委托副校长代表其行使管理职权；支配权，即校长有权优先或重点分配学校的人力和财力资源，并将空缺的编制在各专业间进行调配；紧急事项单独决策权（Eil-kompetenz），即不经常规议事程序，按照自行判断而做出符合学校利益的决定。

4. 对校长的监督：目标监管，谨慎罢免

根据法律，各州政府主管部门（主要是教育部、财政部和内政部）对校长行使法律监督，并依据政府与相关高校签署的高校发展目标协议监管校长工作。新体制下，政府部门大幅减少了对校长的直接监管，更多地通过新设立的大学监事会间接行使监督。因此，监事会实际上成为政府监管高校的重要渠道。多数联邦州法律规定，当校长不能按高校发展目标协议开展工作或不能有效履行职务时，学术评议会有权提出免除校长职务的建议，经监事会确定后，启动罢免校长的程序。为保证校长职务的稳定性，法律规定启动罢免校长的程序需学术评议会和监事会四分之三的赞同票，罢免决定也需两机构成员四分之三的赞同票通过。尽管如此，个别州仍规定，对大学校长的罢免须经州教育部批准方能生效，即政府保留了罢免校长的最终决定权。2013年1月，汉诺威应用技术大学学术评议会多数表决同意，以执政风格粗鲁、决策不透明为由，启动撤销校长魏尔（Weil）职务的程序，导致校长班子难以行使职权，最终集体向州文化教育部请辞，并获得同意。这是近年来德国有关罢免大学校长的著名案例。此前，2012年7月，雷根斯堡大学校长托马斯·司徒霍特（Thomas Strothathe）任期4年后谋求连任，学校监事会却推选他人担任校长，原因是司徒霍特任职期间工作风格粗放，引起学校师生的不满，难以行使职权，监事会因此换帅。为避免校长独断专权，有些州法律和大学章程规定，大学由校长为首的校长、副校长和校务长组成的校长班子集体领导，尽管校长表决票数加倍，但校长无权否决多数决议。

5. 管理的特点：由"学术企业"松散结构和"高教市场"竞争决定的校长策略

新体制下，德国的大学校长普遍认为自己管理的是一个不同于一般经济企业的大型"学术企业"，必须兼顾学术和企业两方面的挑战，实现学术资源和经济资源的充分结合，赢得最大效益。与一般企业不同，大学组织结构因其成员的专业独立和个性特点而天然松散，学者和科系之间不具有经济企业工业化大生产必备的严密关联，理念管理先于项目管理。为此，校长们主要采取以下策略实施管理：

实行"议程政治"，掌控主要参与学校决策的组织如学术评议会、学校计划委员会、经济预算委员会、教学委员会和科研委员会等，实现全校战略理念和措施的统一，确定大政方针。绝大多数学校中，校长兼任学术评议会主席，并委托副校长或校务长担任其他专业委员会的主席。校长办公室或"参谋总部"（Stabstelle）为各委员会设定议事日程，起草决议草案，协调成员意见，并负责落实决议内容。新的管理模式大幅提升了学校的议事效益，显示出校长负责制的优势。但这同时要求校长有很高的统合力，能协同各部门形成一致。前述汉诺威应用技术大学和雷根斯堡大学校长落选的主要原因就是他们行事武断，未能与学术评议会和校务长等密切沟通协作，招致广泛不满。

实行"观点政治"，通过校内外公众场合发言讲话和与校内外相关人士的对话，在不断地交流互动中推广自己的观点，施展意见影响。很多校长认为，管理大学不能单靠决议和规定，而是要不断地"移植观点"，使校内外利益相关者认同自己的战略。有校长生动描述：校长要在权力和理性之间寻求平衡，尤其要重视理性的力量，在大学里只有理性最终能够获胜。若过度使用权力，不被本校成员认可，校长就会很快变成孤家寡人，致使权力失效。因此，运用权力的主要目的是促进理性。

实行"曲线政治"，通过各专业和部门领导或"代言人"表达观点，激发兴趣，使建议产生在基层，而自己"躲在幕后"。有校长风趣地说，自己就像是钓鱼的人，抛出一个想法，等待着他们上钩。校长们普遍认为，调动院系的积极性非常重要，因为大学的重要项目都需要他们实施，最好的办法自然是让他们感觉到，这些项目是他们自己倡议提出的，是源于和服务于他们自身的利益。因此，校长要避免事事站在前台，咄咄逼人。柏林洪堡大学的校长就曾感慨道：校长越是积极主动，遭遇到的阻力就越大，因为校长实际上没有什么权力，但他有塑造一切的可能性，手段就是调动积极性的艺术。

实行"强人政治"，在关键节点和问题上敢于决策，强力推行。这通常是多年担任校长的做法，他们积累了足够经验、感觉、人气和自信，有着不容撼动的领袖魅力（Charisma）。有位老校长表示：大学很散，要有成就必须"掌控一切"，否则一松就乱，校长必须胜任掌控的任务。有的校长认为，学校成员有着无穷无尽的政治观点，为此分立山头，相互攻击，校长必须加以遏制，不能放任意识形态的争论，相反，专业辩论应得到鼓励。为此，校长不仅是学校的行政领导，也应是学校的意见领袖（Meinungsführer）。

实行"营销政治"或"收购政治"，在精神和金钱之间寻求平衡，为学校获得更多社会知名度和捐助，获得尖端人才。法兰克福大学前任校长施泰因贝格（Steinberg）认为，精神和金钱缺一不可。在国际国内高教和人才市场竞争激烈的今天，没有足够的经费就难以实现学校的发展战略，特别是在全球范围内吸引到尖端人才，提升学校学术水平和国际名望。施泰因贝格任职8年中亲自负责筹款事务，吸引社会捐资1.2亿欧元，设立50多个基金教授席位，在大力增强学校学术实力的同时，更加密切了学校与社会的联系，巩固了自己的执政地位。慕尼黑工业大学校长赫尔曼（Herrmann）更明确表示，大学必须有钱，光靠政府拨款不够，还要向社会和企业筹款。有钱就可以"买进"世界顶级学者，甚至同时买进他们的家属，在尖端人才竞争中处于有利地位，作为捷径迅速提升学校实力。

6. 发展的趋势：作为"学术企业"，高校不能简单移植一般企业的管理模式

高等教育大众化和全球化的背景下，德国各州政府对高校实行间接式宏观目标管理，大学获得了历史上未曾有过的人事和财政自主权，成为自主经营的大型企业，传统上松散低效的组织结构经历了深刻改革，突出特点是现代企业管理制度被引入大学管理之中，监事会和董事会制度得以确立，大学校长成为集学术领导和行政领导为一身的"总裁"和"领袖"，被赋予前所未有的权力，但同时也受到制度和无形力量的制约。经历了起初效益至上、利益最大化的一般企业管理理念和模式之后，德国大学管理层越来越意识到，高校不同于一般经济企业，而是"学术企业"，这一特性决定了大学校长的管理模式与普通企业不同。在德国，现行高校管理模式，特别是高校校长的角色以及校长如何有效管理的问题，仍然是新生事物，相关经验仍在积累过程中。整体上看，各方从最初期待校长要管理好学校，是一位优秀的"总经理"和"总裁"，转变为期待校长是大学的战略领导人、精神领袖和师生利益的代表者，对校长的整体期待更加强烈和多元，给校长的压力也越来越大。关于校长职权和作用的研究在德国受到越来越多的重视，成果近年来陆续发表。整体上看，大学不同于一般企业，不能简单移植一般企业管理模式的看法成为引领观点。校长群体和研究人员呼吁，要把高校管理和一般企业管理区分开来进行研究，为提升校长有效行使管理职权、采取多样管理策略提供理论和实用支撑。

参考文献

[1] Carola Beckmeier, Ayla Neuse, "Leitungsstrategien und Selbstverstandnis von Hochschulprasidenten und-Rektoren," Eine Pilotstudie an an ausgewahlten Hochschulen, Kassel: Verlag Jenior and Preβler, 1994.

[2] Deutscher Hochschulverband, "Die Hochschule als Unternehmen," Symposium des Deutschen Hochschulverbandes am 22. Oktorber 2007 in Bonn, Bonn, 2010.

[3] Klaus Siebenharr (Hrsg), "Unternehmen Universiat, Wissenschaft und Wirtschaft im Dialog," 2. Forum Hochschulmarketing der Freien Universitat Berlin, Wiebaden: VS Verlag für Sozialwissenschaften, 2008.

[4] Otto Hüther, "Von der Kollegiatlitat zur Hierarchie?" *Eine Analyse des New Manegerialism in den Landeshochschulgezten*, Mit einem Geleitwort von Prof. Rolf v. Lüde und Prof. Georg Krücken, Wiebaden: VS Verlag für Sozialwissenschaften, 2010.

[5] Ulrich Wehrlin (HG), "Kompetenzen und Qualifikationen für Hochschulmanager," *AVM*, München, 2011.

[6] Werner Heinrichs, *Hochschulmanagement*, Oldenbourg, München, 2010.

（本文系笔者担任中国驻德国大使馆公使衔参赞时发表在《中国高等教育》2013年第9期上的文章。）

中德高等教育交流 30 年

引 言

1972年10月11日，德意志联邦共和国外交部部长瓦尔特·谢尔（Walter Scheel）应中国外交部部长姬鹏飞邀请来华访问。访问期间，两国外长签署并发表了关于两国建立外交关系的联合公报，两国关系发展从此进入新时期，教育合作与交流也步入崭新的历史阶段。回顾30年来中德关系的发展历程，国家主席江泽民评价道：两国文化、教育等领域的交流"日趋活跃，已形成多层次、多领域、多形式交流的格局"。德国总统约翰内斯·劳（Johannes Rau）也强调，教育特别是高等教育合作与交流的重要作用，称之为中德两国关系的重要组成部分。作为中德关系的组成部分，中德教育合作与两国各自的内政发展和利益取向密不可分。本文将尝试着从这一角度对30年中德高等教育合作发展的历程以每10年为时间单位做扼要回顾，并对不同时期的特点加以分析。

（一）20世纪70年代：中德高等教育合作与交流的起步和快速成长阶段

1971年，中华人民共和国在联合国的合法席位得以恢复，中国作为国际政治的重要力量活跃在国际舞台上，中国外交进入"大踏步前进的时期"。根据毛泽东主席"三个世界"的战略思想，中国在反对美苏两个超级大国霸权主义和加强同第三世界国家团结的同时，与包括联邦德国在内的第二世界国家大力发展友好合作关系。与此同时，联邦德国在国际形势整体趋于缓和的大背景下积极推进"东方政策"，与社会主义（阵营）国家发展外交关系，实行"以接触促变化"（Wandel durch Annäherung）的策略。两国都把以人员（留学）交流为主的教育合作视为对外关系的重要手段：对中国，核心利益是通过出国留学工作是为"外交斗争"和国内建设培养专业干部，特别是外语干部；联邦德国则把留学工作视为其文化外交工作的重要组成部分，旨在树立德国作为文化国家的形象，与民主德国开展外交斗争，并在与社会主义国家关系中"以接触促变化"。中德教育交流正是在这个大的国际关系背景下，应和国内政治利益需要而酝酿起步的。1972年10月，中德两国建交不久，也正值中国自1966年以来恢复接受外国留学生之际，中国方面即向德国政府表示愿邀请德国学生来中国留学。由于是被划为社会主义阵营成员的中国首先提出开展教育交流的邀请，地处意识形态冷战前沿的德国感到十分诧异，但仍旧对中方的要求做出了积极回应，并于1973年9月通过德意志学术交流中心选派第一批10名学生来华学习。与此同时，德方也请中国政府派遣留学生赴德留学，双方在联邦德国教育科学部部长克劳斯·冯·多纳尼（Klaus von Dohnany）访华期间就交换留学生问题达成正式协议。1974年3月，中方选派的第一批留学生抵达德国学习深造。官方留学生的交换奠定了两国教育交流的基石。1978年，中国实行对外开放政策。作为这一政策的重要内容，出国留学工作得到大力加强，以"解决科研、生产中的重要问题和增强我国培养高级人才的能力"。中国留学生的数量剧增，德国成为我国公派留学生最大的目的国之一，留德人数由70年代初的每年10人，到70年代末的每年约400人。随着中德教育和学术合作关系的迅速发展，两国分别于1978年

10月和1979年10月签署了《科学技术合作协定》和《文化合作协定》，为两国高校在教学、学术和科研领域的交流与合作提供了有效的条件和保障。上海的同济大学因此而成为中国首批与德国大学建立校际关系的大学之一并恢复传统的德语教学，是中德高等教育交流合作的第一批受益者。

(二)80年代，随着中国改革开放政策深入，中德高等教育合作全面发展

自80年代初起，中国留学政策逐步摆脱了单一的官方模式，开始由国家公费派出留学，到允许单位派出，进而鼓励自费留学，并把自费留学定位为贯彻改革开放、引进国外智力的一个方面，国家在政治上对自费和公派留学人员"一视同仁"。中国政府留学政策的"多元化"，使中国在德国的留学人员结构也从原来单一的国家公派扩大到单位公派和自费留学生，到80年代末90年代初，中国在德各类留学人员已达6 000多人，其中上述三类留学人员各占三分之一。留学人员也从以进修为主，发展到大学生、研究生和访问学者等多个层次；所学专业也由以工科为主逐步延伸到其他专业领域。

除派出留学人员外，中国教育部在80年代初期分别与德国德意志学术交流中心（DAAD）和德意志研究联合会（DFG）达成协议，共同资助双方高校学者到对方高校或科研机构进行科研合作或合作举办国际会议，双方以留学为主的教育交流因此而增添了学术的分量。80年代，德国政府十分重视在中国推广德语，通过德意志学术交流中心和歌德学院在中国和德国举办了多期高质量、高投入的中国德语助教进修班；帮助中国编写了高校专业德语和出国预备部强化德语及大学公共德语课的教材，另出资6万多马克资助中方于1988—1989年对中国的德语教学情况进行了全面调查。在中国通过推广德

语以树立德意志民族作为文化民族的形象，特别是确立联邦德国作为德国历史合法继承人的地位和展示比民主德国更多的优越性，是本阶段德国对华教育合作政策的明显利益重点。经德方一再要求和双方多年谈判，中德两国政府于1988年3月25日在波恩签署了关于歌德学院在华设立分院的意向书，同年11月1日，歌德学院北京分院正式建立。这是中华人民共和国成立后，外国在华设立的第一个（文化）教育机构，联邦德国在中国的德语推广工作以及双方在德语教学领域的合作有了"机构化"的支持。与70年代初主动提出交换留学生不同，中方对成立歌德学院北京分院态度谨慎。应中方要求，意向书规定：分院只举办德语教学活动，不从事文化活动；教育部负责监督（德文：wachen）协议的执行和审核学院的年度工作计划；由一位中方副院长和双方人员组成的院务委员会参与分院的管理事务。歌德学院在其他国家的分院没有类似的限制性规定。中德双方在成立歌德学院北京分院问题上因利益取向不同而采取的一"攻"一"守"姿态显而易见。

80年代，中德双方在教育政策方面也展开交流。1980年，教育部部长蒋南翔访问德国，这是中华人民共和国第一位访德的教育部部长，主要目的是考察国外教育制度和发展教育的经验，为处在全面改革前夜的中国教育寻找可借鉴的模式。德国发达的高等教育和职业教育事业给中国教育决策层留下了深刻印象，为以后中德双方包括高等职业教育在内的职业教育合作开启了帷幕，对中国高等教育和职业教育的改革与发展产生了持续影响。在以后的时间里，中国教育部与德国大学校长联席会议（HRK）、德国各州文化教育部部长联席会议（KMK）以及联邦和各州教育科研规划委员会（BLK）等德国主要高教管理和促进机构建立了教育政策对话关系。中国教育部此时还向驻德国大使馆派遣专人，负责对德国教育政策的调研，为中国借鉴德国教育经验改革和发展自己的教育事业服务。

(三)90年代以来：中德高等教育合作进一步朝深层次发展

1989年下半年到1992年，中德关系步入低谷，教育交流也受到影响。中德两国政府没有续签两年一度的《文化交流计划》，中断了有关教育合作的官方协商。尽管如此，合作仍按上年度《计划》规模以民间形式照常进行，没有受到实质影响，经历了一个没有书面协议的"君子"时期。如果教育交流旨在树立德国作为文化国家形象，"以接触促变化"，那么中断教育交流显然不符合德国外交利益。而对面临外交风云突变的中国，德国"民间机构"因坚持对华教育合作而成为"患难之交"的朋友，德国在中国教育界的良好形象得到强化。1992年10月，随着德国外交部部长金克尔（Klaus Kinkel）访华，两国教育官方来往重新启动，双方于1993年11月在科尔（Helmut Kohl）总理访华期间续签了《文化交流计划》，并签署了关于德意志学术交流中心在华设立办事处的政府协议。1995年4月，交流中心北京办事处正式开设。它与此后成立的中德科学中心（2000年10月）一起体现了德国在中国的"科学存在"（Präsenz deutscher Wissenschaft），成为促进、深化和推广双方学者交流与合作的有力的支持机构。除德国学术资助机构在华成立分支机构外，中德政府1997年9月10日还就成立同济大学中德学院达成协议，这是中华人民共和国在双边教育交流中与外国政府签署的第一个关于合作开办高等教育机构的政府协议，它标志着中德政府层面上关于高教政策的对话已深入到实际教学合作阶段。国家教育委员会主任朱开轩出席中德学院成立仪式，说明中国教育决策层对在中国实践德国高等教育模式和对中德高等教育合作的重视。此后，中德两国在高等教育教学领域的合作继续发展。1999年10月，中国教育部部长陈至立和德国联邦教育科学部部长布尔曼（E. Bulmahn）在北京签署合作备忘录，启动两国高校联合培养硕士生机制，第一批项目已由清华大学、亚琛工业大学执行。与以往的学生交换项目不同，这一合作机制重点支持两国高校和教授共同制订体现双方需要的研究生培养计划，所设课程用英语授课，学生双向交换。该机制的建立意味着双方高等教育教学合作进一步深入和扩大，形成稳定的合作机制。在联合制订博士生培养计划方面，中国教育部与德意志研究联合会有望近期达成协议。在共同制订的教学和科研计划框架内交换大学生、硕士和博士研究生，是对传统留学形式的补充，更是有利于在两国的高校和教授及青年学生之间建立密切的教学和科研联系，更好地发挥合作交流效益。90年代中期以后，德国政府为提高高校国际竞争能力采取大力吸引外国学生赴德留学的政策，中国自费赴德留学生人数由此大量增加，成为中德教育交流中新的主要热点之一。但因自费留学人员素质参差不齐，德国政府很快改变了简单的鼓励政策，并于2001年在德国驻华使馆设立赴德留学审核部，对中国申请赴德留学人员的知识水平和申请材料的质量进行审核，严格了留学审批程序，中国留学德国热有所降温。

随着两国高等教育合作与交流的不断深入扩大，特别是中国高校教学与科研水平的提高及国际合作能力的增强，两国学位学历互认问题提到了议事日程上来。经过自1997年以后的多次协商，中德政府于2002年4月9日签订《关于互相承认高等教育等值的协定》（以下简称《协定》），这是中国国家主席江泽民访问德国期间两国签署的唯一一项政府协定，说明教育合作在两国关系中的重要性。根据《协定》，双方承认两国的学士、硕士和博士学位等值；明确两国高等学校在校学生和已大学毕业的人员进入对方国家高等学校继续学习或攻读高一层次的学位课程的原则，其学分及学习或毕业成绩可以连续计算等。这是德国与欧洲以外国家签署的第一个学位学历互认协定，也是中国政府在该领域内与西方教育发达国家签署的第一个协定，其主要目的是促进和方便两国学生学者交流。对中国而言,《协定》的签署还标志着中国"学位教育获得国际公认"。自 1974 年到 2001 年期间,中国有 3 万人次左右赴德留学进修,居中国在欧洲各国留学人数之首;同期,德国来华进修学习的奖学金人数为 2 419 人(不包括非奖学金来华进修人数在内)。2001 年,中国在德各类留学进修人员约 25 000 人次,德国共有 1 321 人次来华进修学习,其中奖学金生 210 人次。到 2001 年,中德两国高校建立了 300 多项合作关系。上述数据表明,双方交流中的单行线问题明显。仅从留学生数量上看,中国在德留学生数至少是德国在华留学生数的 10 倍,其原因是多方面的。主观上,德国青年对到中国留学的机会了解不够是显而易见的问题,这与中方宣传、信息工作缺乏力度有关。自 90 年代中期以来,德国教育部、外交部和各相关机构在全世界全力开展推介赴德留学工作,德国驻华使馆、德意志学术交流中心北京办事处和歌德学院北京分院等德国在华机构也把推介工作当作主要任务,每年都举办多次留学德国展示介绍活动。与此相反,中国至今没有在德国举办过类似的活动,也没有相应的组织保障。除官方渠道外,民间组织开展的教育交流也十分活跃,如德国大众汽车基金会资助天津外国语学院德语教学项目,克虏伯基金会资助德国优秀大学生来华留学(每年最多 15 人),中国优秀青年学者赴德科研进修项目(每年资助 10 人)等,均在中德整体教育交流关系中占重要分量,受到两国政府的重视。本文因篇幅所限不详述。

结束语

30 年中德高等教育合作发展历程的三个阶段相互衔接又各有特点:20 世纪 70 年代初到 70 年代末主要是起步和奠定基础时期,中国实行改革开放政策,使中德高教合作在 70 年代末迅速发展,交流以官方渠道为主。80年代初到80年代末，是合作全面拓展时期，突破了单一的官方渠道，形成了官民并进格局；除留学外，学者科研合作与交流得到加强，德语教学合作分量突出；80年代末，中德官方虽中断签署合作协议，但实际上的交流仍在进行，规模未减。90年代以来，中德高教合作全面深入，"机构化"和"机制化"特点突出，合作的数量和质量在两国对外教育合作中均占主要地位。30年来，中德高等教育交流内容广泛，形式多样，成果丰富，为中德整体关系的顺利发展奠定了良好基础。

作为两国关系的重要组成部分，30年中德高等教育合作与交流反映出了两国各个时期内外政策现实利益的需要。中国的核心利益是为"外交斗争服务"，进而到"利用国内和国际两种资源，……以加速中国的社会主义现代化建设"，"学习"和"借鉴"是中方表述交流目的的关键词。德国方面的利益在70年代和80年代主要是树立一个"和平民主"的文化国家形象，维护分裂的德国在文化上的统一，并对社会主义阵营国家"以接触促变化"；到90年代统一后，积极参与全球化进程，在国际政治舞台上发挥更大作用，培养"亲德潜力"（Sympatiepotential，联邦外交部前部长金克尔语），通过文化教育交流促进民主和法制"以智力发挥影响"（Einfluss durch Intelligenz，联邦前总统赫尔佐克［Roman Herzog］语），为德国经济出口创造良好环境（金克尔语），核心词是"形象"和"影响"。不难看出，中德两国官方政策层面在高等教育合作中的目的和利益取向存在差异和矛盾，这并不等于双方有利益冲突，阻碍合作。恰恰相反，30年中双方交流不断发展与扩大，国家间和个人间在教育领域建立起了牢固和深厚的合作关系，正是不同的利益定位推动了交流与合作的进程。教育合作有着自身的活力，一旦启动，合作便具体化为学生和学者们"个人的事"，友谊和成果自在其中。这正是作为"公众外交"（public diplomacy）的教育合作与交流在中德关系中发挥促进作用的有效途径。

参考文献

本文主要参考了中德教育交流中公开的史料档案资料，此外，还参考了以下文献中部分内容：

[1] Auswärtige Kulturpolitik, 1990–1992, Bonn, 1993.

[2] Hansgert Peisert, *Die auswärtige Kulturpolitik der Bundesrepublik Deutschland*, Stuttgart, 1978.

[3] Roman Herzog, *Reden und Interviews*, Bonn, 1996.

[4]《当代中国外交》编辑部：《当代中国外交》，中国社会科学出版社1988年版。

[5] 顾俊礼、刘立群主编：《迈入21世纪的德国与中国》，社会科学文献出版社2000年版。

[6] 李乐曾主编：《新世纪的德国——政治、经济与外交》，同济大学出版社2002年版。

[7] 裘元伦、刘立群主编：《亚洲背景下的中德关系》，社会科学文献出版社1995年版。

（本文曾发表在《德国研究》2002年第4期。）

德国高等教育改革与发展漫谈

——访德国大学校长联席会议主席埃里克森教授

德国高等教育在国际上享有很高声誉，特别是注重教学与科研密切结合的"洪堡模式"更是受到许多国家的学习和仿效。然而，随着高等教育在20世纪60年代末进入大众化发展阶段，原有模式受到强烈冲击，德国高教界随即掀起了一场改革和发展的讨论，其中，以代表德国大学利益的大学校长联席会议的声音最为引人注目。不久前，笔者有机会就德国高教发展的几个问题采访了该联席会议的主席埃里克森（Hans-Uwe Erichsen）教授。

埃里克森教授指出，德国高教之所以要改革，主要有两方面的原因，一是教育事业的膨胀发展。在过去40多年中，大学生人数迅速增长，而人、财、物等办学条件却未得到相应的改善。具体来说，自1977年以来，德国大学的学生数增长了75%，而大学的学术人员仅增加了大约7%，学习位置增加约11%，高校在过去15年中所得经费实际增长约5%。办学条件的滞后给高校的发展带来很多困难，主要表现为德国大学生的专业学习时间过长，如一个大学生从综合大学毕业需要7年，高专毕业也需要4年，这使德国大学毕业生的年龄普遍高于欧洲其他国家的毕业生，在欧洲劳务市场上处于不利的竞争地位。二是德国统一给财政带来巨大困难，使国家近期难以较大幅度地增加高教经费。针对这些问题，德国高教界开始采取一系列改革措施。

德国是个联邦制国家，教育的权限属于各州，在高等教育领域内，联邦只有原则立法权。在这种情况下，大学校长联席会议于1992年公布了高校改革方案，并就高校科研和继续教育等问题发表了一系列书面意见；1993年，大学校长联席会议还和德国各州文化教育部部长联席会议共同成立了一个工作小组，具体关注改革方案的实施。为更好地实施已提出的改革方案，大学校长联席会议不久前和著名的贝塔斯曼基金会（Bertelsmann Foundation）共同成立了"高等教育发展研究中心"，其主旨是研究如何在高校建立竞争机制、提高高等教育水平，其中包括就确定各项与高校发展水平相关的数据的评价标准而提出建议等。该中心设有一个顾问委员会，由经济、政治和学术界的9位人士组成，代表各方面的意见。由于该中心的工作比较客观全面，既代表了高校利益，又兼顾到经济界和国家行政部门的要求，因而受到各方面的好评。

对于德国高教界的改革，埃里克森教授强调了以下几点：

一是要引进竞争机制，促使各大学办出自己的特色，提高现有经费的使用效益。学生在德国上大学是免学费的，这就意味着学生上大学不是一个受价格调控的体系；此外，除个别院校外，德国绝大部分大学是由国家提供经费的，这就使德国高校从个人到学校都缺乏竞争机制。这一问题现已受到人们的广泛关注。德国大学校长联席会议认为，在拨发国家经费方面应有所竞争，即依据每个学校的工作成绩拨发经费。在这方面，一些州和高校已开始行动。如巴伐利亚州要求本州各学校在申请经费时必须提交改革教学、提高质量的计划，以刺激各校展开竞争。还有一些学校已开始在校内依据教师相应的工作成绩指标来分配国家拨给的经费，并对课程进行了改革，收到了较好的效果。德国大学校长联席会议还积极促使大学在相互竞争中办出自己的特色。埃里克森教授明确指出，高等院校要想办出自己的特色，就必须在竞争的各种相关数据具有透明度和可比性的前提下制订出自我发展的长远战略规划，并以此为依据参与高校间的竞争。高等院校应有权确定自己在教学和科研方面的重点，通过自己的强项来争取国家更多的拨款，以使自己得到最大限度的发展，并形成竞争—拨款—发展的良性循环。

二是要扩大高校的自主权。埃里克森教授指出，要达到通过竞争提高办学效益的目的，国家在其中应发挥的作用很大，如根据改革的要求修改有关的法律以确保改革的顺利进行。目前，德国立法的趋势是国家逐步减少对高校的影响，即减少国家的调控，这将使纷繁的法律文件大为减少，如北莱茵-威斯特法伦州的一个专门工作小组的调查结果表明，该州约45%的高教法条款是可以取消的，学校可以承担更大的责任。为此，德国已开始讨论修改《联邦高等教育总法》，各州高校法也将随之进行一系列的修改。其修改的重点是重新修订高校使用经费方面的规定，以使高校在灵活使用经费方面更有权力，譬如可以使用人员经费去购买图书等，以此来集中财力支持其重点领域。埃里克森教授强调，当前德国高校的拨款还是由议会和政府部门确定，且每项开支细目都已规定死，高校没有多少灵活使用的余地，这不利于建立旨在提高效益的竞争机制。应该说，扩大高校自主权的根本就在于争取国家拨款并在使用时有更多的自由，因为只有当高校有足够的钱支持教学科研重点时，才能真正确立这些重点。与此同时，自主权的扩大还意味着高校应明确它所担负的责任，即在确定学习时间、考试科目和制订教学大纲等方面照顾到广大学生的要求，照顾到劳务市场的要求，只有这样，才能充分发挥高校的作用。

三是要摆正科研与教学的关系。在高校，一些教授偏重于能使他们成名的科研工作，甚至把他们的科研成果直接拿到课堂上讲授，却使教学工作受到忽略。对于这个问题，埃里克森教授认为应区别看待。他指出，重视科研并没有什么不妥，关键是不能因重科研而偏废教学。教授们应把主要精力投入教学，但同时也不应忘记，只有真正搞好科研，才能真正做好教学工作，这是德国大学的传统。另外，好的教学和科研并不是把过于专门化的知识带进课堂，不是讲授他本人科研活动的细节，而是在教师了解最新知识内容的基础上，向学生传授专业领域内最新的基础知识。值得重视的是，教师只有不断地创造性地从事科学研究，才能真正按照教学与科研统一的原则上课，才能教出高水平的学生，才能引导学生在本专业内运用一些基本科研原则，使学生学会如何学习和科研。

四是要在培养学生能力方面保持整个教育体系的相互贯通。埃里克森教授介绍说，德国高教体系有三个层次：第一层次是大学。德国各界普遍认为，高校主要是培养学生的职业能力，即让学生学会在他的专业和职业范围内继续学习。如在搞科研时，大学主要是让学生进行高层次的学习，使他们在攻读博士学位的过程中掌握具体的科研技能，以便培养出科研后备人员。第二层次是高专。德国高等专科学院的课程相对大学来说更面向实践和应用，职业培训的比重很大，因此可在很大程度上直接满足劳务市场的需要，但其本身还是学术性学习。目前，高等专科学院还为在职人员设立了职业一体化课程，即为在职人员提供继续教育课程，帮助他们进一步拓宽视野，掌握最新的知识。第三层次是职业学院。巴登-符腾堡州和柏林都有这种学校，即让那些持有大学入学资格的职业培训生（学徒）每年几个月或每半年的某段时间到学校接受某个专业内的高等教育。这是个十分有意思的模式，但学历承认是个大问题。对于上述各类学校，埃里克森教授强调，德国正在努力保持整个教育体系的相互贯通，如一些州正逐步允许接受过职业培训且有志于进一步深造的学徒去上大学，前提是学徒在培训后已从业几年，的确十分优秀，且通过了大学的入学资格考试或试学阶段。

五是要加强教育的国际合作与交流。作为大学校长联席会议主席，埃里克森教授明确指出，教育政策在当今已不再是某个国家的问题，教育政策或者说教育政策的结果应该是全球性的。如欧盟范围内有开业自由、商品和资本流动自由、在另一个国家公共机关谋职的自由，就此而言，欧洲已形成一个整体的、某种意义上说也是全球性的劳务市场。高等学校必须面对这种形势思考对策，进行改革。与此同时，尽管高教政策不再是某个国家的问题，但应一如既往地保持各国不同的发展模式，发挥各家所长，这是竞争的本质所在。

（本文曾发表在《中国高等教育》1995 年第 10 期。）

走出象牙塔，接受挑战

——欧美高等教育与社会经济的合作

在西方，"大学"一词源于拉丁语"*Universitas*"，这个词在中世纪的欧洲是"社团"的意思，类似当时在工商业繁荣过程中出现的各式各样的行会，所不同的是社团的成员是有志于学术和学业的人。这些社团后来在与世俗和教会的斗争中逐渐形成势力，成为大学，并从世俗和教会政权那里获得多方面特权，包括至今使欧洲许多大学怀念不已的大学主权。欧洲高校的这一传统使大学的学者们能够避开世俗的纷扰，专心学院生活，也使大学在某种程度上成了为学术而学术的象牙塔。这种状况直到19世纪前半叶仍无多大改变。对现代高等教育产生过深刻影响的德国教育家洪堡就曾特别强调，大学生们应该"只为发展和传播科学而献身，只为自身和科学而活着"（1809）。

然而，随着19世纪欧洲工业化的到来，摆在科学界面前的任务已不再是对古希腊文化的追思和对人类存在的哲学思辨，取而代之的是越来越多对工业发展具有实际意义的技术难题。面对新的挑战，传统大学显得无能为力，学者们已不能只埋头于自己的"真理探索"，而是要走出象牙塔，去回答校园外提出的实际问题。于是，一种新型大学应运而生，这就是早期的工业高等学院，接踵而至的学院有林学院、农学院和采矿学院等与社会经济发展密不可分的高等学府，高等教育由此被赋予了新的内涵，课程结构也发生了相应变化，由原来重人文和自然科学延伸到工程科学。尽管这时的高等教育发生了很大变化，但仍未脱离浓厚的"学术气"，大学仍然是培养社会精英的府第。

当时代进入20世纪，特别是第二次世界大战之后，欧美高等教育随着民主化进程和社会经济的发展而产生了更深刻的变化。民主运动的兴起使教育民主化和教育机会均等的思想广为传播，高等学府的大门开始向所有社会阶层的青年敞开，发达国家的高校入学率普遍在同龄人的三分之一以上。另一方面，社会经济发展和技术进步需要大学提供更多的接受过高等教育的人才，而且要求大学在教学中要顾及经济界对人才的专业需要。这标志着高等教育在70年代前后的欧洲进入了所谓的"大众化阶段"。对高校而言，这个阶段意味着迷惘、调整和痛苦，因为，大众化就意味着大学已融入整个社会现实中去，它不得不与往日独自为营时的自治诀别，去面向社会的各种挑战，在市场竞争中优胜劣败，强存弱亡。

高等教育大众化给欧美多数国家高校带来的主要困难首先是学生人数剧增。以联邦德国为例，该国1950年的大学生仅占同龄人的4%，1970年则呈激增态势，今天早已超过30%，大学生人数从1960年的29万人增加到今天的180多万人。欧美学生人数增加，而相应的人力、物力和财力却因各国政府经费困难没有得到应有的提高，导致高校正常运行和新的建设严重缺乏经费，因此，学校必须走出校门，向社会募取经费。在美国，大学1988—1989学年从经济界和其他机构募取到手689亿美元；在德国，大学1988年从企业得到了689亿多美元的科研资助。企业出钱自然有其商业目的，它们需要高校提供服务，这种实质上的买卖关系，使高校客观上从原有的"学术净地"进入商业世界。对不少学者来说，这自然是要不得的铜臭气。比这还糟的是，企业还开始对大学的教学水平品头评足，一所大学办得好和坏或一个学生的优和劣已不再全凭教授们的评说和大学的成绩单,而是要由使用毕业生的企业来评判,也就是看大学产品的买主们是否满意。可以说,这是对大学和教授们的严重挑战。

然而,无论高校和教授们拥护或反对面临的变化,当今时代,欧美各发达国家的政府均十分重视高校与本国社会经济发展相结合。政治家们认识到,国家政治和军事上的强大得力于经济的发达,而发达的经济则依靠高水平的教育和与此卵生的科学技术,而教育的发展必须适合国家的社会经济发展需要。英国政府1987年发表的高等教育白皮书中就开宗明义地指出"高等教育在帮助国家应付本世纪最后十年以及后来的经济与社会的挑战上起着关键作用";并进一步提出,高等教育必须更有效地为经济发展服务,必须同工商界建立更密切的联系,要促进高等教育活动更好地结合工商界的需要,同工商界的联系可以使教学更适合社会需要,促进科研与技术的转移。在法国,《高等教育法》规定,大学要毫不例外地参与社会经济发展,包括同企业合作,鼓励高校科研人员到企业中去,为经济发展中的实际需要服务。法国还于1986年成立了多半由企业家参加的教育-经济高级委员会,为教育和企业合作提供建议和支持。在德国,联邦政府总理科尔(Helmut Kohl)亲自倡议成立了由企业、大学、科研机构和政府有关部门组成的技术委员会,其宗旨是促进科研成果与经济发展的密切结合。出于同样的目的,德国还把原有的教育科学部和研究技术部合并,以便协调教育与科研、科研与经济之间的合作,使科研成果更有效、更快地转换成商品。德国的巴伐利亚州还在两年前设立了一个特别基金会鼓励学校和企业合作从事科研,由国家提供所需经费的30%,企业支付30%—40%,其余部分则由教授的经常性科研费承担。英国早在1975年就成立了一个非营利性半官方教学公司,帮助和资助高校与企业建立长期合作关系,使企业从高科技的研究成果中获益,也使高校增加了科研经费。

在西欧范围内,高等教育与经济界的合作被视为实现欧洲统一的重要前提之一。为此，欧盟委员会自 1986 年起开始实施考麦特（COMETT）计划，该计划旨在促进高校与经济界加强合作，到 1994 年结束时该计划共投入约 4 亿马克，资助大学生实习约 32 000 人次，资助 175 000 人次企业人员开设课程 6 000 多个，使高校得以把研究成果传授给企业，并和企业同行共同制定大量培训教材资料。该计划自 1995 年被达·芬奇（Leonardo Da Vinci）计划替代，但其目标仍然是资助大学生、教师和企业人员开展交流，促进建立共同的培训和技术转让项目，最终形成一个欧洲培训网络。

高校与校外社会经济界合作的形式可以说是多种多样，主要如下：

其一，聘请校外人士参与学校的领导和管理，以先进的现代企业管理经验，对办学施以全面影响。为此，德国曾设立"大学主席"一职，以有别于"大学校长"的称呼，因为根据德国大学传统，校长只能从教授们中间产生，而大学主席则可以是一位企业中的经理。

其二，师资方面的合作：在许多国家，一项成文或不成文的规定是，那些与经济发展密切相关的专业，如工程科学和经济科学等专业的教师必须有在上述专业的职业工作经验，著名的德国慕尼黑工业大学的教授们任教前均在企业担任过 5 年以上的主要岗位的工作。这种联系使企业中优秀的科研和开发人员有机会到高校中，向未来的科研人员传授实践中获得的知识，使教学更接近学生未来职业工作的实际。法国甚至通过立法来鼓励大学教授到企业里兼职，德国教授每过几年便"休教"到企业里短期工作已成惯例。

其三，学校和企业合作指导大学生的专业实习和学位作业。

其四，高校教师和企业中的科研人员经常交流工作经验，使学校可以及时了解企业对学校产品——人才的素质要求；而另一方面，企业也可以了解学校的最新科研成果，并作为高校的客户聘用大学毕业生，对产品——大学生的"生产过程"教学施加影响。

其五，校企合作科研。应该指出的是，高校与企业的结合并不完全是高校单方面被迫做出的反应，企业也有同样的要求，因为当代的工业生产从根本上依赖科技的进步和职员素质的提高。分析发达国家的经济实力和职工的受教育水平之间的关系便可以看出，经济越是发达，其接受过高等教育的职工的比例就越高，如日本青年从业人员中有高等教育文凭的人数占比高达44%，美国为60%（1989），在德国，许多大企业的雇员中接受过高等教育的人数占比也在40%以上。可以说，当代经济竞争在很大程度上已成为科技实力的竞争，而科技的发展与教育密不可分，高等教育对企业的生存变得越来越重要，有识之士甚至把高等教育称为现代工业生产和管理的第一道工序。因此，在目前风行欧洲的高教改革讨论声中，企业家的声音不绝于耳，代表经济界利益的高教改革方案和建议已成为确定整个改革措施的组成部分。在参与COMETT计划的22 000个参与单位中有3 000个是企业，企业需要与高校合作的愿望也可见一斑。一些企业除了加强和高校的合作外，还自办高等教育培训。如在美国，企业举办高等教育之风盛行，接受企业培训后得到的成绩可以获得国家承认，甚至可以转换成大学的学分。此外，合作教育的形式也在迅速发展，大学生们到商业部门、政府部门和工业部门从事与其所学专业有关的工作，以作为校内学习的补充而取得相应的学分。欧美大学从独立的精神王国，到不得已去和学校外的世界进行合作，这对大学师生来说，是个痛苦的转变过程，教授们不得不承认，学校办得好和坏已离不开经济界的参与，企业经营管理中的许多要求和做法已经广泛地影响到大学的组织、管理、教学内容和教学方法等各个领域，甚至成为办学的重要原则。各发达国家的政府出于对科技在经济发展和竞争方面的重要性的认识，积极支持高校和社会特别是经济界的密切合作。可以说，在当今时代，高校与经济社会的发展已互为前提，互为动力，这个时代也即将或正在来到我国，我国高校和企业的相互关系也不可避免地随着经济的进一步发展而密切。我国政府于 1992 年宣布实施"产学研联合开发工程",这是加速我国高校教学科研与经济密切结合的重要步骤。如何做好这项工作,不仅要靠政策,还要有相应的经费支持以及相关的法律保证,特别是借鉴西方一些国家的做法要切实有机构上的保证。此外还应该注意的是,在具体教学方法和内容方面,传统大学要学习企业教育的长处,但也要注意不能过多地搞"职业主义",大学教育毕竟不能等同于单纯的职业技术培训,大学要让学生明白如何通过学习去掌握技术,学会如何有联系地在更广泛的范围内收集和运用信息,学会如何去发现知识和生活的联系。一句话,大学要培养学生获得从事较广泛的职业活动的基础能力,而不是一门单纯的手艺或技能。

(本文曾发表在《国际观察》1995 年第 5 期。)

匈牙利的高教改革和高教立法

由于历史上一段相近的经历,匈牙利多年来的高教事业有着和我国高教事业相似的发展过程和结构,也随着时代的推移面临着类似的改革课题。自80年代初期起,匈牙利开始进行比较深入的高教改革尝试,至今已有许多进展。

1948年以后,匈牙利开始依照苏联模式对旧高等教育进行大规模的改造,按照国家政治经济发展对行业和专业人才的需要调整大学的设置,并通过行业部门根据国家计划加以管理和拨款。教学和科研分离,高校以教学为主,科研方面成立了规模庞大的科学院体系。这一体制最大的特征是国家全面"包办"高教,其积极作用是大学可以在一定程度上按照国家根据经济建设发展需要所下达的用人计划有的放矢地培养人才。然而,其弊端也不容忽视。第一,按行业设置和管理学校导致高教管理的"双元"现象,即中央政府的教育主管部门——教育文化部虽然享有高等教育的总体管理和监督权,但因专科性高校归属各行业部管理,实际上难以起到总体管理协调的作用。此外,各高校主管部门之间往往各自为政,分别根据本部门的局部利益设立专科性学校,导致国家高教事业缺乏整体发展规划,学校多,学生少,严重影响了办学规模和效益。第二,国家不仅广泛参与了大学的各项行政管理事务,而且还直接干预教学等业务活动,如制订教学计划、大纲等,使大学自我管理和发展以及开展学术和教学活动的积极性得不到充分发挥，缺乏各自的办学特色。第三，高校及其课程过分单科化、专业化，致使学校办学的路子越走越窄，不仅影响了高校的整体学术水平，而且使学生的知识面单一，适应未来职业的能力弱。第四，科学研究特别是基础性研究从高校中分离出来，高校教学内容与新的科学技术发展脱节，既影响了大学的教学质量，又影响了国家科技水平的提高。

为了适应高教事业的发展，匈牙利政府曾几次进行改革的尝试，但都因基本结构问题的牵制而难以奏效。80年代中期以后，随着社会政治经济的不断发展变化，改革高校设置和结构不合理的现象、向高校放权、使其享有教学和科研自主的呼声越来越高。匈牙利再一次开展了高教改革，并将改革的重点放在了高等教育立法工作上。

1990年，匈牙利成立了由教育文化部协调，高等学校代表参加的高校立法委员会，就《高等教育法》草案广泛征求各界人士的意见。1993年7月，匈牙利有史以来第一部《高等教育法》经匈议会批准通过，匈牙利高等教育的基本框架、高教事业未来发展的法律基础得以确立。

匈牙利《高等教育法》共11编32章126条，分别规定了法律的适用范围，高等学校的任务、分类、经费、人员、内部组织、自我管理、招生、教学、国际合作、科研，以及国家对高校的监督和管理等关系高教发展的核心内容。

其一，高等学校的分类。《高等教育法》规定，匈牙利的高等学校由大学和学院两类组成。大学是指那些能够提供学制至少3年的基本高等教育、硕士课程及经国家学术鉴定委员会确认的博士生课程的高等学校；学校有权评定大学教授资格，所聘任的教授必须具有博士学位和做教授的资格；学校具备完成教学、科研任务所必需的人员、物质和设备条件，有能力从事基础科学研究活动等。学院是指那些能够提供学制至少3年的学士课程的高等学校；其教授必须有博士资格，但不需要有做大学教授的资格；此外，因学校没有基础科学研究的任务，其研究课题主要以应用性为主；学校具备相应的办学条件。

对高等学校的明确定义，为整顿过于分散、混乱的高校现状提供了法律标准。有些所谓的大学仅有不足千人的学生，办学条件和师资水平也远未达到大学的水准，按《高等教育法》要求，这类学校将被关闭或归并。

其二，高校间的合作。《高等教育法》颁布以前，政府已开始着手解决以往学校单科发展、规模过小的问题，并在世界银行的资助下实施了"高校联合"的试点计划，即鼓励各高校和相关的科研机构为提高管理水平，共同利用教学和科研上的人、财、物等方面的资源，成立高校联合体，以实现提高规模效益和办学效益的目的。该计划执行后，匈牙利先后出现了近20个联合体，其中以著名的文化古城德布勒森市的联合体最为成功，该市的联合体聚集了包括原有的大学、医学院、农学院、神学院、教育学院以及德布勒森市核物理研究所等几家高校和科研机构，未来的目标是把现在这个松散的联合体发展成一个综合性的、多学科的德布勒森大学。

《高等教育法》对成立联合体的做法给予了充分的肯定，并提供了法律保证。如规定联合体具有法人资格，这就意味着联合体是国家高等教育体系的一部分，将享受到国家在税务等方面的优惠。此外，《高等教育法》还规定由联合体发展而形成的"新的统一独立的机构"将由议会予以审议确立。这一规定将有力地引导联合体在未来发展中克服现有的各联合体成员在行政管理等方面各自为政的松散和不稳定的问题，为联合体最终融合成一个统一的多学科大学奠定了基础。

其三，高等学校的管理。《高等教育法》明确规定了高校参与学校管理的职责，如高等学校的自我管理权即自主权；明确规定了高校与国家间的关系，如国家对高校的管理和监督权。这就为高等学校的进一步发展创造了条件。这里需要一提的是，《高等教育法》明确规定由教育文化部全面管理、协调和监督国家的高教事业，并统一负责高教拨款，这不仅为统筹规划国家高等教育事业奠定了机构方面的基础，而且为改变过去那种按行业归类、条块分割、各自为政的高教管理结构走出了决定性的一步。为确保科学、客观、民主和有连续性地管理、规划高等教育事业,《高等教育法》还规定成立国家学术鉴定委员会,负责对各高校的教学和科研水平进行评估,并根据结果对质量差的学校分别给予暂停其实施毕业考试和颁发文凭资格,撤销学校或取消国家对私立学校的认可等保证高校水平的处理建议;成立国家高校与科学顾问委员会,向政府就高校发展规划和高校经费拨款等问题提供咨询。法律规定,教育文化部部长在向政府提交决议草案时,应先听取委员会的意见,如部长意见与委员会意见不一致时,部长须加说明并与委员会的意见一起提交政府。通过两个委员会的工作,高等教育的政策制定不再是政府独有的单纯的行政决定,较大程度上避免了随意性和人为因素对决策的消极影响,使决策本身成为社会有关方面深入参与的共同商议过程,增强了高教决策的透明度和可行性。

其四,高等学校经费。根据《高等教育法》,政府将在听取高校与科学顾问委员会的意见后对高教经费拨款提出建议,经议会通过后由教育文化部统一以学生基金(奖学金、学生社会服务项目等经费)、教学基金(国家按学校的教学工作量和学生数及经常性开支标准所给予的经费)、科研基金(经高校与科学顾问委员会批准,对学校科研项目的拨款)、维持和专项基金(对校舍维持和维修等方面的拨款)、发展基金(改善基本设施条件和基建投资方面的拨款)等形式拨给各高校,高校有权在内部调剂使用。有些基金如科研基金和发展基金等是以竞争为前提的,有利于增强各高校提高其教学和科研水平的积极性。除上述国家拨款外,《高等教育法》还规定,高校可以通过收取学费、接受捐款、收取科研成果服务费以及办企业等方式增加办学经费,为学校广辟经费来源提供了法律保证。

(本文曾发表在《中国高等教育》1995年第2期。)

德国的大学生服务中心

德国大学的后勤等多项服务由大学生服务中心承担。这种中心遍布全德国，其功能与我国高校的总务处相似，但又有明显的不同。在一个城市，不论有多少高校，多少大学生，都只设一个服务中心，其独特的管理方式和作用，对我国高校的后勤改革有一定的借鉴意义。

大学生服务中心是负责高校学生在经济、社会和文化等方面具体事务的地方性机构，具有服务性企业的性质。其宗旨是解决学生所遇到的各种问题。它具有三个特点：其一，是面向高校成员，特别是大学生的服务性企业，如经营大学食堂、宿舍和幼儿园等。其二，是高校社会行政管理部门的办事机构，如下属教育促进办事处等。其三，是代表全德大学生利益的校外组织。

目前全德国共有66个这样的中心（其中16个为原东德地区1992年新创建的），拥有职员近1.6万人，其最高机构是全德大学生服务中心（DSW），下设全体成员大会、理事会和秘书处三个领导部门，以及董事会和专业委员会等顾问咨询部门。中心全体成员大会通常每年举行一次，其任务是制定中心的工作方针，选举理事会，设立或取消专业委员会，接收新成员，修改中心章程等。理事会经全体成员大会选举产生，由两名高校教师、两名大学生、两名地方中心经理和一名职工组成，任期2年，负责执行全体成员大会的决议、聘用秘书长、制订经营计划、任命和免除董事及专业委员会成员等。秘书长的任务是遵照领导部门的决议和指示，处理中心的各项事务。

董事会由德国大学校长联席会议主席，联邦教育研究部部长、文化教育部部长联席会议主席，全德城市大会主席或由他们委任的代表，德意志学术交流中心主席，以及其他由中心理事会聘请的人士组成。董事会及其他三个专业委员会的任务是向中心各部门提出工作建议和咨询。

大学生服务中心是独立的机构，不附属于高校，只为高校成员服务。其主要职能是：

第一，促进教育。受联邦政府委托，各大学生服务中心每年根据《联邦教育促进法》，共向学生支付 20 多亿马克的贷学金和困难补助。中心要负责宣传《联邦教育促进法》，并受理学生的申请。此外，一些中心还设有特困生基金。

第二，宿舍管理。全德各大学生服务中心现共经营着几百家学生宿舍，可容纳 20 多万名学生居住，约占总数的 12%。中心也向学生介绍、联系其他渠道的住房。

第三，开办幼儿园。德国的大学生约有 9% 已养育子女。为了让这些年轻父母安心学业，大部分中心向他们提供价格优惠、地点近便、开放时间灵活的幼儿园。

第四，经营食堂。各大学生服务中心均设有学生食堂和咖啡厅。全国共有固定就餐座位 21 万个。约 40% 的学生在此进午餐，平均每餐售价 2.6 马克。

第五，咨询服务。为帮助大学生排忧解难，许多中心提供心理咨询服务，有些中心还开展一般社会事务咨询和法律咨询服务。另外，中心对残疾大学生提供特别周到的服务。

第六，文化娱乐活动。绝大部分中心向大学生团体（如学生会等组织）提供文化活动场所，并在组织、经费等方面给予支持。大学生服务中心还负责开具学生旅行优惠证明，以便于学生到外地或外国旅游参观。

政府每年补助的经费约占大学生服务中心全年支出总数的17%；自己的收入约占65%（主要靠房租和食堂的收入）；社会各界赞助占12%；等等。此外，政府对校舍和机器设备的维修都要进行投资和给予补助。

（本文曾发表在《中国高等教育》1995年第3期。）

德国以法管理私立学校简论

在德意志联邦共和国,私立学校发展较快,已在整个普教事业中占有举足轻重的位置。据统计,从 1960 年到 1990 年,私立普通学校数增幅为 110.2%,私立职业学校数增幅为 35.5%。截至 1992 年,全德共有私立学校 4 000 多所,在校生 545 300 人;其中,私立普通学校学生数为 427 000 人,约占全部普通中小学生数的 6%;私立职业学校学生数为 118 300 人,占所有职业学校学生数的 6.7%;特别引人注目的是,12% 的完全中学学生就读于私立学校。德国私立学校的这一发展自然与该国的社会、经济、文化的整体发展密切相关,但其有序的以法管理,也为私立学校的发展提供了良好的保证。

需要首先说明的是,德国是联邦制国家,各州享有"文化主权",教育事业的立法和行政管理权限归于州。国家没有统一的中小学教育法,所以,本文在探讨过程中主要引用了各州的有关法律条款,尤以巴伐利亚州和柏林州为例。因各州的立法必须遵循《基本法》即德国宪法,我们依然可以从所述州的情况了解到德国私立学校教育事业的概貌。

(一)私立学校的概念

德国的一些教育立法对私立学校的界定与人们通常理解的有异。

如,《巴伐利亚州教育教学法》第 3 条第 1 款规定"私立学校是公立学校以外的学校";《柏林州私立学校法》第 1 条的规定是"承办者不是柏林州的学校为私立学校,它们可由私法和公法上的自然人和国内的法人创办"。而人们通常把私立学校理解为是那些由私人或民间组织自愿创办,在法律范围内自负教育和教学责任,并由学生自由选择的学校。

教育立法又把私立学校分成替补学校和辅助学校两大类,以分别管理。

其一,替补学校。

替补学校是那些不由州承办,但其教育和教学目标与州承办的公立学校的目标相符,并因此可以替换和补充公立学校教育的私立学校。如《巴伐利亚州教育教学法》规定,替补学校是"在教育目标方面与巴伐利亚州现有的或规定应有的公立学校教育目标相符的私立学校"。一般所说的私立学校便属于这一类,因其在完成义务教育等方面可以替代公立学校,州对这类学校的设立规定了严格的条件。

其二,辅助学校。

法律规定,辅助学校是替补学校以外的,不能替代公立学校的私立学校。这类机构通常在教学任务、内容和组织形式方面具有学校的特点,但不须按公立学校的教学计划和目标教学,与州对公立学校的要求有较大距离,也不能完成义务教育意义上的教学工作,因而不是正规学校教育的分支。它们多数是提供补习性和职业及成人教育课程的机构,类似我国社会上的一些属成人教育范围的学校,如外语学校、健身学校、美容学校和电脑学校等,旅德华人华侨所办子弟中文补习学校亦属此类。

由于上述特点,州对辅助学校的设立不像对替补学校那么严格,多数州只要求其备案,对其教学细节不予干涉。

（二）私立学校的经费来源

学生上私立学校通常要交学费，但这往往是象征性的，远不能解决经费问题。所以，德国各州法律均规定，非营利性并且能够承担与公立学校相同教学任务的私立学校可以向州申请资助，资助的标准一般视相同规模的公立学校的经费而定，但低于公立学校拨款数。州资助和学校实际开支之间的差额通常由所收学费或社会组织和个人捐款来补足。

各州对私立替补学校的资助数额十分可观，个别州的资助款可占这类学校经常性支出的90%以上。按《柏林州私立学校法》的规定，州参照公立学校的标准承担经国家承认其办学资格的私立学校的100%"人头费"，包括教师和其他工作人员的工资。按1987年修改过的《巴伐利亚州学校经费法》的规定，该州当年对私立学校的资助额高达98 700万马克，这意味着，巴伐利亚州文化教育部每年预算的七分之一直接或间接用于非公立学校。

随着近年来财政吃紧，各州急欲减少对私立学校的资助，这引起了学生和家长们的强烈不满，他们要求州对私立学校和公立学校一视同仁，按相同经费拨款数额提供资助，因为私立学校也是在为州履行对年轻公民提供教育的义务，是在为州、为纳税人的利益工作。1981年，北莱茵－威斯特法伦州修改了《替补学校经费法》，就把本州对此类学校的资助降低。此举引起了一场轰动全德的宪法纠纷，该州反对党就此向联邦宪法法院起诉。经过一年多的调查审议，法院于1983年判定，所修改的条款无效。这一判决也说明，司法活动已是德国管理私立学校事业的一个重要组成部分。

（三）私立学校的任务和权利

联邦的有关法律对私立学校的任务和权利做了明确规定，例如：

《基本法》第 7 条第 4 款：

建立私立学校的权利应予以保证。作为对公立学校的补充，私立学校（的设立）须经国家批准并受州法律管理。只有私立学校在其教学目标和设施以及师资的科学培养方面不落后于公立学校，而且不助长按父母财产状况区分学生时，才可予以批准；如教师的法律和经济地位未受到足够保证，则不予批准。

《基本法》第 7 条第 5 款：

可批准设立私立国民学校，前提是教育行政部门承认某种特别的教育学兴趣，或是根据教育监护人的申请将该校办成教会或非教会或属某一世界观，而且本地区内尚无此类公立学校的学校。

州的有关法律也做出规定，如《巴伐利亚州教育教学法》第 67 条规定：

私立学校的任务是完善和丰富公立学校的教育事业。私立学校在法律允许的范围内可自由决定其在教育学、宗教或世界观方面的特色，决定教育教学方法、教材和教学组织形式。

从上述规定中可以看出：

其一，私立学校的任务。私立学校是对现有公立学校教育的完善和丰富，目的是使国家的学校教育结构和教学方法多样化，以弥补公立学校教育的某些不足。

其二，私立学校的权利和义务。《基本法》保证每个德国公民都有权利办私立学校，这同时也确保了私立学校作为一个机构存在的权利，即，它是国家法律和社会生活的一部分，任何立法、司法和行政当局都不得做出与这一确保相悖的规定或裁决，如，有关当局不得以无生源或与相邻公立学校争生源为由拒绝办校申请，而且，只要私立学校符合办学条件，国家便无权对其施加限制或关闭。

为使私立学校能在《基本法》给予的权利范围内开展工作，各州又做出了具体的法律规定，概括起来，私立学校享受以下几方面的自主权：

——办学形式自主：私立学校在遵守社会治安和青少年保护等有关法规的前提下，可以按照自己在教育学、宗教或世界观方面的理想来决定内部和对外所采取的办学和管理形式，包括教材、教学方法的使用，学校用房的结构，教学和校务的管理模式及日常运营等。

——聘用教师自主：私立学校有权聘用它认为在人品和业务方面合适的人员担任教师，但领取国家补贴的教师须遵守国家有关公职人员聘用的法律规定。为从师资上支持私立学校，国家还规定，公立学校教师可以到私立学校任教，工龄连续计算。

——招生自主：私立学校有权自由招生，不受公立学校挑选和学生升级原则的限制。但是，它在招生时还应遵守一般法律规定，如不得只收富家子弟，否则便违反了法律关于不准按家长财产状况区分学生的规定。此外，国家认可的、具有等同公立学校资质的私立学校还必须遵守公立学校的招生规定。

（四）国家对举办私立学校的限制

尽管《基本法》保证每个公民都有权创办私立学校，但这并不意味着大家可以随心所欲，而是必须具备法律所规定的条件。学校享受权利的同时也要承担法律责任,《基本法》和各州法律均规定了具体的办校原则和条件。《基本法》对设立私立小学和初等中学(即国民学校,是主要实施普通义务教育的学校)还特别做了限制,如规定必须在本地区尚无此类学校时才可批准办学等,反映出联邦和各州对义务教育负全责的原则,以及德国近现代以来唯恐教会染指学校教育的忧虑。这一限制使初等教育领域的私立学校为数甚少。

(五)私立学校的监管、审批或备案条件

其一,按《基本法》规定,私立学校事业由州管理,即各州的教育行政当局负责监管私立学校事业的发展。一般来说,各州对学校进行三级监管,即通过州政府文化教育部,各大区教育局,以及各县、区和城市的教育局来实行监管。个别州只有两级或一级对每所学校实行监管。一般情况下,私立完全中学、综合学校和多数职业学校由最高或中级教育主管部门监管,私立小学和初等中学及一些特殊学校由基层教育主管部门来监管。

监管的内容主要包括以下两方面:

第一,业务监管,即从教学和教育方面检查学校是否遵守一般标准和规定。对国家承认其办学资格的私立学校,有关当局还要检查其考试规定和考试内容及学历证书颁发程序等。

第二,法律监管,主要监督学校是否遵守社会治安及包括青少年保护在内的法律规定。

应当指出的是,国家对私立学校的监管在一定程度上因法律给予私立学校的诸多自主权而受到限制。也就是说,国家不能像对公立学校那样对私立学校"发号施令"(特别是在教学方面)。

其二,审批或备案。不同类别的私立学校有不同的审批或备案要求,这里分别论述。

第一,替补学校的审批:

《基本法》及各州的教育法规均规定，替补学校的设立须经州批准，各州教育主管部门负责具体审批手续，批准办学申请的前提通常是拟办私立学校已达到下列要求：

——在教学目标和设施方面不落后于公立学校。

——承办人遵纪守法，忠诚于《基本法》，并有专业能力。

——所聘教师的业务水平与同类公立学校的教师相等。

——所聘教师的经济和法律地位得以保证，如已签订聘用合同，确定休假权利和授课时数，薪水不低于同类公立学校的教师水平等。

——不按家长或教育监护人的财产状况区分学生。即不得把学生划分为三六九等，不搞"贵族学校"。为保证这一点，学校须向家境拮据的学生提供必要的助学金或减免学费等方面的帮助。

对未达到上述要求的申请，州不予批准；对已批准但不能按上述要求办学的，州可撤回已发出的许可。

另一方面，若已批准的替补学校长期办学成绩良好，整体水平不低于公立学校，则该校可申请并经州文化教育部（柏林州的情况）商财政部批准，获得"州认可的"私立学校资格，这类学校有权在遵守同类公立学校的招生、学生升学和考试的有关规定的前提下，向学生发放国家承认的毕业证书或升学许可，这些文件与公立学校的具有同等效力。此外，州认可的私立学校可以得到比其他私立学校更多的州资助（如柏林州规定，州100%支付州认可的私立学校教师的薪水，但只负担一般替补学校教师薪水的70%）。

第二，辅助学校的备案：

多数州的法律规定，辅助学校的设立不须经州批准，但它们应在开学前向教育主管部门备案。当然，如有学校承办者、校长或教师，抑或设施，不符合一般法律要求的，或学校的活动有损青少年身心健康的，州可勒令其停止办学。

若辅助学校所开课程深受社会欢迎，符合州需要（通常是职业教育方面的课程),则该校可申请并经州有关业务部门批准,获得"州认可"的辅助学校资格。这类学校须按州批准的教学计划进行教学,并在州委派人员的主持下进行考试,其毕业证书上可写明"州认可"字样。

第三,对外国人在德国办学的法律规定:

如外国人欲在德办学(不包括高等学校),一般按私立学校的有关法律规定审办,程序与以上介绍的相同。需要说明的是,柏林州等几个州规定,私立学校的承办者必须是私法或公法上的自然人或本国法人,也就是说,外国人不能在这些州办学。从以上介绍的特点看,德国以法办学,以法管校,把私立学校置于法律的监督和保护之下,而且,有法必依,通过司法判决来决定重要问题,避免了行政决定的人为因素。以笔者看来,这是德国私立学校有条不紊发展壮大的最好保证,值得我国在思考如何管理刚刚起步的私立学校事业时借鉴。

(本文曾发表在《德国研究》1994年第5期。)

应用技术大学在德国是工程师摇篮

德国的应用技术大学的德文名称有"Fachhochschule""Hochschule"或"Duale Hochschule"等,直译成汉语分别是"专业学院""学院"或"双元制大学",通常被德国高教界统一归类为高等应用技术大学,与综合性工业大学和中等职业教育一起构成了德国完整的技术教育和培训体系。

从教育与经济社会发展相互关系的宏观角度看,应用技术大学为德国经济增长和社会稳定做出了重要贡献。过去 5 年,世界上各工业化国家经济危机四伏,德国经济却保持着比较稳定的增长。一般认为,工程师在其中做出了最大贡献。德国现有从业工程师 161 万人,三分之二毕业于应用技术大学。因此,应用技术大学是德国培养工程师的主力军。

从教育体系本身来看,德国现有大学生约 260 万人;其中,综合性大学约有学生 167 万人,约占整体大学生数量的三分之二;应用技术大学约有学生 88 万人,只占大学生总量的约三分之一,却培养出了三分之二的工程师。尽管成立时间短,始创于 1968 年,但应用技术大学的发展速度在高等教育体系内是最快的。数据显示,1971—2000 年之间,综合性大学数量的增长幅度是 118%,而应用技术大学数量的增长幅度则高达 173%。尤其是近年来,应用技术大学采用"双元制"高等教育模式,即企业和高校联合办学,发展更快,被认为是德国近年来以及今后一个时期内高等教育最大的亮点和增长刺激点。

从毕业生的社会待遇看，若以工资为主要参照系，最新统计显示，在经济界就业的综合性大学毕业生年薪起薪是 50 805 欧元，应用技术大学毕业生年薪起薪是 50 234 欧元，二者相差无几。当然，二者在进入国家公共机关的起薪级别还保持着传统上的差距，但目前这一现象已受到广泛批评。

最新政策显示，应用技术大学在与综合性大学协作的前提下可以培养博士生，这将进一步发挥其培养应用型高技术人才和开展应用研究的潜力，使两类大学在保持各自特色的基础上协同合作。此外，政策讨论还表明，应用技术大学未来有机会和综合性大学一样参与德国"精英大学计划"，这将进一步体现两类学校的平等地位。

德国的应用技术大学的主要特色是来自实践、面向应用、开放协作、立足本地、面向全球；不是理论联系实践，而是实践联系理论；不是学科通领办学，而是实践和应用引领学科建设；不求知识的全面，而求能力的综合。

其中，最关键的是师资队伍。应用技术大学的师资队伍来自实践、面向应用的特征十分突出。首先是教授，法律规定，教授要有 5 年经济界工作经验，而且要有 3 年承担领导责任的工作经历。其次是有大量的兼职教师，他们本身是企业里面的技术和管理人员，到学校里或在本企业内代课或指导学生，其代课量占整个应用技术大学课程的 25%。

再从学生方面看，应用技术大学要求新生入校前有实习经历，在校期间有一到两个学期的实训经历，这些是教学课程的有机组成部分，确保了教学内容和企业实践密切结合。从课程设置看，应用技术大学不求学科全面，而是当地需要什么，就开设什么样的学科和课程，如斯图加特地区汽车工业发达，附近的应用技术大学就设置与汽车相关的专业课程，立足本地。得益于教学各要素来自实践、面向应用，应用技术大学的教学针对性强、效率高，是高等教育各类院校中"最省钱的"一类。应用技术大学毕业生就业率为80%，远高于综合性大学的68%。应用技术大学的科研也密切联系实践，因为没有博士学位授予权等的限制，教授的科研不可能唯学术、纯理论，学校的科研机构也经常与企业或社会机构联合创办。

应用技术大学的组织管理也与社会密切结合。法律要求，其高层管理机构必须有来自企业和其他社会各界的人士参与。

对我国而言，德国的应用技术大学主要有四点启示：第一，制度安排是关键，要体现系统性。应用技术大学要从制度设计上和企业、社会密切结合，贯穿到教学、科研和组织管理的每个环节。第二，通过制度限制，促进应用技术大学来自实践、面向应用。与社会经济开放协作的特色，如限制性规定学校监事会成员中的一部分来自企业和社会，以及不给予应用技术大学博士学位授予权等，即以限制促进其与高校、企业、社会实现制度性合作，保证了开放性，为应用技术大学与校外机构协同办学夯实了制度基础和保障。第三，要具备灵活性。德国从制度上确保应用技术大学在师资招聘和专业课程设置上享有充分的办学自主权，如可以根据企业需求，以"量身定制"的方式与企业协作开设学士和硕士课程，即"双元制"高等教育课程。开放灵活的制度安排确保了应用技术大学顺应经济社会不断发展变化的实际需求，而不是让实际需求适应"教育规律"，甚至是"教育规定"。第四，要避免把各类高校分成三六九等，更不要从制度上固化不同类别高校的高下之分。要校校平等而不论身份，机会均等而不求同质，使综合性大学和应用技术大学在地位、法律上平等，类别上各得其所、各有所长。

我国自20世纪80年代初开始与德国在应用技术大学领域开展合作。针对下一步对德教育交流，建议以应用技术大学合作为平台，重点支持我国某一省和德国某一州试点结队合作,充分发挥应用技术大学与区域经济关联密切的优势,促进两国区域经济和社会发展领域的全面合作。在收获教育合作成果的同时,也能为地方外向发展做贡献,调动地方对教育改革和国际合作的积极性。

(本文曾发表在《中国教育报》2014年5月7日。)

德国高等教育标志性要素被新模式扬弃

上个月,本年度英国泰晤士全球高校排名榜出炉,德国高校位次大幅提升——有 20 所高校跻身全球高校 200 强,37 所进入全球 800 强。国际高教界认为,德国高校的整体"崛起"与近年来的改革密不可分。

世纪之交,教育全球化的大潮强烈冲击着德国整个教育体系,高等教育因其与经济和社会的密切关联而首当其冲,效益至上和减少国家干预的新自由主义理念逐渐占据主导方向,由经济界和政府推动的改革自上而下、由外及内地展开,在政府与高校的讨价还价中演进。

一些代表德国高教传统的标志性要素被新的模式扬弃,而另一些不被本国传统制度接受的外来体系不仅进入德国,而且"喧宾夺主",替代了原有结构。通常被国际上认为趋于保守的德国高等教育体系在过去近 20 年中经历了深刻变革,尤其是过去 10 多年里,在经历了转变的"阵痛"后,开始展现出新的格局。

概而论之,这场变革如今的势头虽已减弱,但有些改革仍在运行之中,主要发生在高校管理、教学和科研三个领域。其中,高校管理改革的本质特征是简政放权,变政府直接管理为间接管理,赋予高校自我治理的规划、财务和人事权力,提高资源配置的效益;教学和科研体制改革则分别围绕"博洛尼亚进程"与"精英大学计划"(或叫"卓越大学建设计划")进行,以应对欧洲化和全球化冲击,提升德国高等教育的国际竞争实力，适应国家与经济对人才的需求，提高办学效益。梳理当前德国高教改革的走势，可以看出其基本轮廓，有利于我们进一步探索和把握其整体面貌。

（一）改革的前奏：政界、经济界和教育界达成整体共识

1982年10月1日是新自由主义思潮入主德国政坛的标志性日子。这一天，刚刚当选总理的科尔宣布了和自由民主党组建联合政府的执政理念："少些国家，多些市场。"这意味着，一切公共的政策和措施都要接受效益标准的检验，高等教育也在这样的趋势下逐步被拉出了象牙塔，接受社会的评判。

到20世纪90年代中期，大学受到来自各方的批评，被认定已经身患"重病"：大学管理无力、经费短缺、设备老化、教学内容陈旧、学术活动缺乏学科协同而迂腐僵化，与快速发展变化中的经济和社会实际脱节；学制冗长无序，毕业学生年龄过大，缺乏活力和创造性，学位与国际通行体系不兼容，形成国际竞争力的制度性障碍，在与英美高校的激烈竞争中丧失了传统的国际高等教育区位优势。

曾担任过政府教育行政高官的埃尔福特大学校长格劳茨在其《芯已腐烂？》（1996）一书中强烈批评了大学面临的严峻问题，认为高等教育改革已迫在眉睫。此书引起德国朝野广泛共鸣，时任联邦总统赫尔佐克更是以促进改革为己任，要求全国"动起来！"政府应该为教育松绑，"还教育以自由"，高校则要转变理念，弘扬起独立和创新精神，做"事业精英"和"责任精英"，而不仅仅是在排名榜上争高低。

政府层面自上而下向高校施加改革压力，时任外交部部长金克尔和联邦教育研究部部长吕特格斯（Jürgen Rüttgers）联手呼吁，拯救陷于危机的德国高校，恢复德国国际高等教育区位优势的传统。经济界则竭力助推改革，从外部向教育施压，几乎所有经济组织都参与到

教育改革的大讨论中，纷纷发布自己的教育改革声明，并借鉴OECD推出各项教育评估，鞭策"平庸的"德国教育，要求教育为德国经济增长做出切实贡献。

德国的高校在压力面前，由被动跟进，转而在跟进中因势利导，承担起改革的责任。高校要求政府加大经费投入，简化行政管理，改善办学的政策环境和条件，大学校长联席会议在时任主席埃里克森的领导下成了高教改革的核心智库，出台了一系列高校管理、教学和科研改革的建议和决议，受到政府和社会各界及多数高校的尊重。世纪交替之际，高校改革已形成德国全国各方的整体共识。

（二）改革的主线：管理、教学和科研三大领域

可以从管理、教学和科研三个方面梳理世纪之交以来的德国高等教育改革。这三个方面，又可以分别以三项工程为例具体简析：设立高校管理委员会；推广"博洛尼亚进程"；实施"精英大学计划"。

改革前，德国高教管理面临的焦点问题是政府和高校作为两个核心行为者的互动"失灵"，导致资源配置失衡，效益不高：一方面，政府部门对高校的管理过多过细，严重束缚了高校的自主能动发展；另一方面，高校领导传统上由各院系主任和教授内部选举产生，甚至轮流"坐庄"，其学术能力强、学术声望高，但常常管理能力弱，无法应对大学作为"现代大型学术企业"面临的纷繁管理难题。

为消除两方面带来的管理弊端，德国政府借鉴美国高校董事会的管理机制，于1998年修改《联邦高等教育法》，在高校设立管理委员会，把政府的国家战略、社会的管理经验和高校的管理实际结合在一起，形成新的、融合各方智慧和诉求的管理联合体，使高校的发展目标、战略和措施更符合社会经济发展中的整体国家利益。

从结构上看，各高校管理委员会成员半数以上是大学以外的政府

部门代表、社会名流和企业精英，另一半或不到一半的成员来自相关学校内部，企业代表往往占主要地位。从职权上看，管理委员会负责选任大学校长、审批学校的战略规划、在政府下拨的整体预算内（通常 3 年为一周期，以确保高校自我规划的确定性）审批校级年度预算和教授席位的增设或撤销，以及审批新设或撤销专业等事关学校发展的重大事项。

高校管理委员会的实质是：政府和高校都要向管理联合体让渡传统上属于它们的权力，经济界和社会相关领域实质地参与决策，这从机制上保障高等教育和经济社会相向发展，缩短和减少行政决策的过程和环节，在各方共识的基础上提高管理效益。当然，德国各州负责制定各自的高校管理制度细节，各有侧重，相互间不尽相同，但这不影响管理委员会的设立是德国高教管理改革标志的判断，它根本上改变了德国高校的传统管理模式和结构，为教学和科研改革提供了保障。

改革前，德国传统大学教育主要在两阶段框架内进行，一是 Diplom/Magister 阶段（通常被认为与英美体系的硕士阶段相当，为便于理解下称"硕士阶段"），一是博士阶段。其共同特点是偏重理论和学术，但问题主要集中在硕士阶段。

尽管德国大学硕士阶段的教育质量很高，尤其是培养出来的"证书工程师"在国际上享有盛誉，被誉为德国大学的招牌，但其课程结构不系统，学生一般要 6 年以上才能学完，毕业时往往已年近 30 岁，年龄远远大于其他国家的毕业生，企业界对此普遍不满，认为德国大学毕业生朝气不足，有效就业时间太短。不仅如此，硕士阶段课程结构不清，需要学生具备极高的自主学习组织能力，致使相当多的学生不堪承受苛刻的教学要求，辍学率很高（平均在三分之一左右，有些大学或专业则高达一半多），实质上在浪费公共教育资源。企业界不满，政府也同样不满，学生则因不得不半途而废而沮丧。

1999年6月19日，欧洲29国教育部部长签署推进"博洛尼亚进程"的协定，以共同建立欧洲高等教育区域，提高欧洲高校的竞争力，其主要特征是借鉴英美体系建立大学学士和硕士两级教育模式，并在引进新的教育结构的同时，建立大学教育质量管理体系。对德国而言，新的结构和质量管理体系意味着对传统模式的深刻挑战，意味着它必须放弃其大学的品牌如"证书工程师"，接受它曾经并不看重的英美模式；就质量管理而言，教授们以往认为自己的教学内容和质量是自己的领地，他人没有水平和资格评论，大学也没有教学质量管理体系。

"博洛尼亚进程"不断推进，在政府的强力主导下，到2008年，德国大学75%的课程已转制到学士、硕士两级模式，目前除师范和法律等个别专业外，已基本实现全覆盖，而且各校在引进英美模式的同时系统开设出英语授课的课程，极大提高了德国高校的国际兼容度、吸引力和竞争力。

仅2006—2009年的3年间，赴德学习博洛尼亚模式课程的国际学生人数就上升了一倍，留学生总数则从1995年的14万多人上升到2014年的30万多人，增幅超过一倍。2005年依法成立的高校教学质量评估委员会则确立了由政府、经济界和高校代表共同负责管理高校教育质量的体系，确保国家高等教育的基本标准和各校之间教育水平的可比性。

综上可见，德国大学从教育模式和质量管理上实现了与自己传统的痛苦诀别，形成了新的格局，取得了明显成效。

2005年7月18日，忙于博洛尼亚模式转制和教学改革的德国大学又面临着新的挑战和机遇。这一天，德国联邦政府和16个州的政府首脑共同签署了《大学精英协议》，旨在引进国际水平的竞争机制，支持高校开展尖端研究，持续增强德国在全球的整体学术竞争力和知名度。

"精英大学计划"是继"博洛尼亚进程"之后德国高校改革发展的

又一标志性特征。根据此项计划,自 2006 年到 2017 年的两轮评选中,德国"精英大学"共获得 46 亿欧元的额外经费。

经过激烈竞争,第一轮共有 9 所大学因其卓越的未来发展战略方案成为"精英大学"("精英大学"非官方称号,但已被国内外广泛接受和使用,第一轮有慕尼黑大学、慕尼黑工业大学、卡尔斯鲁厄理工学院、亚琛工业大学、柏林自由大学、弗赖堡大学、哥廷根大学、海德堡大学和康斯坦茨大学),并评选资助 39 个研究生院和 37 个精英科研集群,共计 85 个精英项目,惠及 37 所大学。

第二轮(2010—2017 年),11 所大学成为"精英大学"(入围的是慕尼黑工业大学、德累斯顿工业大学、亚琛工业大学、海德堡大学、柏林自由大学、柏林洪堡大学、慕尼黑大学、图宾根大学、康斯坦茨大学、科隆大学、不来梅大学,第一轮的"精英大学"卡尔斯鲁厄理工学院、哥廷根大学和弗赖堡大学被残酷淘汰出局),此外,还有 45 个研究生院和 43 家精英科研集群获得资助。

2015 年 4 月,德执政联盟决定在 2017 年以后继续推进"精英大学计划"直至 2028 年,联邦和各州将额外提供 40 亿欧元建设经费。由此可见,"精英大学计划"将持续影响德国大学的发展趋势。

"精英大学计划"的实施情况,尤其是在提升德国高校国际学术知名度方面的作用,目前没有权威的评估,由国际专家组成的评估委员会最早于 2016 年提交评估结果。其认为:"精英大学计划"从结构和办学理念上深刻改变着德国高等教育体系。以往各校各州之间的"和平相处"让位给了"优胜劣汰",竞争随着计划的不断推进而越来越激烈;以往被认为是负面意义的"精英"概念被广为接受、推崇,争当"精英"不遗余力,因为是"精英"就能获得更多资源,就能在竞争中处于有利地位;以往各校各州间平均配置资源的"平等和公平"局面让位给强者更强、更国际化,弱者相对趋弱、更趋区域化的分化发展格局。

应该说,高校竞争和分化发展有合理性,因为能够用于高等教育的公共资源毕竟有限，需要优化投入，支持能够在国际上站得住、解决人类普遍面临的学术和科技问题的"精英大学群"。这也意味着国家是否有实力在全球范围内聚集和配置知识资源，对国家在全球竞争中是否能立于不败之地具有根本的战略意义。数据显示，德国高校中的外籍学术人才从 2009 年的 2.86 万人上升到 2013 年的 3.81 万人，增幅达 33%。这从一个侧面表明，新计划实施后德国高校聚集全球知识资源的实力在增长，"精英大学计划"已经产生积极效果。

对"精英大学计划"的主要批评是，政府的经费不能普惠，只能使少数高校受益，造成并强化了高校间的不公平，高教发展不平衡，使那些原本规模小但有特色的学校在改善科研条件、吸引人才方面处于不利状态；过分强调效益，竞争被简化为包装和标新立异，高校缺乏学术活动需要的平静；过分强调国际化，甚至采用英美标准和使用英语为工作语言，有脱离德国高校实际的形式主义之嫌，弱化了德国大学的人文主义传统，效益至上地追求国际标准难免功利主义行为，这不利于学术自由探索知识的本性的发挥，不利于人才的全面发展。

（三）"开放、竞争、分化、效益和卓越"，是新时代德国高教的烙印

自 20 世纪 90 年代起，德国高等教育改革经历了广泛的讨论和酝酿，达成了政府、高校和经济、社会各界的整体共识，为改革奠定了理念基础。

首先，改革促成了管理制度的转变，提升了高教管理相关方的参与度，增强了高等教育与经济、社会的密切互动关系，使资源投入更有效地贡献于国家和社会的公共利益。

以实施"博洛尼亚进程"和"精英大学计划"为抓手的教学和科研改革则在新的管理制度的基础上如两翼先后展开，尤其是在最近 10

多年的时间里猛烈扇动，给具有悠久传统的德国高等教育带来新的气象。尽管改革还在进一步发展和调适，还没有权威的量化评估，但"开放、竞争、分化、效益和卓越"已经为新的时代打上了深刻的烙印，引起了全世界日益增强的关注，提升了德国高校的全球可见度和吸引力。

未来，德国高教在经历了剧烈改革的阵痛和快速发展后，将进入对新体系的反思阶段，广为接受的要素得以巩固，效益的原则可能受到公平和质量原则的平衡，各方的博弈还将在改革已经构建的基础上继续，新的体系将逐渐成为德国新的高教传统。

（本文曾发表在《文汇报》2015年10月23日。）

中德教育合作 50 年对话

尊敬的女士们、先生们、朋友们:

我很高兴能够和我的好朋友克劳斯·伯克博士(Dr. Klaus Birk)在第 23 届中国国际教育年会开幕现场分享我们对中德教育和科学合作的看法。

我和克劳斯·伯克有一个共同点:40 年来,我们一直在协助中德两国密切地打交道:他与中国,我与德国。我曾在慕尼黑学习,在波恩任教,在中国驻德国大使馆工作。德意志学术交流中心一直是我职业生涯中的伙伴机构,在那里,我和克劳斯·伯克有很多共同的好朋友。

(下文仅录笔者受访内容)。

1. 2022 年是中德建交 50 周年纪念。您如何评价过去 50 年两国教育合作的历史定位和成就?

姜锋:中德教育乃至科学合作 50 年是一部成功而多元的历史,可以回溯此前共 150 年的传统。在清末以来的中国现代化进程中,德国一直被视为模范国家。当时,许多中国精英,包括年轻的学生、学者和革命者,踏上赴欧特别是赴德的路途,希望到那里寻找国家现代化的秘诀。教育和科学合作在其中发挥了开创性的作用。

1877年，李凤苞前往欧洲，先是作为学监，后来担任中国驻柏林的公使，照顾中国留学生是他的重要任务。李凤苞是中国政府在德国的第一位教育参赞，时隔131年，我于2008年接任该职位。李凤苞负责照顾的首批7名中国军官是中德教育合作的先行者，主要目的是学习军事领域的技术知识和技能。

对于1907—1912年在柏林和莱比锡求学后担任中华民国第一任教育总长的蔡元培来说，他想学习的不再只是技术，而是德国的教育体系。他期待着用在德国获得的经验为中国教育现代化做出贡献。"救国必以学，世界学术德最尊，吾将求学于德。"他在德国的经历后来帮助他设计了中国的现代大学体系，首先就是北京大学。蔡元培要教育救国，但对于他同时代的德国好友卫礼贤而言，这是一个古老文化国家的觉醒。他在1925年献给蔡元培的《中国之魂》（*Die Seele Chinas*）一书中，热情地预言了古老中国"新世界的出现"。世纪之交，汉学与中国学在德国开始发展，成为学科体系，教学与研究初具规模。

1949年中华人民共和国成立后保持了这一传统，即把德国视为国际教育关系的重要目标，尽管德国此时正发展为分裂的两个国家。二战结束后，1953年，中德很快就恢复了学生交流活动。1990年中国首位驻统一德国的大使梅兆荣先生就是中华人民共和国派往东德的第一批中国学生之一，他在莱比锡大学师从汉斯·迈耶（Hannes Meyer）教授学习日耳曼语言文学。同年，第一批民主德国学生也来到中国。

大约20年后，1972年中国与联邦德国建交，此后就开始交换学生。又过了10年，1982年，我的大学上海外国语学院（今上海外国语大学）和海德堡大学签署校际合作交流协议。这在今天看来很寻常，但在当时却是中国大学国际合作制度化的划时代的一步，那是自中国1978年改革开放以来开创性的一步：大学在国际合作中走向自主。此前，教育国际合作与交流仍是政府部门负责的事情，所以交换生就是所谓的政府奖学金获得者。1985年之后，情况发生了更加开放的变化，公民可以自由出国旅行并自费出国留学。德意志学术交流中心称这些学生为"自费生"。

1984年夏末，我开始在教育部工作，参加中国与联邦德国、民主德国的文化教育交流谈判。今天回想起来，中方一直非常重视留学德国工作。中国希望两个德国可以接收更多中国学生，并专业对口地将他们安置到相应的大学中。"争议点"往往是给中方的奖学金生数量可否更多一些。有两次会晤，我至今记忆犹新。第一次是，我为了准备关于德国对外文化政策的博士学位论文在波恩拜访曾为德国对外文化和教育政策做出重大贡献的联邦外交部文化司前司长巴特霍尔德·C. 维特（Barthold C. Witte）先生。在我们的谈话中，他指出中国和苏联对待与德国学生交流的态度完全不同。中国一直希望留学数量最大化，而苏联则努力将其最小化，以降低德国对苏的政治影响。

另一次是抗议1990年德方减少给中国的奖学金生数量。我作为中国大使馆的代表受命向德意志学术交流中心提出抗议。相关部门负责人施密特（Hansgünther Schmidt）在位于波恩巴德－哥德斯堡（Bad-Godesberg）中心的办公室接待了我。令我惊讶的是，他看上去很开心，以愉快的笑容接受了我的抗议，甚至鼓励我向德国外交部抗议，称决定是外交部做出的，而德意志学术交流中心并不赞同。给我的印象是，中国大使馆似乎应与德意志学术交流中心结成联盟，一起"对付"德国外交部，要求德外交部维持中国奖学金生的数量。巧合的是，4年后，施密特和他的妻子特劳迪（Traudi）来北京工作，负责德意志学术交流中心北京办事处的工作。当时我是教育部对欧合作的负责人，因此也是他们在教育部的主要联系人。我们建立了相互信任的工作关系、亲密的个人和家庭友谊。德意志学术交流中心北京办事处刚成立的那几年，德国大型教育和科研机构也在中国纷纷设立办事处，并与中国合作机构和院校建立了庞大的中德教育合作网络。自此，中德之间的联系比以往更加紧密，这不仅体现在政府、社会和制度方面，而且在个人层面的中德联系也更加密切。在我看来，这些都是国与国良好关系的典范。

90年代中期，德国人开始关注中国的高等教育体系。1995年4月，埃里克森教授率德国大学校长联席会议代表团访华，了解高等教育大众化时代中国大学的管理和筹资情况。他们将在中国获得的印象作为参考系融入了德国的相关议题讨论中，尤其是大学财务自主权的议题。随后德国大学进入了历史上能够争取更多资金和管理自由的时期，也是大学改革的时期。让德国校长印象深刻的是，中国的大学，尤其是"精英大学"，可以成立自己的公司，自己负责学校的大部分预算并自由管理。中国的"重点大学"能够获得政府的重点支持，得以重点发展并相互竞争，这对德国大学的政治管理者而言是一个很有吸引力的模式。因为即使在高度发达的德国，大学的财政资源也不是无限的。大学应该通过优化特色、相互竞争获得更多资金。两国之间的教育合作关系已经从具体项目进一步扩大到相互学习教育政策的层面。

新千年以新的希望迎接全球合作的新开端。2002年4月9日，中德两国《关于互相承认高等教育等值的协定》在柏林签署，这标志着中德两国在教育制度上相互认可，这是我国与发达工业化国家签署的第一份此类学位认定文件。德国是联邦制国家，教育文化属于各州事务，即使是在这样复杂的结构中，该协定也很快得到了联邦和州两级的认可，这可以看作德国对华教育和科学合作的广泛共识。2009年4月，分别代表中德两国政府的中国科技部部长万钢先生和德国联邦教育研究部部长安妮特·沙万（Annette Schavan）女士共同主持中德科学教育年系列活动开幕，该活动系统推动来自大学、职业培训和前沿研究领域的对话和交流活动，向专业领域和公众展示中德教育和科研领域数十年合作的成就。2013年5月，两国政府领导人共同启动中德语言年时，教育和科学领域的合作得到了两国最高层的政治支持。那时，双方对中德关系的定位是优先伙伴关系，那是中德关系的历史最佳时期，中德教育和科研合作的共同意愿和最佳实践得以全面展示。

良好的关系并不意味着永远的风平浪静，两国交往越深入越广，也就总会面临挑战。这也适用于教育交流，它越来越多地从政治关系中受欢迎的陪伴者转向政治本身，最近甚至经常可以看到被政治化的迹象。例如，2020年9月9日，德国大学校长联席会议在其立场文件《与中华人民共和国大学合作的关键问题指南》中试图让德国大学敏感地意识到与中国合作的机遇和风险。联邦教育研究部部长卡利泽克（Anja Karliczek）的态度更加明了，她希望德国拥有更独立的"中国能力"，即没有中国影响的中国能力。在上述指南文件中，德国大学校长联席会议强调要与德国乃至欧洲合作伙伴协调，不断评估与中国的合作，但没有提到与中国的协商。教育交流的政治化继续在德国公众中流传，也不断出现两极分化的辩论，例如关于孔子学院和"中国科学调查"的辩论。现在的印象是，每一个与中国的合作项目都应该检查其政治正确性，凡是与中国有关系的人，都必须首先进行政治定位。教育交流需要政治支持，但过于政治化却会形成困扰，使其陷入日益严重的信任危机。能否克服这场迅速蔓延的危机，将决定未来50年中德教育合作的发展方向。

2. 当今世界正经历前所未有的大发展大变革大调整，教育与社会发展转型之间的代差逐渐拉大。您认为教育如何回应社会和经济发展的需求？

姜锋：科技是我们这个时代社会和经济变化的最大驱动力量之一，科技力量本身又是教育培养出的人才构成。因此，教育是所有变化中的基础，各国对教育和人才的重视就不言而喻。教育不仅仅决定这一个国家的发展和未来，也决定着世界的未来。问题是，人类以为科技的发展能够实现人类梦想的可持续发展，而不破坏人类社会本身，也不会破坏自然环境，但实际情况不是这样。工业科技没有给社会带来更多的公平，科技的发展也引发了对自然资源更多的攫取，技术进步导致社会贫富差距进一步拉大，比如数字鸿沟、数字贫困、数字战争。需要对"科技就是进步"的概念或论述进行反思，也因此，需要对教育内容、教育国际合作反思。教育重视科技的传授，这是对的，但教育的"技术化"问题引发的工具理性价值取向和生活方式，导致功利主义和非理性。当前，国际政治正在加速功利化，国家自私主义更甚，这与过去几十年教育功利化发展密切相关。我不是说，教育应该对所有的问题负责，但教育不应该成为问题、制造问题，教育应该培养公民的全球视野、天下情怀，教育应该促进不同文明间的理解，有勇气为和平做出贡献。

3. 人类社会已进入数字化时代。您如何解读当前教育面临的变革与创新挑战，以及技术与教育的关系？

姜锋：数字化在加速改变我们的生活方式。从积极的角度看，它给我们带来很多过去没有的帮助，正如克劳斯·伯克博士所说的那样，人与人之间的信息交往更便捷了，大学的教学与科研获得了更多可构建的空间，特别是在新冠肺炎疫情大流行的这3年里，数字化让我们克服了空间的限制。但，数字化在极大地服务人类的同时，也同样极大地威胁着人类。这一点变得越来越清晰。近年来，在中东甚至在欧洲爆发的军事冲突因数字化的广泛应用而更加残酷了。此外，数字化也使我们的社会过度个性化，传统的社会结构在瓦解，借助数字化和网络流行的假信息冲击着社会赖以生存的信任基础。教育有责任培养学生使用数字技术的能力，同时也应培养、提升他们的数字伦理能力，以便扬其利，避其害。

4. 中德学院是两国教育合作的成功实践。回顾历史，中德学院收获了哪些经典案例，积累了怎样的有益经验？

姜锋：我曾有幸作为教育部负责对欧洲合作的人员，参加了中德政府关于建立同济大学中德学院的谈判，与德意志学术交流中心密切合作。如前所述，20世纪90年代中期，中德两国在教育制度方面的合作很广泛，这包括清华大学与亚琛工业大学之间联合培养研究生的全课程合作，而同济大学中德学院是规模更大的平台，时任国家教育委员会主任朱开轩很明确地表达，要系统地借鉴德国的工程师培养模式。我记得，那时德国取消了传统的硕士工程师培养模式，引进英美的学士模式。中国教育部对此正式向德方表达了疑惑，希望中德合作的项目仍按德国传统模式来。但这一愿望没能实现，几乎是在全德范围内，德国的传统模式最终还是被新的英美教育模式替代。过去几年，我两次参与中德学院的评估。我认为，借鉴德国工程师培养模式的必要性仍然存在，融合中德两种模式的尝试很有价值，积累的课程资源十分丰富，建立的教师团队为学院奠定了基础。此外，中德学院不再是德国单方面的"教育出口"，德国合作伙伴也可从中受益，这反映了新时代的共赢特点。现在需要将中德学院的模式进行孵化。

5. 德国是世界上职业教育体系最完备的国家之一。中国也刚通过了新修订的《职业教育法》。两国都高度重视职业教育发展。请您介绍一下中德在产学研用融合创新和专业素养提升方面开展的合作实践。

姜锋：关于中德职业教育合作，大家已经说过很多话了，但仍有很多话要说。因为职业教育实在太重要，它不仅是一个国家社会经济发展和公民素质的基础，也是高等教育的基础。我赞同克劳斯·伯克的看法，如果没有扎实的技术工人，再多的教授，甚至是诺贝尔奖获得者，也无能为力。这一点也决定着中德职业教育合作的特点，它要面向职业实际，又不仅仅是技能培训，也是公民素质提升，它需要取得中德企业的支持和融入，这方面的合作有很多。上升到制度层面，需要建立更多的合作平台和信息网络，联合培养职业教育师资，共同开发职业培训教材，以及开展职业资格证书领域内的合作。这有可能为未来加强中德在这一领域的合作开辟更多路径。

6. 展望未来，在新的发展环境下，您如何看待中德教育合作的发展趋势，两国教育合作还有哪些新的增长点和合作潜力？

姜锋：各国发展之间的联系日益增强，所谓"脱钩"等去全球化努力也具有全球性。基本事实是，人类面临的气候变化、传染病、能源与数字化、安全威胁等挑战不分国界。它们越来越具体地呈现在我们面前。高校是培养社会生活各个领域的中坚力量，因此，与职业教育一样，必须具有全球视野。中德是具有全球责任感的国家，有责任加强相互合作，形成合力，而教育合作是其持久的基础。50多年来，两国教育合作从项目合作逐步发展为政治交流互鉴，成为两国政治关系的重要组成部分。未来，两国教育合作与交流应更多地放眼全球，国家、社会和个人之间的广泛合作网络是两国教育合作与交流的坚实基础。为此，双方还必须更系统地组织和推动发展这些合作平台。从这个意义上说，中德教育合作与交流具有广阔的前景，未来也需要我们两国承担更多的责任。

（本文系笔者2022年6月接受中国教育国际交流协会的采访稿，略有修改。）

中德教育发展与人才培养合作

(一)50年中德教育合作丰富多彩、互信共进

需要说明的是,中德教育交流合作的历史很悠久。早在1876年,清政府就公派学生到德国学习,并派遣外交官负责教育事务。德国是近代中国现代化进程中技术和知识体系构建中的重要目的地和来源地。在同一时期,甚至更早的时期,德国对中国的研究,即德国汉学开始兴起。中国的历史、文化、政治、经济是德国学术体系中欧洲文明圈以外的重要研究观察点和参照系,这体现在黑格尔、康德等德国思想家的学术体系中。

1972年中华人民共和国和德意志联邦共和国建立外交关系后,两国教育合作多元丰富,成就丰硕。扼要地说,主要成就表现在:

一是在经历了第二次世界大战之后的一段间隔之后,双方在教育领域重新建立起制度性交流与合作,为中德两国在经济、政治各领域的合作提供了认知基础和人才支撑。

二是教育合作使两国和两国人民之间的相互认识得以与时俱进,中国人对德国的认知不再仅仅是大胡子和皮裤子,也有宝马车和手提电脑;德国人对中国人的印象也不再仅仅是大辫子,还有牛仔裤,不仅有优雅的太极拳,也有登月飞天的高科技。

三是相互学习借鉴而创新发展,尤其是在职业教育和高等教育领域,双方的合作十分丰富,而且是两国关系中重要的组成部分。20世

纪90年代，两国政府首脑曾就职业教育签署合作文件，教育议题常常是两国最高领导人交流的内容，是双边关系中的要素之一。中国的《职业教育法》曾直接借鉴德国职业教育制度的一些做法，比如，职业教育中的文化教育内容与企业中的实践技能的密切结合需要在统一的《职业教育法》框架内实现等。高等教育中，尤其是关于工程技术专业的课程发展、高校治理的结构与体系建设等，德国的经验给中国教育主管部门和高校带来诸多启发。90年代中期，中国的大规模高校后勤服务社会化改革曾参考德国的大学服务体系。在推动中文国际教育的孔子学院的酝酿和创建阶段，德国歌德学院的模式也曾引起中方的兴趣。另外一个方面，中国多元的高等教育模式和与此关联的多层级管理、多方面筹措经费，包括高校可以自筹经费甚至办企业的模式，也给德国20世纪90年代中期以后的大学结构改革提供了模式参考。那时，中国高校管理层纷纷到德国学习先进的管理经验，德国大学校长联席会议也组织校长们到中国来，考察中国大学如何在资源有限的条件下，采取优先发展、鼓励高校特色发展、在竞争中合作的良策。中德两国于2002年签署的《关于互相承认高等教育等值的协定》，记录了双方合作的深入和互信程度。这是中国与工业化国家签署的第一份学位互认协定，也说明中德教育合作是中国与世界各国教育合作中的领跑者。借用德国著名社会学家沃尔夫·勒佩尼斯（Wolf Lepenies）的话说，那时的中德高校通过密切的交流合作构建了共同的"学习文化"。他认为，欧洲历史上曾经习惯于"教训文化"，现时欧洲应该转"教训"为"学习"。

四是教育的合作促进了两国在社会生活中的交流。比如在职业教育合作范围内，德国汉斯·赛德尔基金会（Hanns Seidel Stiftung）推进的农业职业技术培训项目就与中国农村和农民的发展密切结合，在山东青州南张楼村开展的乡村综合发展项目将山东的农村生活和风貌与德国巴伐利亚州的乡村规划与农业技术融合在一起，形成了农村新面貌。与此同时，中方项目人员在德国农村的考察学习中与德国农村和农民深入交流,常常是同吃、同劳动、同收获、同围火炉拉家常,"八卦"村里谁家勤快谁家懒,谁家的小牛刚出栏,这让德国的老乡也感受到远在中国的人们的真实生活,体验到人性和人情的普遍性,认识到中国人不是另类,有着丰富的情感。上了岁数的德国农民还翻出家中保存的20世纪60年代以前的职业教育课本,里面还介绍了中国古老的宫廷建筑使用的建筑材料,如今人们看了依旧连连称赞。

女士们、先生们,上述讲到的实例并不是在讲述一般的故事,我本人有幸参与其中,是个人的真实经历。而将这些经历分享,是想对中德教育合作取得的成就表达诚挚的祝贺,对积极推动和参与其中的人士表达崇高的敬意。

(二)未来50年中德教育合作意义深远、任重道远

在庆祝双方建交50周年之时,回顾过去,我们有理由憧憬两国间的友谊、互信、合作、共赢得以持续发展,因为过去50年两个国家及其公民都从良好的合作关系中获得丰厚的受益和福祉。但,也有新的变化让我们怀有担忧。我们生活的世界变化太大了,剧烈的变化把世界推进了巨大的不确定性中,危机在其中酝酿、爆发。关键的问题在于,一些大国在问题和危机面前相互推卸责任,都认为危险和威胁来自对方,自己是神圣的;甚至深陷战争之中,却指责别人要对战争负责。

刚才听了加布里尔(Sigmar Gabriel)先生的发言后,我在努力理解他的逻辑。我相信他是真诚祝愿和平,希望中国和欧洲加强沟通与合作的。我相信,他也会相信,中国也真诚地希望与欧洲密切合作。对中欧而言,在经济和社会发展方面的合作是尤其重要的,有充分理由的。中欧没有难以避免的地缘政治矛盾和冲突,除非德国军事力量不友好地部署到中国门前,比如把军舰派遣到中国沿海,这听上去有些幽默,但是不是正在发生?不能把一切问题都怪罪是媒体炒作,政

治家对形势和自己决策的影响应该有自己的清晰判断。我相信，加布里尔先生也相信，中国不会把军事力量部署到欧洲去，也不会宣示般地把军舰派到北海去。

当欧洲，我想说的是，不管是哪一方，我强调的是欧洲，正在发生二战以来最大规模的战争时，当美国和欧洲大国实际上已经参与其中，早就是战争的一方时——去看看克劳塞维兹（von Clausewitz）关于战争的定义吧，不是派兵到战场上去开枪才是参战，提供武器、提供情报、规划战役本身就是战争行为——这样的时刻，如果欧洲真心和平的话，就应该停战。但，让真诚希望欧洲和平的人不解的是，呼吁停战的声音在德国受到了严厉的谴责，甚至制裁，令人费解，比如巴登-符腾堡州的克莱齐曼（Winfried Kretschmann）州长正在承受这样的经历。但也因此，似乎可以理解德国为什么对中国止战谈和的立场表示不满了，这也包括加布里尔先生。

教育能做什么？

我希望未来的50年，中德教育交流能够为和平做出贡献，哪怕是在炮火之下，也给谈论和平一个机会，让我们的学生们有谈论合作的勇气，并容忍别人对和平寄予希望。请允许我冒昧地提个建议：

在中德教育合作与交流开始未来50年之际，双方社会尤其是教育界的代表，应坐在一起，深入讨论教育能够为人类的和平与发展做些什么。我赞同刚才施明贤（Michael Schaefer）大使和史明德大使谈到的观点，无论如何都不应该把两国间的问题意识形态化，不能让意识形态影响到人们在交流交往中的友情和幸福。意识形态化意味着相互关系中的唯我独尊，冲突纠纷中的不计成本。教育要追求和平的理想，避免为战争寻找理由。

（本文系笔者2022年9月6日在中德建交50周年之际于第九届"一带一路"中德经济合作对话会上的讲话，略有修改。）

第八章

寄语同学

成就大才从身边的小事做起

亲爱的同学们：

你们的大学时代今天开始了，我代表学校热烈欢迎你们的到来。此刻，我们的校长曹德明教授正在代表中国与法国开展交流，我转达他对同学们的欢迎和问候。这一巧合也说明了我们学校鲜明的国际特色，而你们将在这样的环境中学习、生活。

刚才新生代表黄佳陈、老生代表王思杰和教师代表程彤教授的发言都十分精彩。他们说，上外是梦想开始的地方，大学不应该仅仅是获得一份体面职业的跳板，进入了上外大家庭要多一份尊重和宽容。大学里不一定什么都是对的，但它为你们追寻真理铺平了道路，需要你们脚踏实地。

梦想开始了。昨天我见过不少新同学，他们说来到上外，觉得上外很牛。也有一位同学说，本来想上一个更牛的大学，现在也只好到上外了。同学们，我想告诉大家的是，从来就没有什么牛校，只有牛人，就是你们。我们的大学有多牛，你们慢慢地就知道了。我希望的是，大家不唯名，要唯实。伟大的梦想，靠实实在在的细节实现。

给大家讲个故事。

34年前的8月底，一个17岁的小伙子扛着一只木箱子，从山东一个县城的火车站一个人挤进开往上海的火车，因为没有座位，而且车里挤满了人，他必须站12个小时到达上海北站，之后又一个人挤公共汽车去四川北路虹口公园，从那里再一个人换乘公共汽车到东体育会路，开始他在上海外国语学院的4年学生生涯。此刻，那个当年的小伙子就站在你们面前。

昨天，我见到一位新同学，他来自云南，一个人坐了37个小时的火车来上海，成为我们上外大家庭的一员。我要对这位同学说：一个人独行，你了不起！

亲爱的同学们，我想告诉你们的是：上大学，你们从此告别了中学，离开了父母，独自远行，独立生活。这是人生中第二次断奶。与第一次不同的是，你们这回第一次真正独立了，你们的一切将由你们自己做主，也应该由你们自己做主。你们的箱子要你们自己扛，你们的包裹要你们自己背，学习和生活中遇到疑问和困难的时候要你们自己向老师请教，向学校管理人员求助，考试不及格的时候要对自己说，"我还要更加努力"，而不是让父母或其他人替你们向老师和学校说情和"交涉"，更不是去对老师说，"高抬贵手吧，否则这孩子就毁在你的手里了"。

我们每个人都深深地爱着我们的父母，对父母的爱是伟大的。但，爱不是依赖，对父母的生活依赖可能让你们失去独立的机会和能力。如果不能扛起自己的包裹，又怎能有为社会、为国家肩负责任的担当！

同学们，独立，意味着自由，你们终于可以"随心所欲"，自己定义自己的生活了，这是一生中最珍贵的时刻之一；独立同时也是责任，你们要为你们的行为负责，为你们的生活状态负责。我想问同学们：你们意识到了吗？做好准备了吗？该怎么做？

大学时代开始了。路要一步一步地走。

红灯停，绿灯行，我们从小就知道这个交通规则，但我们身边又有多少人在这么做？就是在我们学校门口，闯红灯的现象也已不再少见,被普遍认为很守规矩的欧洲同学,到了我们这里不久,也有些变得"勇闯红灯"了。同学们,你们将与众不同,闯红灯的事不会在你们身上发生。红灯暂时让你们止步,但能够让你们学会走人生的正道。

人人都要求有卫生的环境,人人也都在制造着垃圾。垃圾乱放、乱扔的现象时常发生。从行驶在马路上的豪华轿车里扔出来的垃圾和校园、宿舍甚至教室里乱放的垃圾,不管是一张废纸或是吃剩下的鸡骨头,都一样玷污环境。没有人认为这是符合公德的。所以,文明的人类发明了垃圾桶。同学们,要爱护好我们美丽的校园,管理好我们的垃圾桶。垃圾不卫生,但善待垃圾、管理好垃圾桶却能显示我们健康的品格。

钱包也很重要,但,大把地乱花钱却透露出你们生活无序。上外人是平常人,这里不培养土豪,尽管你们未来赚钱不是问题。不要混淆了价格和价值的关系:手机、服饰价格的昂贵,不可能彰显你们人生价值的高贵,却可能反衬出你们内心的空虚,甚至品格的缺陷。上外人要有"粪土当年万户侯"的气概,要有威武不屈、富贵不淫、贫贱不移的勇气,要清风洋溢,正如你们美丽的青春,不要被世俗的铜臭玷污。

同学们,大学时代是美好的,国家、社会和你们的亲人在你们身上寄托着深情厚望。但,我们也常常听到失望和批评的声音,一个流行的指责称:大学在培养精致的利己主义者。年轻的朋友们,就让我们从遵守红绿灯、理好垃圾桶、管好钱包做起吧。以点滴的行动证明,这样的指责是错误的。做个与众不同的人,做一个社会公德的楷模。

上外人当然有更高的追求。

同学们,我们的学校诞生于人民共和国成立之际,国家责任和民族使命融入了上外人的血液。当新中国面临着抗美援朝的生死关头,我们 40 多位校友组成语文工作队，于 1950 年的严冬勇敢地奔赴战火纷飞的前线。一位校友临行前说道：人生最伟大的意义就是把一切献给祖国和人民！这就是我们的学长，他们以杰出的才华在枪林弹雨中捍卫了我们民族的尊严与和平。还是在那个年代，我们另一批校友奔赴北京，加入到编译马列著作的行列。他们"一辈子、一件事"，默默无闻地用他们的才华和生命系统准确地把马克思主义经典翻译成中文，为社会主义中国的理论大厦奠定了牢固的基础。其工程浩大，功在千秋。他们的贡献堪与"两弹一星"媲美。他们永远是我们上外人的骄傲！千千万万的校友在我们前面为实现中国梦贡献了他们的智慧，履行了他们的责任与使命。时代到了今天，我们国家的发展模式令世人瞩目，我们的价值观日益受到尊重：富强、民主、文明、和谐；自由、平等、公正、法治；爱国、敬业、诚信、友善。你们做得到，也能用世界听懂的语言说得清吗？面对各国人士的询问，面对前辈学长们殷切的期待，我相信青出于蓝，而胜于蓝。

智慧和责任不全是豪言壮语，也不是斤斤计较。同学们，先不要急着为是否要出国、考研和求职纠结。不要把大学仅仅看作是获得实惠和高人一等地位的手段。大学本身就是人生的一段，这里有无穷的知识任你们探索，你们得到的回报将是其乐无穷。

要学会仰望天空。不要相信"外语就是工具"的顽固传说。无论你们是学习语言文学类专业，还是政治、法律、教育、经济和管理专业，外语都是基础，是上外人的底色。语言是思想，多掌握一种语言，你们就多了一块想象的空间，你们的生活就多了一层绚丽的色彩。语言沟通着你们和未来，多一种语言，你们就多一份未来。要学会脚踏实地。语境决定意义，掌握不同的语言让你们在纷繁复杂的世界面前能分辨真伪，把握本质，感受万千世界之奥妙。语言给出答案，也激发疑问，多一种语言就多一份答案，多一种疑问，在学问之间，你们的人生就多一些色彩，生活就多一层意义。"怀疑一切"，这是卡尔·马克思最喜欢的座右铭。大学给你们打开了探究知识和真理的大门，语言则是开门的钥匙。各位师长已经准备好为你们解疑释惑，但他们所做的一切最终是让你们获得自己提出疑问、自己找到答案的能力。"外语是人生斗争的一种武器"，马克思这么说，并在50余岁高龄开始学习俄语，为普希金优美的诗句欢欣喜悦。知识是快乐的，掌握外语是快乐的。

上外人就是要诠释世界，成就未来。Interpret the World, Translate the Future. 而且，乐在其中。

同学们，为了追寻梦想，我们今天相聚在上外大家庭，为了实现梦想，我们未来4年或更长的时间里将在这里朝夕相处，我和全校老师与管理服务人员，还有我们70多位来自世界各国的专家们，将全心全意地为你们服务，分享你们生活、学习中的困惑和喜悦。

大学时代开始了，故事已经有了开头，接下来就看你们的了。加油！

（本文系笔者2014年9月16日在上海外国语大学2014级新生开学典礼上的讲话，略有修改。）

母校在乎你、牵挂你

亲爱的同学们：

要跟你们说再见了，首先代表曹德明校长——他正在北京参加一项重要活动，也代表学校全体教职工，衷心祝贺你们毕业，祝你们前程似锦！衷心感谢各位老师和各部门工作人员付出的辛勤劳动！也感谢家长们！同学们学业有成、顺利毕业是我们大家共同的作品和成就。

要送大家离开咱们上外这个家去远行，心里很不平静。刚才孟言伦同学说"人去楼空"，听着不免伤感。同学们，你们毕业了，母校为你们搭建的舞台和空间也随之超越校园，任你们在大千世界里展现。毕业了，你我之间的关联也由此超越了校园，从今后，母校牵挂着远行的你，母校非常在乎你。

刚才，校友高鸣先生发言非常精彩，他创建的事业为社会做出了贡献，为学校做出了贡献，为大家树立了杰出的榜样。当然，都像他一样成功可能不容易，但，怀抱梦想，有志者事竟成。梦想是照亮人生的光。

这几天在微信上看到了同学们晒出各种毕业照、同学合照和师生合照，很多创意和欣喜溢于言表；也看到了一些忧伤的话语，一条留言说："空调终于装好了，我却要离开了。"看到这里，我很感慨，我觉得为同学们做得还不够，该做的远不止这些：饭菜可能该更可口些，阅览室该更敞亮些……我受到了鞭策。上外，这就是我们共同的家，就是在一代一代同学的批评和期待中改善发展的；我们共同爱惜她，建设她，给她以时代的生机。今天，你们即将离开，但你们的期待与母校的发展永远相伴。

31年前，我和我的同学们从上外毕业时也有过各式各样的忐忑。一位分配回北方原籍的同学惆怅地说，以后就说不了普通话了，要重操方言；另一位被分配到北方工作的南方同学，念叨着在那遥远的地方能否常常吃到大米；我自己原本为一份在大学从事德国历史研究的工作而高兴，可临时被分配到北京，到国家机关从事行政工作，从此开始了行政管理和学术兴趣的纠结。31年后的今天，我们这些同学的工作单位和地点几经变化，相聚在一起时就难免感慨人生多变，但不变的是因母校而结成的同学之间的友谊，而且，这友谊经久弥坚，成为一生中最纯洁和无所顾忌的心灵的天地。珍惜同学间的友谊，这是母校给我们的珍贵财富。

同学们，今日分离，相聚总有时。今年3月，我参加了一次中英文化年聚会，被安排在主桌，同桌的9个嘉宾中有7位欧美人，2位中国人——金融家卫哲和我，是两个上外人。嘉宾各自介绍时，我对大家说：这个桌上两位中国客人都毕业于上外，诸位女士和先生，还需要我介绍上外吗？同学们，母校始终伴随我们，她是我们的骄傲，给我们自信。

自信缘于责任。历代上外人有着响应国家召唤、担当社会责任的传统。不用说远的那些抗美援朝战场上值得我们骄傲的校友，就说最近的年轻人。校友袁泉2009年毕业于阿拉伯语专业，进入外交部亚非司工作，2010—2014年在中国驻叙利亚大使馆工作。叙利亚战火纷飞，在那里工作随时都有生命危险，袁泉就是在这样的险境中多次出色完成工作任务，用自己的付出，维护着我们和平的生活。他有过恐惧，有过悲伤，有过疲惫，但他无怨无悔。同学们，国家责任和民族使命锤炼着我们上外人的责任感，昭示着我们人生的意义。

你们在座的中间也有践行着社会责任的同学，比如日本文化经济学院的何晗。读书期间，他边学习，边开发出计算机编程语言类库——中文自然语言处理包，并把这套自己辛苦开发出来的软件无偿地贡献给社会。这就是一种境界和精神！

无论在外交上，在知识界内，在硝烟中，在商海里，上外人，都有国家和时代责任的担当，都会是社会优良品质的体现。所以，无论你们在哪里，你们做什么，记住你们是上外人：格高志远、学贯中外；诠释世界、成就未来。

告别之际，作为师长还想唠叨几句，送大家三个词：

一是激情。激情是向上的活力，是绽放的生命力。不要让老气横秋过早地侵蚀了你们青春的活力。努力保持大学时代的天真与执着，人生活的不仅仅是长短，更是意义。

二是宽容。对人要宽容，不要斤斤计较，许多人与人之间的纠结是因为误会误解。让人一步，海阔天空。还要对己宽容，不怕试错，不怕失败，不要左顾右盼地怕犯错。如果怕失败而缩手缩脚，那你们就很难走向成功。

三是变化。这是一个瞬息万变的时代，万物皆流变，"变则通，通则久"。德国有句谚语说：风来了，有人建高墙，有人造风车。要养就应对变化、创造变化的能力。

同学们，任未来千变万化，母校永远伴随你们，永远祝福你们，永远期待你们回来讲述你们的故事。

今天是"6·18"，选择在这个日子为你们举行毕业典礼，安排今天活动的老师寄予了美好祝愿，祝你们旗开得胜，祝一帆风顺！

谢谢大家。

（本文系笔者 2015 年 6 月 18 日在上海外国语大学 2015 届本科生毕业典礼上的讲话。）

少一些"追星族" 多一些"追梦者"

亲爱的同学们：

习近平总书记曾对青年提出殷切期待，他说青年要"坚定理想信念、厚植爱国主义情怀、加强品德修养、增长知识见识、培养奋斗精神、增长综合素质"，成为民族复兴大业的追梦者和圆梦人。

大学离不开学问，学问之要在于问。何谓"大学"？"University"一词引出拉丁语词源*Universitas*，揭示了大学作为学术和师生共同体教学相长、探求真理的本质。大学的活力在于不断发展，在于不断超越和自我超越。同学们要摒弃权威崇拜，勇于挑战，善于包容，学会平等交流。

语言是上外的本色，很多同学选择上外是出于对语言的热爱。学问起步于语言，不问无学，语言是人类存在和延续的载体和标志。世界上大约有7 000种语言，语言作为文化的载体，其多样性是文化多样性的必要条件，是丰富世界文明和人类思想多样性和整体性的基础。

当今世界在全球化中不断演变，语言也越来越成为个体生存与人类和平的依靠，无论何等学问、何种职业，抑或是何种使命，语言的关联度日益增强。语言即人生，上外的"多语种+"特色为同学们打开了通向广阔天地的大门。

中文是世界上使用人数最多的语言，但全球英语的非母语学习者的人数多达 15 亿人，而中文的非母语学习者却只有 3 000 万人。如何向世界讲述中国故事，阐述中国理念，传播中国声音，扩大中文的影响力，为人类的智慧做出更大贡献，依然任重道远，是青年的使命，是上外人的担当。

同学们，如今的上外不再是传统意义上的外语院校，上外目前开设的专业有一半是非语言类专业。但不管同学们攻读哪个专业，语言能力仍是上外同学的核心能力，在此基础上进一步拓展至其他学科，提升专业素养，形成不同领域和学科的专业能力，这不仅是上外学生有别于其他院校学生的优势竞争力，也是"我们的初心"。

作为国家"双一流"建设大学，上外的外国语言文学学科具有显著的交叉性，不仅囊括语言、文学、翻译、跨文化研究和比较文学、区域国别研究等五个基本领域，还与中国语言文学、政治学、新闻传播学、法学、经济学、管理学、教育学等其他学科有机融合。

（中略）

"多语种+"是上外在新时代提出的办学战略，并由此开展了一系列的综合改革，可详细解读为：在多语的环境中生活、学习，造就多语的能力，以多语的视角观察世界，培育专业的知识和能力，形成坚定的信念和志向，而以基于多语言的跨文化沟通力为前提，可打破专业、学科壁垒，以人文通识教育培养学生的价值观自觉，以社会科学方法论教学促进国别、区域研究意识，以问题研究导向提升学生在某一领域的专精，成就"会语言、通国家、精领域"的人才。

目前我们所见的世界史和区域国别史大多由他人撰写，这其中存在着巨大的观念差异和视角偏颇，一部欧洲人撰写的"地理大发现"描绘了他们眼中的历史英雄，但对那些"被发现"的民族何尝不是灾难和遭受的罪过！我们的国家越来越多地承担着全球的责任，我们每个人的生活也不断融入全球的内容，但我们对世界的了解还匮乏，我们对世界知识的贡献仍有限。语言是破解这个局限的关键一环，而上外的多语言优势，有助于更丰富研究的视角。

我们要为社会贡献更多的全球知识，为全球贡献更多的中国观点。语言不仅是交流的工具，更是构建知识的载体，语言体现我们的价值。上外人正聚精会神建设在国别区域全球知识领域特色鲜明的世界一流外国语大学。这是目标，是责任，是贡献。

同学们，无信不立、无学不能、无实不功。我向你们提出三点希望：一是多读（reading），二是勤写（writing），三是分享（sharing）。勉励在座新生少一些"追星族"，多一些"追梦者"。

（本文摘自笔者 2018 年 9 月 11 日为上海外国语大学 2018 级本科新生教授入学教育第一课的内容。）

从关注自我到关注世界

亲爱的同学们：

今天的主题是"大学明德，语言知行"。首先我想给大家分享上外故事，追溯文脉历史。

从上外创校校长、"中国大百科全书之父"姜椿芳到百岁高龄的语法学家章振邦教授，一代代上外师者、学者荟萃于此，执教治学，开创并丰富着上外的人文传统；数万才华横溢、出类拔萃的上外人一直活跃在国家最需要的地方，活跃在对外开放的最前沿，足迹遍布全球，成为各行各业的领军者，为我国的外交外事、国际传播、经济建设、对外贸易、文化教育和社会发展，为促进中外人文交流，做出贡献。

今年8月10日，上外俄语系校友张汉晖出任驻俄罗斯联邦特命全权大使，驻六方会谈国家的大使和中央外事部门负责人都是上外校友。在百年未见之世界大变局的时刻，还有许许多多上外人和他们一样，活跃在祖国的外交战线上，为国家利益、人民福祉、世界和平与繁荣殚精竭虑，贡献着智慧和力量。

在48万名考生中勇夺ACCA全球第一的陈灵霖、翻译《联合国概况》并获联合国官员点赞的上外高翻DPI师生翻译团队、在刚刚过去的一周参加中德对话论坛2019年会议为发展中德关系建言献策的 7 位上外人、参加驻外工作的上外青年校友徐湾……就在我们的身边，也有一批批新时代的上外人正在奋斗中书写着自己的青春芳华，在不同的专业岗位上贡献着自己的力量。

习近平总书记说："我们所做的一切都是为人民谋幸福，为民族谋复兴，为世界谋大同。"

上外是"国家队"，上外人肩负着民族的使命和国家的责任，上外人的个人命运和我们国家的命运紧密结合在一起。为人民谋幸福，为民族谋复兴，是上外人的责任；为世界谋大同，更是上外人的天职。成为卓越的国际化人才、成为为世界谋大同的人才，上外人使命必达。

同学们，我们是谁？每个学校都有自己的身份、历史和故事，上外最大的特点是我们与共和国一同诞生，我们有红色的基因。

抗美援朝中，上外人第一批奔赴战火连天的前线，用鲜血、勇气和知识捍卫新中国。建校初期，多名上外学子追随老校长姜椿芳的步伐投身马列主义著作的编译工作中，为祖国精神大厦的筑就贡献心血和智慧。上外从 1983 年起陆续增设了国际新闻、国际贸易等新专业，培养出来的高质量的外语复合型人才在改革开放的浪潮中为我国社会主义经济建设和对外文化交流做出了巨大的贡献。

上外历史上经历了"从单语种到多语种""从多语种到多学科""从多学科到'多语种 +/+ 多语种、跨学科'"的三次转型。进入新时代，上外进入"多语种 +/+ 多语种、跨学科"新阶段，致力于培养"会语言、通国家、精领域"的卓越国际化人才，语言类专业的同学要掌握两门以上的外语，在此基础上通过学校提供的平台学习一门专业；非语言类专业的同学要在学好本专业的基础上学好外语。虽然上外目前开设的专业有一半是非语言类专业，但不管同学们攻读哪个专业，语言能力都是上外学子的核心能力，在此基础上进一步拓展至其他学科，提升专业素养，形成不同领域和学科的专业能力，是上外学子有别于其他院校学生的竞争力所在，也是上外一直以来坚守的"初心"。

随着人工智能时代的到来，上外迎来了历史赋予的一个与科学和产业革命相结合的伟大机会。正确认识到机器翻译的基础是翻译实践和语料库研究，上外人对在上外学习语言更加有兴趣、有信心，更能抓住历史机遇，让语言学习发挥创新才能，谋求新的发展。

从建校初期通过译介向国外学习，到80年代在学习国外的基础上与之平等交流、互相合作，再到当下我们国家越来越多地承担全球责任、世界希望听到中国发展的经验，我们有辉煌的成就，但我们对世界知识的掌握仍然匮乏，我们对世界知识的贡献仍然有限。要破解这个局限，语言是关键的一环。国际关系风云变幻，身处百年未有之大变局，世界安全、发展秩序受到挑战，中国如何在自身更好地发展的同时为世界和平与繁荣做出中国智慧的贡献，上外人有责任担当起这一使命。

语言不仅是交流的工具，也是知识的工具，是价值观的载体。上外人要借助语言这一认识世界的工具，深入认识不同文明间的差异，促进不同文明之间的交流，观察世界风云，为构建具有中国特色的、系统的"国别区域全球知识"体系做出上外人的贡献。上外人要对外讲述中国故事，传播中国声音，构建中国话语，向世界分享中国智慧和方案。如何向世界讲述中国故事，每个上外人都要持续思考；为提高向世界讲述中国故事的能力，每个上外人要在未来的学习过程中扎实积累；为向世界讲述中国故事，每个上外人都要不懈努力进行跨文化交流实践。

同学们要积极转变身份，从被关注到关注他人、关心社会；通过大学学习和历练，学会走向独立，适应社会；学习知识，去认识世界、发现问题；习得技能，有效行为，解决问题；形成价值观，在复杂的社会环境下，面对潮流、面对功利诱惑时，保持内心平静和人生定力；利用好学校提供的海外交流、田野调查、社会实践、专业实践的平台，在实践中正确认识世界，涵养家国情怀，坚定理想信念。

最后，我想以"一段人生""一个志向""一份书目""一篇文章"，寄语广大新生：统筹规划大学生活，写好自己的上外故事；明确志向，始终如一，坚守初心；多读书，享受阅读之乐；勤动笔，在写作中思考，在多语种写作中提升国际理解力。不做"低头族"，不要陷入手机的陷阱，不要让自己的人生"手机化"，不要让自己的人生因为手机变得支离破碎。

（本文摘自笔者2019年9月10日为上海外国语大学2019级本科新生教授入学教育第一课的内容。）

大学生涯与世界眼光

（一）大学的起源

学界普遍认为，现代意义上的大学源于欧洲，产生于11、12世纪。1088年意大利中部的博洛尼亚诞生了世界上最早的大学（*Universitas*）。Universitas实际上是指学习团体，类似group或society，就是一群年轻人聚集在一起研究语法、修辞、演讲术，那时候没有严格的老师和学生之分。后来，欧洲其他地区也陆续出现大学，如巴黎大学、牛津大学、萨拉曼卡大学、科英布拉大学等。这些大学被视为是现代大学的雏形。

1. 大学与教皇和君王意志

欧洲人认为大学是欧洲文明的独特成果，现代大学只有在欧洲，尤其是西欧才会产生。这与当时的时代背景和社会背景有关。十字军东征之后，整个欧洲发生了巨大变化，社会流动急剧增加，包括人口流动和商品流动，手工业发达，社会关系增加，社会矛盾自然也随之增多。在博洛尼亚，就有一批人开始学法律，地方君王就希望通过法律将他们对社会的统治关系固定下来，通过法律更好地管理社会。正是在当时的罗马法基础上逐渐形成了今天人们所说的欧洲大陆法系。罗马法对统治关系梳理得非常清楚，比方说欧洲的君王希望管理自己属地上的民众,就像当年的古罗马皇帝或者贵族管理他们的奴隶一样。因此,当时研究法律、培养法律人才至关重要。

而巴黎大学主要研究神学,教会为了维持对社会的统治,为了扩展教会影响力、统治力需要而培养人才,那里的学生学习的是有关上帝的智慧。老师本身就是教会的神职人员。

尽管当时的大学都有一些不同的侧重点,但是它们有个共同点,就是为某种政治的统治,无论是世俗的,还是宗教的,总之是为某种力量来培养人才,是为教皇和君王的统治服务的。也因此,这些大学都受制于教会或君王的统治。如果没有教会或君主的许可,教学是很困难的。

三十年战争之后,威斯特伐利亚体系建立,民族-国家出现了,大学慢慢地就成为民族-国家的君王或者统治者所倚仗的统治工具。建立大学是为了培养他们所需要的人才,为了服务于民族-国家的政权,为了服务于他们的统治。

另一方面,大学一旦获得办学特许,地方诸侯和政界、宗教界统治者就无法对它行使权力,大学成了一个类似的独立王国。有些大学甚至有司法权,所以欧洲古老的大学甚至有学生监狱。例如,德国历史最悠久的海德堡大学的学生监狱直到一战结束后才被关闭;再比如,贝多芬在波恩大学读书的时候因为谈恋爱,与别人打架之后就被关进了波恩大学的监狱,关了三天。

2. 大学与民族精神和国家意志

19世纪初,德国威廉·洪堡提出的"教学和科研相结合"的大学模式几乎已成为所有现代大学的普遍模式。同时他还提出"高等教育国家化"的理念。而这一理念与"教育和科研相结合"相比常被人们所忽视。当时普鲁士国王威廉三世任命洪堡为普鲁士教育大臣,掌管普鲁士的教育文化事务。洪堡提出:"一个国家只有通过教育普及智慧、美德、礼仪和知识，才能使这个社会的内在价值提高。"他还提出要在全社会范围内普及终身学习的高等教育，并制定了柏林大学建校方案。基于这些理念，柏林大学于1810年建立，现在以洪堡命名，其实最早的时候不叫大学，叫柏林高等教育院。洪堡的理论实际上是"高等教育国家化"。他认为，"一个大学要服务于全民族的精神和道德的教育"；"大学的内在目标是把学术探求和个人修炼结合起来"。

3. 中国书院与高等教育

人们忽略的是，中国也是高等教育的发源地，而且时间和欧洲大体相同。和博洛尼亚大学差不多的时间建立的白鹿洞书院成立于1053年，次年遭兵火损毁，1179年理学家、教育家朱熹受命到白鹿洞书院考察，后呈礼部《申修白鹿洞书院状》，1180年白鹿洞书院初步修复。办书院，也是为了维持一种社会关系，或者维持一种政治关系。《白鹿洞书院教条》就像现代大学的章程一样，包括五个方面的内容，分别是"五教之目""为学之序""修身之要""处事之要"和"接物之要"。"为学之序"的内容是"博学之，审问之，慎思之，明辨之，笃行之"。"接物之要"中的"己所不欲，勿施于人"启示在很多文化当中都有类似的表达。例如，圣经里就有"do onto others as you would have them do onto you"。

400多年之后，意大利传教士利玛窦来到白鹿洞书院，受到了院长章本清先生的热情接待。利玛窦和白鹿洞书院的师生们辩论"是否存在天堂""是否存在地狱""什么样的人可以进天堂""什么样的人必须下地狱"等问题。利玛窦在1595年11月4日写给罗马耶稣会总会长阿夸维瓦（Claudio Acquaviva）神父的信中这样写道："院长和教师是一位老者，名叫章本清，是一个极有影响力的人物，我想他大概有1 000多名弟子，其中的一部分人经常汇聚于此，听院长为他们讲学，指点他们人生之道。"据记载，当时白鹿洞书院占地面积达到了3 000

多亩。无论从学生人数还是从校舍面积来看，白鹿洞书院在16世纪末的时候就已经类似于一座具有相当规模的大学。

像白鹿洞书院这样的古代高等教育机构，特别重视学生的语言文字学习。"在这个幅员辽阔的国家中无处不在学习文学，也就是学习写作文辞优雅的文章，要是他们这样学习科学的话，会很不错的。"若将白鹿洞书院和同一时间段的博洛尼亚大学进行对比，人们会惊奇地发现，无论是白鹿洞书院，还是相隔万里的博洛尼亚大学，都特别重视学生的文字、语法、修辞学习，略有不同的是博洛尼亚大学更重视逻辑学习，而中国书院的学习则缺少辩证推理的训练。"他们的文学只限于写出优美、雅致的文章，相当于我们的人文科学或修辞学，但达不到修辞学中论点明确或辩证推理的水平。"

（二）大学的今生

大学发展到今天，外界对大学的期待变得更多。每一个时代都有每一个时代的价值追求，每个人在每个时代也都有自己独特的追求，这包括个体的价值追求、国家和社会的价值追求。每个人都是社会的一分子，生活在其中，同时也参与塑造我们所生活的世界。我们期待什么样的社会能让我们在其中生活，反过来，我们又怎样来塑造社会，社会对我们的期待又是什么，这是一个社会性的定义。

当今世界的国际关系以国与国之间的关系来定义，即使是全球事务也还是以国家为主导。100年前，全世界的总人口还不到20亿人，而现在已达到80亿人，在很大程度上地球已很难承担人口增长或资源耗费所带来的负担。作为人类，我们该怎么办？

关于为什么要学习，争论由来已久。很久以前，古希腊哲学家亚里士多德在《政治学》里提到："大家都说，在学校里面学习要看有没有用，其实，我们不能老说学习有没有用，如果你老说学习有什么用还是没有什么用的话，学校教育就很难培养出高尚的人，很难培养出有自由思想的人。"

欧洲很多学校门口刻有"*Non scholae, sed vitae discimus*"字样，英译为"we learn not for school but for life"（我们不是为学校而学习，而是为生活/生命而学习）。相传，这句名言来自古罗马时期的著名政治家、哲学家、雄辩家塞涅卡（Lucius Annaeus Seneca），当时他为了批评古罗马时期的哲学学院，提出"*Non vitae, sed scholae discimus*"（不是为生活而学习，而是为学校而学习），但狡猾的人们将这句名言完全颠倒过来，最终这个颠倒版的塞涅卡名言反而得以流传下来。也就是说，引起最广泛共鸣的还是，学习是为了让我们走进世界、走进生活，而不仅仅是为了学习学校的书本知识。再者，学习本身有它的价值，学习可以让人成为一个更高层次、更有品格修养、更高尚的人，而不仅仅是问有用还是没用。

从外在形式上来看，大学学习和中学学习是有差别的，中学学习往往是知识性的，但大学学习应该是独立式的、自我探讨式的学习。大学生应该把学习、探索知识和修养、修炼自身的内心结合在一起。大学学习要从客观的学习、现象的学习、知识的学习上升到主观的、自由的、探究式的学习。这个过程是通过对某种知识的探寻完成主观教养，达到内心道德升华的过程。

德文"Wissen"（知识）后面加后缀"-schaft"成为"Wissenschaft"（科学、学术）。Wissenschaft是科学的集合，但分成各个学科之后实际上是把知识局限起来了，破坏了知识的整体性。认识是个体的，对某一件事情或事物的认识就需要从多个领域加以开展和分析。从认识到知识，就需要整体性，需要突破学科内外边界的整体性。

德文"教育"一词叫"Bildung"，这个词在英文中没有完全对应的表达，英文只能用"education"，但德文"Bildung"包括"Bild"一词，"Bild"表示"图像"，在信仰基督教的德国，最神圣的"图像"就是上帝或者主。西方教育观认为，每个人的内心都有一种神性，这种神性能够通过教育激发或发扬出来,所以教育的过程也是修养的过程。这里的"修养"超越了日常个性的以及普遍性的修养,而达到某种神性的状态,一种自由和自学的状态。洪堡认为,一个人不管在社会中承担什么样的角色,从事什么样的工作,只要他达到了这种状态,无论他从事何种职业,他都可以得心应手。对于社会管理者来说,社会就很有秩序,这也是最好的政治状态。

自古以来,大学都很注重读书和写作。读书是跟着别人走,分享他人的人生;而写作是说自己的话,走自己的路,与他人分享自己的人生。因此,读书是基础,写作则是更为主动的学习方式。关于读书,有人认为读书一定要广博,只有"读书破万卷",下笔才能"如有神";也有人认为在信息爆炸的年代,在卷帙浩繁的书海中,读书更应该注重精选精读,正如朱熹所言:"与其泛观而博取,不若熟读而精思,得尺吾尺,得寸吾寸,始不枉为功力耳。"读书,既要读有字之书,也要读无字之书,读社会之书。当代大学生要善于关注身边的事,深入社会,只有这样才能了解我们这个国家是如何运行的。如果我们连自己的事情都无法说清楚,我们又如何去开展国际交流呢?知己知彼,方能百战不殆。又如,很多人去过美国,参观过大都会艺术博物馆,看过林肯纪念堂,但是又有几个人能说清楚纽约街区是怎么运行的呢?

面对突如其来的新冠肺炎疫情,上海之所以防疫抗疫做得好,有一个重要因素就是上海有十几万志愿者走上抗疫第一线。而法国在疫情期间为了维护社会运行,动用 20 万警力上街维持秩序。中国没有动员军队,而是靠基层组织、社区以及志愿者维护社会的正常运行。

(三)世界眼光

大学生涯与世界眼光是分不开的。也有人讲"全球视野"。我认为,视野和眼光不同,通常"视野"和"全球"相结合,而"眼光"则和"世界"相结合。视野是物理的，客体的，形而下的；眼光则是精神的，主体的，形而上的。大学生注定要对事物保持必要的敏感度，要有认识世界的能力、超越世界的眼光。

世界是指时间和空间。"世"是指时间，古往今来；"界"是指空间，上下四方。随着商品的流动，资本的流动，贸易的流动，资源的流动，全球开始流动，这个时候地球成为一个整体，成为一个资源、政治、地理的整体，然后就开始出现霸权。世界变成了某种政治单位，变成了政治力量争锋争斗的场域。

当然，"世界"一词是舶来品，中国古人讲"天下"，这是近来非常热门的概念。荀子在《天论》里提到"天行有常，不为尧存，不为桀亡"，这里的"天"是指某种法则，也就是一个有着独立运行规则的自然规律，不会因为君王的改变而改变。邹衍也谈"天下"，他说："所谓中国者，于天下乃八十一分居其一分耳。中国名曰赤县神州。赤县神州内自有九州。"邹衍在公元前二三百年的时候，就能够提出中国是"天下"的一分子。但是，当时大家认为他是胡说八道，"邹衍之书，言天下有九州……九州之外，更有瀛海。此言诡异，闻者惊骇"。吉林大学周永生教授发表文章论述"天下"这一概念，析出广义、中义和狭义之分，广义的"天下"就是世界，中义的"天下"是九州四海，狭义的"天下"是王朝。然而，欧美专家误读了"天下"这一概念，认为中国是要搞扩张。

视野可以分为直接视野和间接视野，其中语言是间接视野。语言可以打开视野。多学一门外语，你就多可以打开一个新的视野，你的世界就多一个，你认识世界的边界就会往前突破一些。维特根斯坦说："语言的边界就是世界的边界。"阅读碎片化的时代里，我们不能仅让自己成为一个知道分子，而要力争做一个知识分子。视野要宽，看了还要见，不能视而不见，熟视无睹；见了还要思，思考，最后要做到知行合一。

"为国担当""天下己任""人文情怀",既是说的,更是做的

亲爱的同学们:

寒假一别,半年过去了,今天我们线上线下再相聚,却是和同学们道别的时刻。突如其来的疫情改变了我们的生活轨迹,本应充满琅琅书声和青春身影的校园空了,我们的国家受到严峻的考验。欣慰的是,在这场考验中,上外师生正一起书写着历史:

一如70年前上外建校初期同学们奔赴抗美援朝前线一样,我们很多老师和同学在疫情肆虐的日子里奋斗在抗疫的第一线。刚才毕业生代表孙峻梓同学就在两个多月里,在湖北老家背负50斤消毒设备爬楼帮助百户人家。他说得很好:面对疫情,挑战前所未有,许多事不知道怎么办,"没有现成的答案,那我就自己去找出答案",正如他所说,"上外人的志向不在口号中,而是在祖国呼唤时的行动中"。

疫情期间,我们千余名师生投入抗疫活动,用语言能力和专业知识架起全球抗疫的一座座桥梁——他们或是用多种语言翻译防疫物资往来文件和各类政府新闻发布文稿,或是用多种语言翻译我国的抗疫方案去支援他国抗疫,或是在边境边关协助防控疫情。这就是上外人的担当,在国家和人类的危急时刻,勇敢地往前,投入一场空前的战斗,用专业的能力完成一项项艰巨的任务,用生命感受着生命的意义,

用奉献体验着人人相助的博爱，用可歌可泣的事迹书写着人生珍贵的时刻。谁说"百无一用是书生"！你们这一届毕业生，注定与众不同。

2020届毕业的每位同学都有着难忘的经历，如教育技术专业的同学们，你们曾不舍昼夜，为全校网课做出了自己的专业贡献；你们当中有13名同学投笔从戎，15名同学即将踏上研究生支教团之路。对你们每一位的成长和成就，我和老师们都非常骄傲，向你们致以热烈祝贺。

你们这一届毕业生，也让大家格外揪心。上外毕业生对未来总是充满信心，今年的疫情却让未来有些不确定。一些同学的留学深造计划被搁置，还有一些到国际企业工作的约定因企业困难而被暂缓，至今还有一些同学和家长在为就业和下一步的发展而焦虑。我知道，此刻，同学们更关注未来怎么样，下一步该怎么走。

4年前本科同学入校的时候，我给大家上过"第一课"，和研究生同学我也多有交流，今天，在毕业告别的时刻，让我再唠叨几句吧，算是临别赠言。

一是心中有国，胸怀天下。进了上外，就注定要志在四方，行走天下，无论何处何时，家国情怀都是我们的立足之本。孟子有言"天下之本在国，国之本在家，家之本在身"。家给了我们生命，国赋予了我们实现人生梦想的广阔天地。在一个越来越由国家利益边界划分的世界里，每一个人的人文情怀早已不再是乌托邦式的无边无际。一个没有国本情怀的人终将是无家可归的灵魂。这当然不是狭隘，我们深知混淆了民族主义和爱国主义的边界，会让我们迷失行动的方向。

半年来我们的师生编译撰写上千篇有关各国疫情动态和分析的文章，上外的声音和贡献四面八方，这点点滴滴也正是我们上外人的为国担当。全球疫情蔓延、各国防疫物资匮乏的时刻，很多上外师生向国外捐赠防疫物品。国际快递业务柜台前排起了长队，人们对异国他乡的困苦感同身受。一包包口罩、一件件防护衣默默地体现着"天下为公、四海一家"的情怀。

二是"语"众不同，学无止境。走出上外，还要不断磨炼提升话语能力，为国家立言，为人生守安身之本。同学们，迎接未来的职业挑战，你们在专业上都各有所长，一定能各有建树。我想说的是，语言展现着人生和国情，母校给了我们大家沟通不同语言的能力，上外人因此就多一层善解人意，也更了解不同的国情。沟通世界有我们，让世界了解中国也有我们，中国发展的速度与世界认知中国的程度之间的差距需要我们去弥补，该为国立言时，上外人大有作为。国际上，我们常常不乏话语权利，但更需要的是话语能力，这越来越成为国家和我们每个人的核心能力，这也是上外人的时代使命和责任。

三是独立思考，把握人生。走向社会，继续增强自己驾驭数字时代的能力，面对纷繁复杂的信息和观点，坚守理性。信息社会中，每个人既是信息的接受者也是传播者，所谓"后真相时代"无处不在考验着每个人的理性，信什么话和说什么话越来越成问题了，语言学越来越具有了人生的意义。不要仅仅用眼睛浏览、用手指转发，要拒绝没有经过大脑辨识过的话语。应该有高的道德要求，但不要以为自己独居道德高地，把问题和责任一股脑地推给外在的因素，怨天尤人。须知，环境就是你、我、他，我们每个人都是每个人的环境和道德的镜像。抱怨成就不了梦想，期待美好的环境就要从我们自己开始。

同学们，"为国担当""天下己任""人文情怀"，这既是说的，也更是做的。只有付诸实践，宏大的叙事才有意义，伟大的梦想才能实现，期待的美好才能出现！事在人为，为仁由己。就要告别了，母校会永远关注着你们、祝福着你们。再次让我代表学校、代表你们的老师、代表李岩松校长，祝同学们健康平安，前程似锦！

（本文系笔者 2020 年 7 月 6 日在上海外国语大学 2020 届学生毕业典礼暨学位授予仪式上的讲话。）

用制度设计的确定性对冲世界格局的不确定性

——《人民周刊》专访

新冠肺炎疫情全球流行引发了全球焦虑,不同政治形态、不同历史文明背景下,人们面对疫情时的不同心理衍生出了不同的言行。世界各地的留学青年是这些"不同"的第一见证者。在相同的疫情面前,如何看待这些不同?站在人类历史视角,如何应对疫情带来的恐慌从而缓解焦虑?面对大疫情下的大变局,如何在不确定性中寻找确定性?带着这些思考,《人民周刊》记者专访了长期从事高等教育政策及德国文化与国际关系研究的上海外国语大学党委书记姜锋。

(一)把艰难的经历变成珍贵的故事

记者: 有人认为新冠肺炎疫情全球流行引发了全球焦虑。网上还有一个流行的说法是,全球抗疫,中国打上半场,世界打下半场,海外华侨华人留学生打了全场。对此,您怎么看?

姜锋: 新冠肺炎疫情全球流行对每个国家和每个人而言,都是同一场战斗,是人类抗击病毒的共同战斗和共同命运。不管你身处何方,都身在其中,不仅要做好疫情防控,还要应对好疫情引起的经济和社会生活变化。当今世界,普通民众的生活也已是全球生活的一部分，即个体生活已经处在"全球性"的状态，而不仅仅是在"全球化"的过程中。各国和各国的人民相互依存的程度空前高，不可能独善其身。"一花独放不是春，百花齐放春满园。"中国是全球化的贡献者和受益者，改革开放的快速发展与近几十年全球化快速的演进同向而行，息息相关。此次新冠肺炎疫情在国外激起了一波"逆全球化"呼声，这使不少人感到焦虑，甚至把"逆全球化"简单地理解为"去中国化"了，特朗普政府掀起的"追责索赔论"等试图孤立中国的言行也强化了民众的焦虑。其实，冷静地看一看中国与世界卫生组织和各国在抗疫过程中密切务实的合作就能明白，"追责索赔论"和"中国孤立论"是人为构建出的幻象，作为"信息消费者"，我们还是要坚信"得道者多助，失道者寡助"的古训，不因幻象而惧，也不要自己吓唬自己，陷在自媒体五花八门似是而非的信息中惶恐不安。

我所在的上海外国语大学目前有近400名同学在国外学习，突如其来的疫情给他们的学习生活带来不少困难，当然也有焦虑，但更锻炼了他们在不同环境中独立应对困难的能力，使一般的焦虑升华为"建设性的焦虑"。比如，协助留学所在学校和地方防疫，组织分发国内捐赠的口罩；体验中国与所在国防疫抗疫理念的异同，分析撰写融合学理和观察的文章，如中外"口罩文化异同"就成为跨文化研究难得的研究素材；在当地媒体发声，介绍中国抗疫情况，促进与所在国的沟通和经验交流，如阿拉伯语专业一位同学制作的阿拉伯语抗疫视频走红阿拉伯国家；上网课，并与国内同学一起组织网上集体自习，有些同学打开在线视频，营造自习教室环境，相互督促学习，"不偷懒"；还有很多同学的厨艺水平在此期间有了明显提高。

生活就是经历，新冠肺炎疫情使同学们的留学生涯成为一次特殊的经历。我和不少留学的同学保持着联系，有一位同学说，他很珍视这次艰难的经历，每天都在记录所在国疫情中的生活，有机会就拍视频，系统梳理，要"把艰难的经历变成珍贵的故事"，定义自己的生活意义。

记者：此次疫情给全球教育带来的影响让不少学生和家长感到焦虑，如何看待留学，接下来如何应对？

姜锋：总体上看，全球化早已是世界科技与经济的客观形态，是世界各地人们的生活方式，日益开放发展的中国与全球的互动会越来越密切，这意味着我们每个人的职业和生活离不开"全球因素"和"全球能力"，其中语言和话语能力尤为重要，留学是培养"全球能力"的重要过程。虽然疫情给国际人员流动造成了很大限制，也给不少希望到国外留学或者已经在国外留学的学生及其家长带来了焦虑，但疫情终将过去，留下的依旧是全球化不停的步伐，留学仍然是人们丰富教育履历、提升生活和就业能力的有效渠道。吸引外国学生是各国政府和高校获取外交、教育和财政资源的一种普遍政策取向，这在客观上给留学带来了更多机会。

即便是特朗普政府也很难关闭教育和学术的大门，因为开放竞争的教育和学术体系是成就美国超级大国地位的智力支撑，关闭就意味着自闭。在这次新冠肺炎疫情中，霍普金斯大学的全球疫情数据产生了世界影响，这其中就有两名中国学生的成绩，可以说这是中美教育交流合作的成果。这个例子也说明，特朗普政府要限制中国学生赴美留学的做法是狭隘的，尽管只是在个别领域限制。我个人认为，时代在变化，中国与全球的互动不断升级加深，出国留学深造要关注"特色留学"。随着中国在全球范围内开放发展的不断深入，我们公民的全球生活和就业能力越来越成为"基本能力"，但与欧美以外地区互动的能力现在还是很缺乏的。这意味着，留学要多样化，比如不必仅仅盯着美国。疫情给重新定义留学提供了间歇的机会。当然，我国高等教育已深度融入全球高等教育，也有一批高水平的中外合作优质教育项目以供选择，可以让学生实现"不出国的留学"理想，发展"全球能力"。

（二）面对"信息疫情"，把判断力交给自己

记者：负面信息和情绪很容易造成一种裂变式的传染。此次新冠肺炎疫情中，世界卫生组织就特别强调，除了病毒之外，我们还要警惕"信息疫情"的暴发，这是前所未有的。对此，您怎么看？

姜锋：此次疫情全球大流行，世卫组织提出要防止病毒疫情，防止"信息疫情"（infodemic），就是防控"两疫"。我注意到，很多国家在防控疫情的同时呼吁公民要防御假消息和五花八门的阴谋论，欧洲有学者提出"信息疫情"的危害甚于病毒本身。问题是，各国在防控病毒传播方面都有各自的办法和行政措施，但在抵御"信息病毒"方面却办法不多。有的国家政府人员不是去应对"信息病毒"，而是推波助澜，甚至制造"信息病毒"，比如特朗普总统的一句话或一条推特就可能夺人性命，造成股市起伏跌宕，甚至把全球推入恐慌之中；一些自媒体更是添油加火，制造出铺天盖地的"坏消息"心理图式，促发一波一波的焦虑和恐慌。

从传播学理论来讲，我们现在关于世界的认识往往是媒体传输的"感觉现实"。西方新闻界有这样的说法，"坏消息才是真正的新闻"。特别是在今天的自媒体时代，许多自媒体为了博眼球，为了流量和商业利益，喜欢起一些骇人听闻的标题，经常语不惊人死不休，俗称"标题党"，关注的常常是一些让人害怕、焦虑的内容，并在此基础上进行炒作，这就使得原本只是人们一种自然状态的、本能的焦虑和恐慌成为一种群体性的社会现象，引发"共情伤害"。因此，大众要有媒介素养，就是分辨信息、理性消化信息、判断信息的能力，不要被"带节奏"，就是说，我的感觉我做主。我们这方面的教育还有些欠缺。在上外的教育理念里，我们提出对微信消息"无理不转"，不要把自己的判断能力交给别人，要做自己理性的主人。我觉得，民众心里要有定力，"信息免疫力"提高了，负面焦虑就会自然减少。

(三)疫情中的"欢乐"是克服焦虑的一种努力

记者：欧洲是此次疫情的重灾区，但疫情没有阻挡欧洲人民对生活的热情，在疫情最严峻的时刻，意大利、德国一再出现"阳台音乐会""阳台大合唱"等。对此，您怎么看？

姜锋：欧洲是重灾区，欧洲人应对疫情的表现的确有些"分裂"：一方面，最严重时万城空巷，另一方面又是万城合唱，还有成千上万人的游行示威队伍，他们觉得生命的意义不仅仅在于安全，还在于个性彰显，多是些在我们的防疫概念中不可思议的举动。我还注意到一个现象：疫情中欧洲还出现了很多喜剧小品，讽刺调侃疫情中人们的各种行为，德国一位漫画家称之为"绞刑架下的幽默"，就是说，局势再艰难，也要"笑面"以对，换句话说，既然坏心情改变不了坏局面，就坦然以对吧。实际上，欧洲人在疫情中的"欢乐"是克服焦虑的一种努力。

还有一个现象也值得关注：焦虑最大莫过于生死之虑，欧洲人似乎对死亡有着独特的思考。疫情中出现过一个赞美死亡的喜剧小品，把死亡看作是生命的一部分。政治家也如此看，德国联邦议会议长就称，"我们每一个人最终都得走向死亡，这是人的生命的一部分，是人的尊严的一部分。国家不可能把一切置于保护生命之上"，这有些为政府抗疫不力"免责"的意思，似乎政府没有必要千方百计地拯救每一位患者。为了论证一些防疫措施的合理性，欧洲还引入了宗教教义的支撑，比如针对颇受争议的"生死程序"，即医生在缺乏医疗资源时可以确定优先救治哪一病人的做法，有的国家请教会出来发声，说明这样的做法并不违背伦理，符合天主教道德教义，以此来回应社会关于"救命分先后属于恶行"的谴责。疫情其实也深刻地改变着欧洲人的生活方式，但民众则竭力保持其生活的原本状态，给那些"没有意义的事以意义"（哲学家莱辛语），在疫情中做些有意义的活动。

记者：德国是一个有理性主义传统的国家，是不是也表现在此次疫情中？

姜锋：很有意思的是，德国哲学家这次在疫情中的角色很活跃，比如耶拿大学哲学教授、国际黑格尔研究专家克劳斯·费维克（Klaus Vieweg）援引黑格尔的观点指出，自由和理性是不可分割的，自由是对必然性的认识，人们在疫情中不能想做什么就做什么，而是要认识到社会对个人自由加以限制的必然性，谈论自由意志的前提是必须基于理性的思考做出某种决定，自由离不开规范和理性。这实际上是在开导人们，要从内心服从因防疫需要而对个人行为自由做出的限制，通过遵守规矩缓解焦虑和不适。德语中有"绞刑架下的幽默"这个词，大致是说，即便面临绝境，也不妨笑面以对，认识到事情的必然性，为心灵寻得安慰和寄托。

另一位哲学家、波恩大学教授马库斯·加布里尔（Markus Gabriel）则呼吁人类需要一场"形而上的疫情大流行"，指出新冠肺炎疫情肆虐全球暴露了主导21世纪的意识和思想的系统缺陷，即人类错误地认为自然科学和技术进步就能推动人类和道德的进步，实际上不然，在他看来，这比病毒本身更具有致命性，人类应该反思自己的生活方式和价值观。

德国政府的防疫政策也很有特点。一方面，在疫情初期呼吁社会不要恐慌，指出焦虑和恐慌不是抗击疫情的良方，只会导致免疫力下降。而另一方面，默克尔总理又宣布德国可能会有60%—70%的人感染新冠肺炎病毒，把学者预测的最糟的情况告诉大家，这自然引发了社会焦虑和恐慌。有分析称，这是德国政府的防疫策略，把人们"吓"回自己家里躲起来，减少因抗疫限制公民行动自由可能引起的阻力，也是通过让民众对最坏情景的"感受免疫"减少焦虑与恐慌。总体观察下来，德国人在此次疫情危机处理中表现得比较自律，尤其是年长者自觉不出门了，因此老年人的感染率较低，死亡率也就相应较低，这被认为是德国疫情死亡率低的重要原因。有报道称，德国人是遵守间隔1.5米"社交距离规定"的模范，而且相互提醒。一位德国前政要说，保持社交距离的规定让人与人之间的物理距离远了，但相互提醒遵从规定却让人们的心理距离靠近了，人与人之间的关联感和信任感得到了加强。

（四）用制度设计的确定性对冲世界格局的不确定性

记者： 疫情由来已久，如何从历史的角度来认识疫情、缓解我们的焦虑？

姜锋： 如果我们从历史纵深中追溯病毒和人类文明的关系，会发现病毒其实一直伴随着人类社会发展的全部进程，它是人类文明不可分割的一种现象。有学者认为，欧洲黑死病催生了文艺复兴，引发了宗教改革，这令人们发现，号称万能的救世主在灾难面前毫无作为，人们开始与宗教渐行渐远，把目光从对天国的期许转向对现实的关注，转向对人自身的关注。当人开始关注自己，把周围的人和事与自己在不确定性中关联起来时，焦虑就产生了。从这种意义上说，疾病也是伴随人类文明发展过程中的一个因素，焦虑也紧随其中。或许，对焦虑的历史多一些了解，会减轻我们焦虑的程度。而且，人如果能在焦虑中做成一些有意义的事情，某种程度上也是对焦虑的缓解。例如上外师生在疫情期间观察和记录世界各地抗击疫情的动态，在媒体上发表观点和评论几百篇，与读者分享我们对全球疫情的观察与分析。我觉得这就是一种建设性地应对焦虑的方法，能够赋予自己的生活新的价值，也是给社会做出独特的贡献，生命的意义就在其中了。

记者： 历史上，全球性流行病的暴发往往会造成国际关系的剧烈变化。当前，世界百年未有之"大变局"和百年不遇之"大疫情"碰撞叠加，世界格局的走向更为扑朔迷离，这对普通老百姓会产生怎样的影响？

姜锋： 从流行病本身来讲，进入 21 世纪以来，大流行病发生的间隔越来越短，频率越来越高，这本身就是一个问题。但更大的问题是它引起了整个世界格局的"并发症"，使得国际关系中存在的矛盾和冲突变得越发强烈，原先可能还需要若干年的积累才发生的问题，现在一下子浓缩了，在几个月甚至几周内就爆发出来。你看，当下的中美关系也好，美国和全世界的关系也好，中国的发展，欧洲的犹豫不决，美国霸权的衰落……当一个大的霸权开始衰落，通常这个过程是动荡的，衰落速度越快就可能越危险，美国目前的许多做法都像是在努力证明这一点。现在讲"世界百年未有之大变局"，在大的趋势上，政治家还可以做宏观的预测，但在具体的微观事情上是很难预测的，对老百姓而言就更会不知所措了。比如说，这次突如其来的疫情使得就业的方式变了，环境变了，收入变了，家庭关系变了，原先赖以生存生活的环境和依托都改变了……这种个人生活的体验，让人们能够非常直接地感受到身处一个变局之中的无奈。对个体来说，这是一种深刻的适应性挑战。

不仅仅中国如此，在欧洲更是非常明显的。民粹主义为什么在欧洲兴起，主要的原因之一是在全球化的前提下，财富积累和就业方式发生了变化。对于熟悉"游戏规则"的个别人来说，他们越来越富，因为他们能够在全球范围内支配资源，去投资，去获取越来越多的财富；但是对绝大多数人来讲，他们判断不了全球化的趋势，他们的就业能力和就业方式还停留在过去的阶段，不能适应新的变化。在主观感受上，他们成了被全球化抛弃的群体，被精英抛弃了。所以他们要反智、反精英、反主流，形成了民粹主义思潮和运动，也已慢慢发展成为一种全球性的现象。可以说，这次疫情引发的焦虑是全球性的，反过来说，加剧了全球焦虑。

记者： 当下人类面临几乎空前巨大的不确定——病毒不确定、疫情不确定、生活工作不确定、经济前景不确定、国际关系不确定。身处变局，在不确定性中寻找确定性，中国有怎样的制度优势？

姜锋： 制度也应该是一种工具和方法，是能够让尽可能多的人生活得平安幸福的工具和方法。社会主义在很多国家被尝试过，但并不是在所有的国家都取得了成功。而中国特色社会主义之所以成功，是因为它能够解决实际的问题，让老百姓生活在一种相对安定、富足的环境里。我曾经问过一些在上海待了10年、20年的欧美人，如果再回到自己的国家会有什么不适应的？他们说，一是安全问题，回去后晚上可能不敢走僻静的路，二是想念上海的美味。无论哪国人，什么制度下的人，平安与幸福是人们的普遍愿望。对民众而言，焦虑与生活的确定性密切相关，而制度和治理是确定性的基础保障，如医疗养老和教育机会保障等。就整个中国来讲，我们的发展的确定性非常强，决策的可预见性也非常强，我们可以用制度设计的确定性，对冲疫情之下世界格局走向的不确定性，为全球抗疫成功和经济复苏做出贡献。"世界好，中国才能好；中国好，世界才更好！"

（本文曾发表在《人民周刊》2020年第11期，略有修改。）

大学时代书写对国家和世界的意义

亲爱的同学们:

百年不遇的疫情,给我们今天的相聚增添历史性的意义,这是我们国家抗疫成果的见证。

疫情期间,四位上外师生的故事充分展现这座国际化学府为抗击疫情做出的独特贡献。当人类面对全球公共事件之际,上外人秉持家国情怀,立足世界视野,发挥自身专长,用语言能力和专业知识架起沟通和友谊的桥梁,让世界各国关注共同命运。

正在黎巴嫩大学留学交换的上外东方语学院研究生王宇用阿拉伯语录制视频,呼吁停止歧视和偏见,携手应对疫情,成为中东地区的"网红";国际关系与公共事务学院教师汤蓓作为中国学界的代表参加慕尼黑国际安全会议,介绍中国抗疫经验,积极为国家发声,争取国际社会的理解支持,受到高度关注;日本文化经济学院教师徐旻"以译战'疫'",协助上海市外办每日不间断翻译疫情防控动态,累计超过10万字,帮助在沪外企了解最新政策;身在湖北武汉的国际工商管理学院毕业生孙峻梓每天背负50斤重的消毒设备走进社区,留下"上外人的志向不在口号中,而是在祖国呼唤时的行动中"的感悟,令人心潮澎湃。

在抗击疫情的最前线,上外人的身影从未缺席,先后有千余名师生投入涉外防疫志愿服务工作，还有许多青年学者通宵达旦编写简报，发表时评，主动引导国际社会舆论，激发全球携手战疫正能量。这些平凡师生的不平凡事迹，生动诠释了上外人的使命与担当。习近平总书记说："世上没有从天而降的英雄，只有挺身而出的凡人。"我希望新生同学能够学习前辈和同侪榜样，发扬抗疫精神，书写奋斗青春。

我对同学们即将展开的大学生活提出四点建议。

一是不要把自己的生活交给父母去操心。进了大学，自己的日子应当自己过。二是不要把自己的视野交给手机去塑造。尽管手机等通讯工具提供了不少便利，但大家也应保持警惕，不要因此限制自己获取信息的范围。三是不要把自己的头脑交给他人去思考。自主学习（autonomous learning）与独立思考是大学的核心要义。四是不要让自己的嘴巴总说别人的话语。中学时代，同学们总被要求严守规矩；到了大学，不仅要严守规矩，还要讲求个性。大学提供了多元自由的选择，同时也会面对各种诱惑，但一切都需要由同学们自己来规划——大学4年该如何安排？每项规划是否有恰当的步骤？如何进行评估？我建议大家一定要懂得自主，没有经过批判和反思的话语不要轻信。

除"四不要"之外，我还提出三点希望：

第一，希望大家学会独处与相处。要学会和自己对话，人生要自己去过，很多事情要有能力自己去把握。但仅仅与自己对话是不够的，还要懂得与他人相处。

第二，希望大家重视读书和写字。要多读原著，认认真真地读几本书，如果只读微信上的内容，你们可能无所不知，但所有事都浅尝辄止，那不是我们应有的状态。还要勤动笔，同学们现在越来越多地用电脑，忽略了"写一手好字"的能力。但是我们的汉字那么优美，一定要多写字。希望大家养成写日记的习惯，把它当成生活中一种美的创造。当你回望你大学4年，这些人生的经历是实实在在的。

第三，希望大家勿忘劳动和节约。希望大家早睡早起，务必要重视体育锻炼。还要珍惜粮食。尊重粮食就是尊重劳动，就是尊重别人，也是尊重我们自己。细节决定修养。

（本文摘自笔者 2020 年 9 月 18 日为上海外国语大学 2020 级本科新生教授入学教育第一课的内容。）

时代新人,志在四方

亲爱的同学们:

为准备新生入学第一课,我特别"连线"了三位在各地的上外人:远在巴基斯坦进行田野调查的国际关系与公共事务学院教师汪段泳、新近入职外交部的2020届德语专业毕业生张希、在北大深造的2021届印地语专业毕业生陈安澜。我想给大家分享一下这三位上外人的上外故事、学习和研究经历,并带来了他们对你们的祝福和寄语。汪段泳老师投身田野调查10余年,砥砺问学、坚毅研究,以个体努力探索广袤无垠的未知世界;毕业生张希在读万卷书与行万里路中拓展视野、增强定力,以语为翼、逐梦外交,发出上外青年的光与热;陈安澜在多元悠久的历史文化中游历求索、沉淀积累,打磨学术水平,扎根区域研究。他们都是新时代的上外人,志在四方,步履不歇,希望所有的上外同学能像他们一样眼中有光,心中有爱,既有细腻的情感,又有刚毅的"血性"。

同学们,上外自建校以来在外事外交、语言翻译、语言教育等领域人才辈出、大师涌现,他们立足本职、默默奉献。首批"七一勋章"获得者刘贵今大使,深耕非洲,为传承中非友谊、深化中非合作、促进中非关系发展做出了突出贡献,年逾七旬仍为中非合作发挥余热,是令我们无比尊敬的"外交英雄";"学术大师"方重,提出了颇具"中国风格、中国特色"的研究理念，最早将陶渊明的诗文翻译成英文，是国际上首屈一指的乔叟研究专家、翻译家，为中外人文交流做出了杰出贡献。他们的故事激励着年轻一代上外人，为讲述中国故事、打造中国形象、构建人类命运共同体做出不懈努力。

在新时代，上外作为"国家队"，肩负使命，坚守初心，用语言诠释世界，用语言成就未来。Interpret the World, Translate the Future. "Interpret"和"Translate"不仅仅是"翻译"，更是"诠释"。诠释需要广博的知识储备和深厚的人文素养，同学们要积极发挥中外交流的桥梁作用，用中国话语介绍世界，用全球话语说明中国，为国家的发展和人类的进步贡献上外力量。新时代的上外人才应当做到"会语言、通国家、精领域"，"不会外语对不了话，只会外语对不好话"，大家不仅要学好语言，还要通晓语言背后的国家和文化，提升某一领域的专精。希望同学们保持政治定力，增强判断能力，在世界眼光下增进文化认同、民族认同和国家认同；夯实语言能力、学科和专业能力，创新语言系统研究，构建区域国别知识；提升话语能力，讲述中国故事，让中国故事的传播能被听得懂、说得清、沟通得了。

最后，我以"三个意识"来祝福和嘱托同学们的大学生活启航：

希望同学们具备"独立意识"，不要让父母替代自己的成长。大学是新起点，是人生的新阶段，是成长的新机遇。上大学不仅仅是为了得到答案，而且要去体验探索的过程。大学的路是由同学们自己去独立塑造的。同学们应当学会独立生活、独立解决问题，认真规划学业和生涯，踏实做好点滴小事。

希望同学们具备"读写意识"，不要让手机束缚自己的思想。我们希望大家朝气蓬勃、理想远大，更希望能有扎实的知识和能力来支撑起大家的梦想。我希望同学们制订读书计划，认认真真阅读经典，在无尽的书海中畅游，在人文的潮涌中思索。除了"读"还要"写"，写作是思考的过程、总结的过程，是美的创造，是同理心和同情心的感悟。

希望同学们具备"品质意识",不要让浮华限制自己的格局。提升审美品位和格调,要美在仪容仪态端庄大方,美在言行举止合乎礼仪,美在保护环境守护生态,美在严于律己文明修身。网络时代信息繁杂,面对诸多噪音更要守住初心、理性判断。《民法典》对"人格权"有所规约和保护,希望同学们重视信息化、数字化时代到来后公民个人信息的安全,崇尚法治精神,遵守网络道德。既要依法维权,保护自身信息安全;又要宽和包容,尊重他人隐私权益;此外更要增强与不实信息交锋的实力和底气。

(本文摘自笔者 2021 年 9 月 17 日为上海外国语大学 2021 级本科新生教授入学教育第一课的内容。)

教育塑造人的社会存在

亲爱的同学们：

很高兴能有机会和来自全国高校的同学在云端见面。我自己对教育学非常感兴趣，对德国教育和欧洲教育有一些研究，曾经在这个领域工作过。我们这个夏令营的主题是"全球教育"，由上外主办，今天我想就从外语教育，特别是新中国的外语教育说起。

（一）从培养外语人才到培养"多语种+"卓越人才

上海外国语大学成立于1949年，与新中国同龄，成立之初的名称是华东人民革命大学附设上海俄文学校。这个初创时的名称有两个关键词，一个是"革命"，一个是"俄文"。新中国初期的外语教育与"革命"密切联系在一起。中国共产党在1921年成立前夕，在上海创办了外国语学社——这个名字跟我们今天的名字非常接近。当时外国语学社通过开设外语班来培养年轻的干部，把追寻马克思主义、共产主义的青年送到俄国和法国等去学习。近代中国开始图强，图国家的现代化，马克思主义引进到了中国，让半殖民地半封建的中国站立起来。当年学习外语实际上是接受世界先进思想、马克思主义思想和其他现代化建设思想的非常重要的渠道，先进的革命前辈借助外语探索救国救民、富国强民的真理。

上海外国语大学是新中国成立后应国家革命和建设之急需而成立的。红色基因是我们学校的底色。我们知道中国共产党的初心和使命是为人民谋幸福,为民族谋复兴,为世界谋大同。放眼世界,胸怀自己的民族和国家,这从一开始就深嵌到我们的大学精神里。上外的精神是现代化的、革命的、进取的、创新的、面向未来的,不断去发现世界、认识世界、改造世界。

我们创校时校名的另一个关键词是"俄文",是因为新中国国家建设的需要,当时大批苏联专家在支援新中国建设,需要大量俄语翻译人才,所以学校当年成立的主要是俄语专业。但是很快,学校从第二期招生始就开设了英语专业,在1950年12月,学校就更名为华东人民革命大学附设外文专修学校。1951年2月,英文班44名学员组成语文工作队,赴朝参加中国人民志愿军。

1952年初,我们的创校党委书记、校长姜椿芳调任北京,其后任中共中央马恩列斯著作编译局副局长。我们一期、二期的很多毕业学生也先后进入中央编译局工作。中央编译局成立后的主要任务是翻译出版"三大全集",即《马克思恩格斯全集》等,这是我党第一次全面译介马列主义系统理论。《光明日报》曾刊登《一群人 一辈子 一件事》,报道中央编译局优秀翻译家群体,其中介绍了编译局里多位上外人的感人事迹。

同学们可以看到,上外建校初期就有两大鲜明特点,一个方面是对马克思主义、社会主义理论的探索追寻、翻译研究和积累。我们上外人参加了中国社会主义理论大厦的建设,这是校友前辈们的杰出贡献。另一方面,上外人奔赴抗美援朝的前线,参加了保家卫国的战斗,用鲜血和生命捍卫了刚刚诞生的中华人民共和国,捍卫了新政权。一文一武两方面,上外人为我们国家,为我们这个民族和世界和平做出了贡献。

1956 年，学校增设了德语、法语专业，学制改为 4 年，校名改为上海外国语学院，学校从全国各高校聘了很多知名学者，如方重、凌达扬、漆竹生、徐仲年、王燕生、董任坚、陈炳章、厉麟似先生等等。1963 年 9 月，学校和浙江大学、厦门大学等同时被国务院批准为全国重点高等学校。

改革开放后，上外率先探索开设非语言类专业，包括新闻、经贸等等。大家知道，我们现在的校名是上海外国语大学，是 1994 年改名的。有一个特别值得说一下的史实是，其实比中文校名的更名更早差不多 10 年——1985 年，经教育部批准，上外的英文译名从 Shanghai Foreign Language Institute 改为 Shanghai International Studies University。改校名的时候，我在教育部高教一司工作，经历了这个过程。Foreign Studies、International Studies，这是当前中国外语类高校的两种译法，大家有兴趣，可以去查查现在中国外语类高校的英文译名，体会下这其中的差别。为什么这里特别提出了英文校名的问题？校名的背后关系到我们今天的主题——教育，高等外语教育/外国语大学该如何办？我们知道，如果从全球高等教育的视角来看，不像理工类高校那样，外语类高校的存在并非一个普遍现象。"International Studies University" 意味着，学校的办学目标要教授和研究外国语言文学，还要传授国家发展需要的专业知识，更要加强以语言为代表的各国国情和国际问题的研究和人才培养。我们的老校长胡孟浩早在 1984 年 12 月建校 35 周年庆祝大会时所做的《改革教育体制　培养新型外语人才》报告中就提出把单科性的专业外语学院办成多科性的外国语大学。上外从那一阶段起进一步开设了法律、政治和教育等学科。今天，如果就本科招生规模而言，我们的语言类专业和非语言类专业基本持平。

2015 年，我们初步提出，培养"多语种+"卓越国际化人才。所谓"多语种+"，可以描述为"会语言、通国家、精领域"，我们培养的人才应该具备政治定力、语言能力、学科能力和话语能力。

如果做一个简单的概括，我们可以看到，上外在至今 70 多年的办学历程中，经历了一个"从单语种到多语种""从多语种到多学科""从多学科到'多语种+'"的三次办学转型，这也是全球教育视域下新中国高等外语教育发展的一个缩影。

（二）多语种+：会语言、通国家、精领域

刚谈到"多语种+"卓越国际化人才的一个定性就是"会语言、通国家、精领域"。

1987 年 8 月，宦乡先生、汪道涵先生、陈启懋先生等学者聚首上外，召开"国际关系理论讨论会"，商讨"具有中国特色的社会主义国家的国际关系基本理论问题"。就如刚才交流的英文校名更名的校史，从那时开始，我们学校就把国际研究作为学校办学的重要方向。

进入新时代，习近平总书记指出，中国日益走近世界舞台的中央，要提高我国参与全球治理的能力，着力增强规则制定能力、议程设置能力、舆论宣传能力、统筹协调能力；参与全球治理需要一大批熟悉党和国家方针政策、了解我国国情、具有全球视野、熟练运用外语、通晓国际规则、精通国际谈判的专业人才。由此也可以看出，随着我国更多地参与全球治理，这些专业人才会越来越吃香。

我们提出，新时代我们要培养"会语言、通国家、精领域"的"多语种+"卓越国际化人才，培养出"国别通""区域通""领域通"之人。今天，我们对语言的理解是，语言不仅是交际的工具，更是知识的工具和价值的载体。大家今天学习语言，绝不仅仅是为了交际，甚至在人工智能时代，学习语言不再是以交际为目的，而是以发现知识为目的。如果说，在前人工智能时代，语言学习关系交际和交往，那么，在人工智能时代，语言学习关系认知和生存。

会语言是基础，通所学语言的对象国家是我们的目标，精某一

个领域/学科则是达到目标的路径。对个人来说，对应的就是政治定力、语言能力、学科能力和话语能力。各位参加的是以"全球教育"为主题的夏令营，如果将来能进入上外攻读教育学类研究生，希望你们可以掌握一至两门外语，以教育学科为研究领域，通过比较、田野调查等路径，也包括学校为同学们创造的国内外社会实践和田野调查平台等，建立对某一个国家或区域的认知，贡献我们自己独特的知识和智慧。

（三）"格高志远、学贯中外"与"诠释世界、成就未来"

上外的校训是"格高志远、学贯中外"。希望同学们是品格高尚的人，是志向高远的人，是学问高深的人。同学们，不管是4年本科，还是硕士，还是博士，要做到学问高深，学贯中外，这是大家努力的方向。人的一生是不断追求、实现和享受完美的过程。有时我们会说，虽不能至，心向往之。心中有向往，这本身就是美好的。

大家看到校训，经常看到一个组合，校徽的左边是校训，右边是"Interpret the World, Translate the Future"，这并非对应的翻译，右边的英文我们称之为学校的办学理念，可以翻译为"诠释世界、成就未来"这里的"interpret""translate"是双关和互文，语言是丰富的世界，对语言我们要细细品鉴、探索，学问就在其中。"Interpret"包含着相互和互动的意思，是一个相互关系，相互理解、相互合作的过程，突出表现在"inter"上，在我们与世界的互动当中去理解、去诠释世界。"Translate"原初的意思是从一个地方搬到另一个地方，从一种形式转变成另外一种形式，获得新的存在和生长，这是个面向未来的转换和发展的过程和状态，我们要转变，要创造。

还有两个关键词——世界、未来。

"世界"在汉语里面是个外来词，从佛教引进来的。中国人讲"天下",我们说,坚持胸怀天下是我们积极的历史经验之一。"天下"是一个形而上的或者哲学的概念,或者是精神的空间。"天下"的概念比"世界"要久远得多,是我们中文里固有的。"世界",英文叫"world",英文里面对它的解释,在1200年前后是"the physical world, the universe",实际上它还是很强调客观的世界,"human existence",强调物理性的、具象的、具体的存在,这和我们中国"天下"这一超物质的概念有微妙的区别。

希望同学们在上外能进一步拓宽全球视野,提高世界眼光。全球视野也是物理性的,世界眼光就是精神。所谓的视野是指你可以认识很多现象——"sight"。同学们在现象的基础上一定要有深刻的思考和分析,能够形成自己的知识体系,能升华到精神的层次,叫世界的眼光——"insight"。

未来——"future"。"人类命运共同体"的英文中有"shared future";今年北京冬奥会的主题口号是:一起向未来。中华民族伟大复兴的中国梦是我们共同的未来,中国梦是民族的梦,也是每一个中国人的梦,这里的梦就是未来,既是我们每个人的未来,也呼吁为民族和国家的未来、为世界的未来做出应有的贡献。

世界面临未来百年未有之大变局,有战乱,有饥饿,有难民,有环境问题,有全球流行病等等,全球性问题越来越多,"世界怎么了,人类向何处去",教育能提供答案吗?至少,全球教育可以把这些全球性问题作为重要的研究议题,"一起向未来",这是我们的责任,亦是我们的使命。

(四)建成在国别区域全球知识领域特色鲜明的世界一流外国语大学

我们这次夏令营是为了选拔将来攻读上外教育学类研究生的同

学。大家为什么选择上海外国语大学？上外的教育学类与其他学校无论是外语类还是综合类甚至师范类的教育学类有什么区别？

古罗马著名演说家、哲学家塞涅卡说过，"*Non vitae, sed scholae discimus*"，英文普遍翻译为 "learn not for life but for school"。塞涅卡当年对古罗马的教育很抱怨，他说在学校里面学习根本都不是为了生活，而是为了学校而学习，这种学习都是很空的，没什么太大的用。后来人们就把他这个话反过来，"*Non scholae, sed vitae discimus*"，英文是 "we learn not for school but for life"。上外的国际教育学院有合作的中小学、合作的国外单位，同学们可以在广泛的领域中去实践，去做国内国外的田野调查，真正把我们书本的事实和来自实践的经验融合在一起。

塞涅卡说教育一定要和现实的世界相结合，另外一位法国社会学家涂尔干（Emile Durkheim）说，"education sets out precisely with the object of creating a social being"，他的意思是教育如此重要，实际上已经给我们每个人构筑了社会存在的目标。这就说明教育非常重要，实际上它不仅塑造了我们的知识，塑造了我们的视野，它还塑造了人类的社会存在。社会之所以是社会，是由教育来设定的。

谈到大学教育史，意大利的博洛尼亚大学是最早的大学，建于1088年，是在欧洲出现的。但是同学们也要知道，我们中国还有个白鹿洞书院，是朱熹先生主持的，建的年代是1053年，和博洛尼亚大学建立的时间几乎差不多。从比较的角度、全球视野的角度来研究教育会非常有意思。我们很难想象，在四五百年以前，欧洲人居然来到了中国，还和白鹿洞书院曾经有一次对话。所以中西的交流实际上是贯穿了整个历史，远远比我们想象的要丰富。利玛窦在1595年11月4日写回罗马的一封信里面就谈到了白鹿洞书院，他说书院的院长叫章本清，评价说这地方学习的都是文学，学习写作文辞优雅的文章，相当于欧洲的人文科学或修辞学。同学们要知道，在博洛尼亚大学里，法律是非常重要的，医学是非常重要的，自然科学已经开始变得重要起来。而我们那时候，法律、医学还没有成为书院的专门学科，这也是一个特点。为什么是这样的？我想把这个问题留给同学们去研究。

中国过去，特别是1840年以后，曾经遭受西方列强的欺压，我们国家成了半殖民地半封建社会。近代以来，自洋务运动始，我们就特别注重学习国外的先进经验，而且一度只是被动地学习和引进。中国共产党成立后，在推进马克思主义中国化的历程中，中国人民站起来、富起来并正强起来。中国化的马克思主义是21世纪的马克思主义，今天我们既要学习国外文化的先进成果，同时更要为世界贡献中国智慧、中国方案。

观察世界风云，贡献国别区域全球知识；讲述中国故事，贡献中国智慧和中国方案。我们希望上外能为建立中国原创性的国别区域全球知识体系做出我们应有的贡献，为向世界讲好中国故事、讲好中国当代治国理政的故事做出应有的贡献。这需要我们大家作为学术共同体的长期努力。

期待着同学们能有一个非常美好的选择，期待着今年新的学期和同学们再相聚，谢谢！

（本文系笔者2022年7月15日在上海外国语大学教育学学科2022年全国优秀大学生夏令营开营式上的发言稿。）